D1729628

CAHIERS
ROGER MARTIN DU GARD
2

Cahiers Roger Martin du Gard

2

nrf

Gallimard

Avant-propos

La préparation de ce second numéro des *Cahiers Roger Martin du Gard* a été plus longue que prévu et la publication s'en trouve donc un peu retardée. Mais le contenu de ce volume est tel que nous l'avions souhaité. Comme dans le premier numéro, une très large place est accordée aux inédits : cette fois il s'agit d'un important ensemble de cinquante et une lettres recueillies par M. Rieuneau après l'édition de la *Correspondance générale*. On trouvera ensuite une série d'études présentées par des membres de notre Centre international de recherches sur Roger Martin du Gard. Puis des informations diverses et enfin la précieuse bibliographie que Mme Klapp-Lehrmann veut bien établir pour nous.

Nous espérons que ce second numéro sera aussi bien apprécié que le premier. En effet, nous avons eu la grande satisfaction de recevoir de nombreuses lettres de correspondants qui se réjouissent de la parution des *Cahiers R.M.G.* et qui souhaitent nous apporter leur aide. Nous voudrions remercier en particulier MM. Jean et Robert Tournier qui, avec beaucoup de générosité, ont fait au fonds R.M.G. de la Bibliothèque universitaire des Lettres de Nice le don de la correspondance adressée par Roger Martin du Gard à leur père, Marcel Tournier, qui, dans sa très remarquable librairie de Tunis reçut, entre les deux guerres, bon nombre d'écrivains qui devinrent ses amis, comme Gide et Montherlant.

L'activité du Centre international de recherches sur Roger Martin du Gard ne s'est pas ralentie. Plusieurs de ses membres ont publié des études dans différentes revues françaises ou étrangères. Mais notre effort principal a porté sur la préparation du colloque des 4, 5 et 6 octobre 1990, à la Faculté des Lettres de Nice. Pour le centenaire de la naissance de Roger Martin du Gard, deux colloques s'étaient tenus en novembre 1981 ; le premier eut lieu, sous la direction de J. Schlobach, à l'Université de Sarrebruck, et le second, organisé par C. Sicard et la Société d'histoire littéraire de la France, à la Bibliothèque nationale [1]. Dix ans plus tard, les travaux se sont multipliés ; l'œuvre elle-même a été encore plus largement diffusée : on remarque, par exemple, que diverses traductions ont été faites au Japon, en Corée du Sud et en Chine. En même temps, la publication de plusieurs volumes de *Correspondances* et de *Maumort* a ouvert de nouveaux champs d'études qui seront encore élargis après la parution du *Journal*. C'est précisément au sujet de ces textes jusque-là inédits que l'idée a été lancée de tenir le colloque de 1990. Cette proposition a été bien reçue puisque dix-huit communications ont été préparées. Les Actes de ce colloque seront intégralement publiés dans le troisième numéro des *Cahiers R.M.G.*

Il faut ajouter que le C.I.R.M.G. n'est pas seul à s'intéresser à l'œuvre de R.M.G. A l'initiative de M. F. Geng, députémaire de Bellême, et d'associations culturelles de l'Orne, se sont déroulées à l'automne, en 1987, 1988 et 1989 des *Journées R.M.G.* qui ont obtenu un grand succès, grâce surtout à l'aide très généreusement accordée par Mme Véronique de Coppet. On lira ci-après un compte rendu de ces manifestations. Nous pourrions en citer d'autres qui ont lieu ou sont en préparation,

---

1. Les Actes du colloque de Sarrebruck ont été publiés sous le titre *R.M.G., son temps et le nôtre*, Klincksieck, 1984. Ceux de Paris ont été publiés par la *Revue d'histoire littéraire de la France*, nᵒˢ 5-6 de sept.-déc. 1982.

car il est évident que l'intérêt pour l'œuvre de R.M.G. s'est développé pendant ces dernières années.

Nous nous en réjouissons vivement et nous souhaitons que ces *Cahiers R.M.G.* contribuent pour leur part au rayonnement d'une œuvre d'une exceptionnelle richesse.

Pour le Comité de rédaction,
André Daspre.

Remerciements

Nous remercions sincèrement les institutions qui nous ont apporté l'aide financière indispensable à la publication de ce second *Cahier* :

- l'Université de Nice;
- le Conseil général des Alpes-Maritimes;
- le Comité du Doyen Jean Lépine.

Centre international de recherches sur Roger Martin du Gard

Le bureau du C.I.R.M.G. est composé de la manière suivante :

Directeur : André Daspre (Nice).
Membres du bureau : Alain de Lattre (Nice),
Claude Digeon (Nice), René Garguilo (Paris III),
Maurice Rieuneau (Grenoble),
Jochen Schlobach (Sarrebruck),
Claude Sicard (Toulouse-Le Mirail).
Trésorier : René Garguilo.
Secrétariat assuré par Mme M.-J. Emily.

La correspondance concernant le Centre de recherches ou les *Cahiers R.M.G.* est à adresser à :

André Daspre
Centre international de recherches sur R. Martin du Gard
Faculté des Lettres
98, bd Édouard-Herriot
B.P. 369 06007 Nice Cedex

Les informations concernant la bibliographie sont recueillies par :

Dr Jochen Schlobach
Romanistik
Universität des Saarlandes
66 SAARBRÜCKEN Fach. 8-2
R.F.A.

14   *Cahiers Roger Martin du Gard*

Les demandes de livres ou articles peuvent être adressées soit au Centre de recherches, soit au conservateur qui a la charge du fonds R.M.G. :

Mademoiselle Cotton
Bibliothèque universitaire des lettres
100, bd Édouard-Herriot
06200 Nice

Lettres inédites de
Roger Martin du Gard

CINQUANTE ET UNE LETTRES
INÉDITES
DE ROGER MARTIN DU GARD
(1910-1932)

*Les lettres que nous publions ici auraient dû prendre place
dans les cinq premiers volumes déjà publiés de la* Correspondance générale. *Mais on sait que, quels que soient le soin et
l'attention apportés au recensement et à la collecte des lettres,
un certain nombre échappe aux éditeurs. Des lettres se découvrent
lorsqu'il est trop tard, après la publication des volumes. Soit
que leurs propriétaires aient changé, soit que l'état d'esprit de
leurs détenteurs ait évolué, soit que des bibliothèques les aient
acquises récemment, soit que notre prospection ait été incomplète,
soit pour cent autres raisons. Presque toutes les grandes éditions
de Correspondances comportent, à la fin, un ou plusieurs volumes
de « lettres retrouvées ». Nous espérons, en ce qui concerne la*
Correspondance générale *de R. Martin du Gard, pouvoir
publier périodiquement dans les* Cahiers R.M.G. *ces lettres qui
ont échappé aux volumes et éviter ainsi aux lecteurs d'attendre
de longues années encore la fin de la publication en cours.*

*Il nous a semblé que l'ordre de présentation le plus satisfaisant
était le groupement par destinataire. Il y en a onze : Bernard
Grasset et Louis Brun, que nous groupons (8 lettres), Henri
Ghéon (17 lettres), Édouard Champion (1 lettre), Jean Vanden
Eeckhoudt (2 lettres), Emmanuel Buenzod (1 lettre), Jean Prévost
(4 lettres), Albert-Marie Schmidt (8 lettres), A. Rolland de René-
ville (1 lettre), Stefan Zweig (7 lettres), André Malraux (2 lettres).
Un ordre chronologique pur et simple aurait été trop lacunaire*

sur une période de vingt-deux ans pour avoir son véritable intérêt, alors que groupés par destinataire, ces échanges gardent une forte cohésion. Nous indiquons, chaque fois que cela est utile, les liens avec le contexte de la correspondance, ce qui permettra aux lecteurs de replacer ces lettres, s'ils le désirent, dans la continuité chronologique de l'œuvre épistolaire, que l'ordre de succession des destinataires essaie de respecter autant que possible.

Le contenu de cet ensemble est, bien entendu, très divers, puisque seul le hasard l'a constitué. Chaque groupe de lettres a son originalité, sa couleur. Très technique avec l'éditeur Grasset, le ton devient personnel et chaleureux quand il s'agit d'Albert-Marie Schmidt ou de Stefan Zweig, par exemple, plus littéraire avec Henri Ghéon, Jean Prévost, André Malraux.

Cette diversité fait surtout apparaître la souplesse et l'ouverture d'une personnalité multiple qui s'adapte à son interlocuteur et parle à chacun son langage, grâce à un rare don de sympathie, sans jamais rien perdre de sa naturelle sincérité.

N.B. L'orthographe (et notamment la ponctuation) de R.M.G. a été strictement respectée.

Nous utilisons dans les notes les abréviations suivantes :
R.M.G. : Roger Martin du Gard
C.G. : Correspondance générale *(suivi du nº du tome)*
O.C. : Œuvres complètes *(Pléiade).*

HUIT LETTRES
À BERNARD GRASSET ET LOUIS BRUN
(1910-1913)

Nous présentons ensemble les lettres adressées à l'éditeur Bernard Grasset et à son collaborateur Louis Brun, car il s'agit de lettres d'affaires relatives à la publication de L'une de nous *(3 lettres de 1910) et de* S'affranchir, *qui allait devenir* Jean Barois *(5 lettres de 1913).*

Rappelons que L'une de nous *est un épisode conservé de* Marise, *le roman entrepris en 1909 après la publication de* Devenir! *et détruit par R.M.G. (voir Claude Sicard,* Roger Martin du Gard, les années d'apprentissage littéraire (1881-1910), *p. 574-635). Dans ses* Souvenirs, *évoquant les « pages médiocres » de* Marise *qu'il avait sauvées, R.M.G. écrit: « Quelques retouches, quelques développements, ont suffi à leur donner l'apparence d'une longue nouvelle; je l'ai affublée d'un titre ambigu,* L'une de nous; *et je l'ai portée à un jeune éditeur nouvellement installé à Paris, qui s'était fait la réputation de découvrir et de lancer les débutants d'avenir. Bernard Grasset accepta de publier la nouvelle, mais à compte d'auteur, comme Ollendorff avait fait pour* Devenir! *Toutefois, Grasset, bon prince, s'engageait, par contrat à éditer, à ses frais, mon premier roman » (O.C., I, p. LIII).*

Cet engagement est constamment sous-entendu dans les lettres concernant Jean Barois. *Celles-ci se placent toutes avant la première lettre à B. Grasset (20 juin 1913) publiée dans la*

*C.G. I, et avant la rencontre de Gaston Gallimard qui allait
modifier radicalement la destinée de ce roman.*

*Les 8 lettres se trouvent à la Bibliothèque littéraire Jacques
Doucet (Ms 22627 Alpha à Ms 22634 Alpha) qui les a acquises
après nos recherches pour le tome I.*

À BERNARD GRASSET

3 avril 1910

Cher Monsieur,
Je vous remets ci-joint les épreuves corrigées en vous priant
de me faire faire le plus tôt que vous le pourrez, les secondes
épreuves.
J'ai été surpris de ne trouver que 104 pages. Lorsque vous
avez établi votre prix après avoir fait faire le calcul des lignes,
vous m'aviez dit : « 300 F si vous désirez l'imprimer en une
centaine de pages, mais 450 F si vous voulez que nous en
fassions 150, ou plus. » Ne vous en souvenez-vous pas ?
J'ai diverses recommandations que je vous serais reconnaissant de transmettre à votre imprimeur :
1°/ Le titre auquel je me suis arrêté est : « *L'une de nous* »...
Il y a donc lieu de le mettre en tête de chaque page, au
lieu de « *Étude* » qui n'a jamais été que provisoire. De plus
j'aimerais que ce titre soit séparé du texte de la page par une
barre tenant toute la largeur de la justification.
2°/ Je tiens aussi à déplacer la pagination et à la mettre
en bas de la page, entre deux tirets, et avec un caractère de
chiffre plus élégant, dans le genre de celui que j'avais choisi
pour « *Devenir !* ».
(Je vous ai adressé un exemplaire de mon précédent volume,
n'est-ce pas ?)
3°/ Je vous ai fait le projet de la couverture telle que je la

comprends. Je tiens *avant tout* à ce que mes livres aient tous
le même aspect. Je vous prie donc d'examiner la couverture
de « Devenir! », et de me procurer exactement *le même jaune
clair* et le même caractère gras et lourd pour le titre.
Je serais rassuré si vous me procuriez un échantillon de
cette couverture, avec les secondes épreuves.
4°/ Enfin, je vous serais obligé de me faire parvenir un
échantillon du papier que vous me proposez. Un papier mat,
à gros grain, et le plus bouffant possible, puisque mon texte
est réduit à si peu de pages.
Je m'en rapporte à vous pour y mettre toute la rapidité
possible, et vous prie de croire à mes sentiments les meilleurs.

Roger Martin du Gard

À LOUIS BRUN

Jeudi 14 avril 1910

Monsieur,
Je suis extrêmement contrarié [1]. Pourtant je dois me rendre
à la question de temps. Mais auparavant je compte sur vous
pour me trouver dans les mêmes délais un papier crème ou
même *blanc,* comme l'ancienne *Revue blanche.* Dans l'ordre
de mes préférences : *crème,* blanc ou alors *votre jaune* (mais
comme dernier pis-aller). Je m'en rapporte à votre obligeance.
Si vous êtes sûr que je puisse aller faire mon service de

---

1. À moins qu'une lettre intermédiaire ait disparu, la contrariété ressentie
par R.M.G. doit être en rapport avec les demandes qu'il adressait à B. Grasset
le 3 avril quant à la présentation de *L'une de nous.* Or l'examen du livre
montre qu'elles ont été satisfaites toutes, sauf une, la troisième. Ni la couleur
de la couverture ni la forme des caractères ne répondent à son souhait.
C'est donc à ce sujet qu'il se déclarait « extrêmement contrarié ». Nous
remercions Claude Sicard dont l'obligeante amitié nous a permis de vérifier
ces points.

presse chez vous *samedi,* mettez-moi un mot de confirmation, je vous prie.

Et croyez à mes sentiments très cordiaux.

R. Martin du Gard

À BERNARD GRASSET

Le Verger d'Augy
Sancergues – Cher   25 avril 1910

Cher Monsieur,
Voici le moment d'envoyer les exemplaires que j'avais prié M. Lebrun [1] de garder quelques jours. Pour ce qui est de la publicité, vous vous souvenez que vous m'avez promis de trouver un moyen de me faire un écho en première page à *L'Écho de Paris.* C'est absolument essentiel pour le public qui achètera « *L'une de nous* », et dussé-je n'avoir qu'une publicité, c'est celle-là qui m'est nécessaire, je le sais par expérience. Vous pensiez alors à me faire passer dans un entrefilet avec d'autres livres parus chez vous. Mais je vous demande maintenant de me consacrer l'entrefilet entier. Vous me devez bien cette compensation, puisque nous avons traité pour un livre de 150 pages, que c'est en raison de ce nombre de pages qu'il m'a coûté 450 F au lieu de 300 F (prix d'abord convenu pour 100 pages) – et qu'il se trouve n'en avoir finalement que 105.

Je n'ai pas voulu insister sur ce point l'autre jour : c'est un genre de discussion qui m'est assez désagréable. Mais je suis convaincu que vous saisirez l'occasion de me dédommager en me faisant faire un écho qui représente à peine la différence.

1. Erreur de R.M.G. sur le nom de Louis Brun, collaborateur de B. Grasset (voir la lettre précédente).

« M. Roger Martin du Gard publie chez Bernard Grasset une courte étude, " *L'une de nous* "..., où il analyse, avec une poignante précision, l'angoisse morale d'une jeune femme en proie à un effroyable drame physiologique, [dont elle suit le développement avec une tragique lucidité]. »

Ce dernier membre de phrase excédera peut-être le nombre des lignes minimum d'un écho de 1ʳᵉ page (c'est je crois 5 lignes). Il n'y aura qu'à le supprimer et à terminer sur « *drame physiologique* [1] ».

Croyez, cher Monsieur, à l'assurance de mes sentiments sympathiques.

Roger Martin du Gard

Je vous serais obligé de me faire envoyer *en gare de Sancergues* 6 exemplaires.

À BERNARD GRASSET

29 mars 1913

Cher Monsieur,

Je vous avais annoncé la communication d'un fragment de mon manuscrit, et je ne vous ai rien envoyé [2]. C'est que

---

1. *L'une de nous* décrit le vieillissement et le drame de la dégradation physique et morale de l'héroïne, que R.M.G. commente ainsi dans ses *Souvenirs* : « Ce thème du vieillissement m'a toujours obsédé. [...] je voulais m'attacher à peindre avec un soin particulier cet âge où tout ce qui passionne les vivants n'éveille plus d'écho dans la sensibilité assoupie ; l'âge des " jamais plus ", l'étape finale où, quoi qu'on veuille, quoi qu'on fasse pour en détourner sa pensée, la mort, même si elle tarde à paraître en scène, même si aucun signe ne l'annonce, compte infiniment plus pour le vieillard que ce sursis de vie dont il jouit encore » (*O.C.* I, p. LII-LIII). L'expression « drame physiologique » renvoie au climat scientiste de l'époque. R.M.G. jugeait en 1955 que sa nouvelle était « d'un " naturalisme " suranné, d'une sensiblerie et d'un mauvais goût déplorables » (*ibid.*, p. LIII).
2. Il s'agit de *S'affranchir*, premier titre de *Jean Barois*. B. Grasset s'était engagé par contrat, en 1910, à éditer à ses frais le prochain roman de R.M.G.

je suis en train de remanier tout l'ensemble : or, vu l'étendue du livre, qui est long et chargé de faits, ce malaxage général est très compliqué. Il était utile cependant, et le livre y gagnera incontestablement en vie et en clarté [1].

Personnellement, après ce dur effort de trois ans sur la même tâche, je n'y vois plus rien du tout et suis incapable de formuler un jugement. Mais plusieurs amis en qui j'ai le droit d'avoir confiance, qui avaient paru, au premier abord, très interloqués par la nouveauté de la formule et qui n'étaient pas favorables, en principe, à un si vaste sujet – sont entièrement revenus, à la lecture, sur leur impression anticipée : ils ont trouvé que ce procédé cinématographique était bien dans la note moderne et donnait une vie extraordinaire à cette succession d'épisodes, et que le livre était d'un bout à l'autre attachant. J'ai donc bon espoir. Et c'est justice, car vraiment il y a là un gros travail et un essai qui ne doit pas passer inaperçu [2].

Mais je dévie de l'objet de cette lettre, et me donne fâcheusement l'air de vanter mon ours.

Je voudrais savoir à quelle époque il vous faut le manuscrit pour ne pas compromettre la mise en vente d'*octobre*. En réalité je ne bougerai pas d'ici avant d'avoir terminé; cela va donc aller assez vite. Mais je voudrais être fixé sur la date extrême, après laquelle nous aurions de la peine à être prêts pour la rentrée. Vous serez aimable de m'écrire un mot à ce sujet.

---

1. Dans aucune lettre connue du mois de mars 1913 R.M.G. ne parle de ce remaniement d'ensemble de son roman. Ne serait-ce pas une excuse pour expliquer et justifier son retard dans la remise du manuscrit? À F. Verdier, J.-R. Bloch, A. Fernet, il dit, ce mois-là, qu'il achève son livre, suivant un plan strict, non qu'il le remanie...

2. Il ne nous a pas été possible d'identifier ces amis, qui pourraient bien être inventés pour les besoins de la cause. Ni les lettres publiées dans le tome I de la *C.G.*, ni les lettres inédites, dont le sort est lié au *Journal*, n'attestent que R.M.G. ait fait lire son manuscrit à un ami avant le 13 mai 1913 (lecture faite à M. de Coppet). En décembre 1912 il annonçait à ce dernier l'envoi de 400 pages fin janvier, mais rien n'indique par la suite qu'il l'ait fait. Nous devons ces indications à Claude Sicard, que nous remercions.

Croyez, je vous prie à mes sentiments très distingués,

Roger Martin du Gard

Si vous désirez avoir tout de suite une analyse du livre, et un résumé du sujet, je puis très facilement vous mettre au courant en quelques pages. Mais je ne puis guère, en l'état actuel vous envoyer un fragment qui ne vous donnerait qu'une idée très fausse de l'ensemble.

À BERNARD GRASSET

1, rue du Printemps (XVIIe)   8.5.1913

Cher Monsieur –
Mon départ se trouve remis à mardi matin. Je tenterai encore une fois de vous trouver lundi entre 4 et 7 h. Si vous ne devez pas passer la fin de l'après-midi rue des Saints Pères, envoyez-moi un mot, me fixant une heure ferme entre 4 et 7. Mais je vous avoue que je suis las de faire le chemin en pure perte, et je vous prie de me prévenir au cas où vous ne désireriez pas me rencontrer.
Bien à vous

R. Martin du Gard

À BERNARD GRASSET

Forges-les-Eaux, 29 mai 1913

Cher Monsieur, j'attendais un mot de vous me fixant un autre rendez-vous, à la suite de ma visite inutile. Mais peut-être ne vous a-t-on pas dit que j'étais venu, ainsi que je vous l'avais écrit plusieurs jours auparavant, avec le manuscrit dont je vous ai parlé?

Quoi qu'il en soit je suis absent de Paris pour cinq ou six jours. Dès mon retour, je voudrais avoir un rendez-vous avec vous. D'ici là je vous enverrai un fragment qui paraît ces jours-ci dans *L'Effort libre* [1].

Veuillez donc me réserver un quart d'heure dans l'après-midi *du vendredi* 6 juin.

Cordialement vôtre

Roger Martin du Gard

À LOUIS BRUN

1, rue du Printemps (XVIIe)   9 juin 1913

Cher Monsieur, je ne puis différer davantage mon départ. Je regrette les circonstances qui m'empêchent de voir aujourd'hui M. Grasset. Et je vous serais très reconnaissant de me dire d'un mot le résultat de la rencontre [2].

1. Un passage de discussion idéologique extrait de *S'affranchir* (*O.C.*, *Jean Barois*, p. 498-517), qui constitue une réponse au livre d'Agathon *Les jeunes gens d'aujourd'hui* (1912), a paru dans *L'Effort libre*, revue de Jean-Richard Bloch, sous le titre « Réactions », dans le n° d'avril-mai 1913. Voir *C.G.* I, p. 296-297, lettre à J.-R. Bloch du 21 avril.

2. R.M.G. avait espéré pouvoir rencontrer Bernard Grasset, d'abord le 6, puis le 9 juin, pour lui remettre son manuscrit. Mais Grasset était, ce jour-là, occupé par un duel. C'est à quoi fait allusion R.M.G. lorsqu'il parle des « circonstances » et de « la rencontre ». B. Grasset lui écrivit le 11 juin qu'il avait blessé son adversaire à la 5e reprise, et qu'il avait été touché lui-même, sans gravité, à la 8e. Il lui promettait de lire son manuscrit avant la fin du mois et de lui donner son impression aussitôt. Ce fut la lettre du 17 juin portant un jugement très sévère et définitif sur *Jean Barois* : « Ce n'est pas un roman, c'est un dossier... » (Voir *C.G.* I, 406).

Mon adresse est
aux Tamaris
Quiberville
Seine Inférieure
Soyez je vous prie l'interprète de mes vœux auprès de
M. Grasset, et croyez à mes sentiments les meilleurs.

R. Martin du Gard

À BERNARD GRASSET

Les Tamaris – Quiberville (S. Inf)[entre 11 et 17 juin 1913]

Cher Monsieur, je suis heureux de savoir terminée cette
affaire, sans que vous en gardiez de traces sérieuses, j'espère
que vous serez tout à fait remis d'ici peu.

J'ai dû laisser mon ms. chez vous sans vous en parler. Je
le regrette. C'est une lecture longue et qui demandait, malgré
l'habitude que vous avez de ces choses, quelques explications.

J'espère que vous avez reçu le numéro de *L'Effort libre* où
j'ai donné un fragment de mon livre; au point de vue de la
typographie c'est un essai qui pourra vous servir.

J'attends un mot de vous le plus tôt possible, car il faut
absolument que ce livre soit prêt à paraître fin septembre, et
je viendrai vous voir à Paris dès que nous aurons des décisions
précises à prendre pour l'impression.

Croyez, je vous prie, à mes sentiments très cordiaux

Roger Martin du Gard

DIX-SEPT LETTRES
À HENRI GHÉON
(1914-1926)

Henri Ghéon avait participé à la création de la N.R.F. avec Gide dont il était l'ami. Il écrivait régulièrement dans la revue des articles de critique dramatique et de critique littéraire. En 1913 il soutint et aida activement Jacques Copeau lors de la fondation du Vieux-Colombier. R.M.G. fit sa connaissance dans ce milieu. Née de leur commun attachement à Gide, à Copeau, à la N.R.F. et au Vieux-Colombier, leur amitié put surmonter la divergence profonde que constitua la conversion de Ghéon au catholicisme, en 1915, suivie d'une conversion littéraire au théâtre religieux de célébration, dans la tradition médiévale.

Nous publions ici les premières lettres de R.M.G. à Henri Ghéon, qui sont parvenues trop tard pour pouvoir être intégrées aux tomes II et III de la C.G. (voir C.G. IV, p. 564, note de la p. 311). A partir de 1926 (à l'exception d'une carte que nous publions ici) les lettres adressées à Henri Ghéon figurent à leur place chronologique dans la C.G. Nous remercions les héritiers d'Henri Ghéon et spécialement Mme François Corre de nous avoir obligeamment communiqué ces textes.

À HENRI GHÉON

Paris, 1 rue du Printemps   3 mars 1914

Cher Monsieur,

J'espérais vous rencontrer hier au Vieux-Colombier et vous dire merci pour tout l'encens que vous brûlez publiquement en mon honneur dans votre article sur le père Leleu [1].

Vous savez ce que je pense moi-même de cette pochade; je n'y reviens pas *. J'estime que vous exagérez singulièrement les mérites d'une improvisation, qui vous a peut-être surpris parce qu'elle ne se rattache à rien de ce que l'on a coutume de trouver sur les scènes de Paris, mais qui n'est rien d'autre qu'une « improvisation ». La langue est pour beaucoup, je crois, dans l'intérêt que vous y avez pris.

Ceci posé, je ne dissimulerai pas que vos fleurs m'ont fait plaisir. Vous me gâtez, à la *N.R.F.* et au V. Colombier! Je n'ai qu'à bien me tenir, si je veux conserver intactes cette sévérité pour moi-même, cette défiance de moi et cette étroite discipline, qui ont jusqu'ici présidé à mon travail! Heureusement, je vais bientôt me sauver de vous tous, et retrouver dans les difficultés d'une nouvelle entreprise plus de motifs que je n'en désire, pour me juger lucidement et impitoyablement [2]! Et puis mes bois et mes champs, auprès desquels

---

1. H. Ghéon a rendu compte du *Testament du père Leleu* dans la *N.R.F.* du 1ᵉʳ mars 1914 (tome XI, janvier-juin 1914, p. 525-526). La pièce avait été créée par J. Copeau au Vieux-Colombier le 7 février 1914. R.M.G. avait lu sa pièce à la troupe de Copeau le 27 décembre 1913, en présence de Ghéon (v. *Correspondance Copeau-R.M.G.*, I, p. 111-112).
   * Je m'aperçois que j'y reviens quand même! (*Note de R.M.G.*)
2. Peut-être R.M.G. pense-t-il déjà à la pièce qu'il mettra en chantier à Ravello, en mai 1914 : *Près des mourants,* devenue ensuite *Deux jours de vacances.*

toutes les exagérations et les illusions crèvent comme des bulles!

Merci quand même. Surtout pour votre phrase sur le réalisme [1]. Je voudrais bien préciser cela quelque jour. On ne s'en tirera, je crois, qu'en trouvant un autre mot en « isme » à opposer aux étiquettes périmées. Mais j'avoue que je n'en ai guère souci. Quand je ne serai plus fichu de créer quelque chose, j'occuperai peut-être mes loisirs à tirer des conclusions théoriques de ce que j'aurai fait. Il en est des théories littéraires comme des règles de vie; et je pense que le mieux est de vivre d'abord, comme on peut, le plus qu'on peut, quitte à se retourner plus tard, beaucoup plus tard, vers le chemin parcouru, pour en déterminer la direction générale et l'afficher comme un précepte, et l'offrir gravement aux jeunes gens. Jeux de vieillards.

À bientôt j'espère, et croyez, je vous prie, à l'assurance de mes sentiments très sympathiques et tout dévoués.

Roger Martin du Gard

À HENRI GHÉON

27.4.1914

Bons souvenirs de Pompéi, où les échos de « l'Eau-de-vie » ne me sont pas encore parvenus, hélas [2]!

R. Martin du Gard

1. H. Ghéon écrivait dans son article : « Le réalisme n'est pas la violence, la crudité, le pittoresque extérieur; mais l'authenticité de la peinture. [...] *Le testament du père Leleu* me semble, si je ne m'abuse, la première œuvre de ce réalisme-là qui soit vraiment réalisée. »
2. R.M.G. et sa femme sont en Italie depuis quelques jours. À Gênes, ils ont rencontré leur ami Jean Fernet, officier de marine, qu'ils ont retrouvé à Naples. Ensemble ils ont visité Naples, Capri et Pompéi.
L'Eau-de-vie, pièce d'H. Ghéon, était créée au Vieux-Colombier le 23 avril 1914.

À HENRI GHÉON

Vendredi 17 septembre 1915

Mon cher Ghéon. Merci pour m'avoir donné le plaisir de ces quelques lignes affectueuses. Je ne vous ai pas écrit. Ne croyez-pas que je n'ai pas pensé à vous. Ah non! Je vis presqu'uniquement en pensée au milieu de vous, et tout ce qu'éveille en moi ce mot obsédant de « patrie » me reporte involontairement à ce groupe de la *N.R.F.,* comme à l'une des seules précisions possibles pour moi de ce vocable où chacun met des choses différentes, sans s'en apercevoir. Je n'écris d'ailleurs à personne. Surtout pas à ceux « de l'avant ». J'ai peur de n'être pas dans le ton, et rien ne me serait plus pénible que cette impression, en ce moment. Que voulez-vous? Nous sommes séparés, déracinés depuis un an, et chacun de nous s'est développé « dans la forme du trou » qui lui a été dévolu par le hasard. Schlumberger m'a écrit des lettres presque belliqueuses. Et Gallimard, d'autres. Vous? Attendons le retour [1]...

Je vis dans mon camion [2]. J'ai pris la forme de mon camion.

1. Jean Schlumberger s'est trouvé en sérieux désaccord avec son ami R.M.G. au cours des deux guerres mondiales, en raison de son patriotisme et de son goût pour l'héroïsme. Voir les lettres de guerre de J. Schlumberger à R.M.G. qui ont été publiées dans *Le Figaro littéraire* (17 au 23 juin 1965, p. 7 et 8) et les lettres de R.M.G. à J.S. dans la *N.R.F.* du 1er mars 1983 (lettres de 1913 à 1918 publiées par Jean-Claude Airal).
En 1940, lors de la publication d'*Épilogue,* que J.S. jugeait inopportune car démobilisatrice des énergies nationales, le désaccord fut encore plus grave. Quant à Gaston Gallimard, on sait par le livre de Pierre Assouline qu'il fut, au début de la première guerre, littéralement malade de peur. Ses lettres, non retrouvées, devaient rendre un son bien différent de celles de J.S. Ainsi convient-il de comprendre : « Et Gallimard, d'autres. »
2. R.M.G. était mobilisé dans une unité de transport automobile (T.M. G. VI) rattachée au 1er Corps de cavalerie. Voir ses lettres de guerre dans *C.G.* II, où il raconte comment il s'est installé dans son camion et y a repris son travail d'écrivain.

J'ai organisé tant bien que mal ma vie. J'ai des périodes de grande activité, coupées de larges repos, de longs stationnements. J'emploie ces derniers à travailler. Je ne sais pas si c'est une acrobatie, ou un paradoxe. J'y suis venu très naturellement; et j'ai repris si naturellement le travail interrompu, au point où il était, que je ne pense pas avoir trahi le présent. Pourtant je ne pense pas que nous puissions réendosser tels quels les vêtements civils que nous avons si brusquement dépouillés. Je suis de ceux qui escomptent (non pas une régénération, ah, ciel! Tout ce que je vois me prouve le contraire) – mais une vaste perturbation, tout un renversement des anciennes valeurs, et, pour certains peut-être, dans un certain domaine, avec mille réserves, une presque régénération... Du nouveau, en tout cas, et de grands champs de bataille. Que de courants à remonter!

Je vous serre affectueusement la main, et vous souhaite « la chance ».

R. Martin du Gard

À HENRI GHÉON

Paris – 9, rue du Cherche-Midi – 9   Mercredi, 7 mai 1919

Mon cher Ghéon. Merci pour le livre, et merci surtout pour « *homme de bonne foi* [1] ». Vous avez raison, c'est en toute bonne foi que j'aborde ce témoignage, et s'il y a en moi

---

1. L'expression est reprise de l'envoi manuscrit de *L'Homme né de la guerre. Témoignage d'un converti (Yser-Artois, 1915)*, N.R.F., 1919. Elle désignait évidemment R.M.G. Ce livre est le récit de la conversion religieuse de Ghéon, pendant (et sous l'effet de) la guerre. À partir de ce moment-là, tout en restant fort cordiales et attentives, les relations des deux hommes devront tenir compte de ce fossé qui s'est creusé entre eux par le retour de Ghéon à la foi catholique. C'est à cela que fait allusion l'expression « des divergences individuelles ».

quelque volonté préconçue, c'est *de comprendre* le plus possible, ne fût-ce que pour mettre nos relations d'amitié à l'abri de tout malentendu. Nos terrains d'entente sont multiples, notre champ d'action est commun en mille points, nous aimons les mêmes amis, et je n'ai jamais pensé, qu'au pied des formidables entreprises qu'il nous reste à mener à bien, nous puissions disputer et nous tourner le dos pour des divergences individuelles.

Je vous serre les mains, mon cher ami, en toute sympathie,

Roger Martin du Gard

À HENRI GHÉON

Paris, dimanche 30 novembre 1919

Mon cher Ghéon, impossible de joindre le sténographe et de lui extorquer les notes de Jacques [1]. Nous n'avons de lui qu'une adresse administrative Association des Sténos etc... On sait que ces boîtes-là ferment le dimanche. J'ai voulu téléphoner hier soir, c'était déjà trop tard, la semaine anglaise. De plus le monsieur habite la banlieue.

Mais il a promis de rapporter sa rédaction lundi ou mardi. Dès demain matin, toutes choses reprenant un cours normal, je le relancerai, soit pour hâter son travail, soit pour lui

1. Avant la réouverture du Théâtre du Vieux-Colombier, Jacques Copeau a prononcé trois conférences sur son expérience dramatique, le 8 novembre 1919, le 29 novembre 1919 et le 10 janvier 1920, à la salle des Sociétés Savantes, rue Danton. Le 29 novembre, son sujet était : « La Sincérité dans la mise en scène. » H. Ghéon devait en rendre compte dans la *N.R.F.* (voir lettre suivante). C'est pour l'aider dans son travail que R.M.G. – qui avait fait lui-même le compte rendu de la première conférence, dans la *N.R.F.* du 1er décembre 1919 (p. 1113-1118) – cherchait à lui fournir les notes manuscrites de Copeau, confiées au sténographe, et la sténographie complète de la conférence. La Note de Ghéon a paru dans la *N.R.F.* du 1er janvier 1920, p. 105-110.

reprendre les notes. Mais si je pouvais vous faire tenir la sténographie complète, cela serait beaucoup mieux; je connais les notes de Jacques, elles sont excessivement *schématiques*! Donc, j'espère vous communiquer la conférence in-extenso *mardi*. Comment vous joindre, où vous atteindre? <u>R.S.V.P.</u> Et ne pourriez-vous pas, pour gagner du temps et éviter que Rivière ne se suicide, préparer déjà très complètement un article dans lequel des extraits viendraient s'incruster dès que vous auriez leur exacte teneur?

Ne m'accusez pas de négligence, j'ai fait tout ce que l'on pouvait faire, et je continuerai dès demain.

Bien vôtre,

R.M.G.

À HENRI GHÉON

– Paris, le 18 décembre 1919

Mon cher Ghéon. Rivière vient de m'envoyer les épreuves de votre note sur la 2ᵉ conférence de Copeau. J'en suis personnellement *ravi*. Le ton est parfait, l'analyse est claire, l'accent est chaleureux. Voilà comme il faut parler les uns des autres, sans fausse pudeur! Il faut répandre ce nouveau « témoignage »; et je me permets d'en faire faire 100 tirages à part, pour la pro-pa-gande. Vous voulez bien?

Je vous serre les mains, en toute sympathie,

Roger Martin du Gard

À HENRI GHÉON

– Le Verger d'Augy, le 23 mai 1920 –

Merci mille fois, mon cher Ghéon, de votre gentille attention [1]. Je ne puis en profiter, mais j'ai le temps de faire parvenir votre invitation à ma femme, (qui est restée serve du V. Col. [2]) et qui, si elle n'est pas trop éreintée par le surmenage fou de Cromedeyre, en profitera sûrement.

Je suis parti au vert, seul, pour travailler. Je suis délicieusement tranquille, mais mon Orsay est vraiment un peu loin tout-de-même [3]... Vous me le faites regretter.

Je vous souhaite un beau succès, et vous serre affectueusement les mains,

Roger Martin du Gard

À HENRI GHÉON

– Paris, 7 juin 1920 –

Mon cher Ghéon.

Nous avons pensé employer dignement la soirée dominicale en allant entendre l'édifiant mystère du *Pendu dépendu.* Ai-

1. H. Ghéon avait envoyé à R.M.G. une invitation pour sa pièce *La farce du pendu dépendu,* miracle en 3 actes, dont la première devait avoir lieu le 25 mai au Théâtre Balzac. À partir de 1919, le théâtre de Ghéon tente de ressusciter le théâtre religieux du Moyen Âge.
2. Hélène Martin du Gard dirigeait l'atelier des costumes du Vieux-Colombier, où l'on répétait *Cromedeyre-le-vieil,* de Jules Romains (créé le 27 mai 1920).
3. H. Ghéon avait une résidence à Orsay. Comme aucun indice ne permet de penser que R.M.G. était attaché à ce lieu au point d'en parler avec un « mon » affectif, il faut comprendre : l'équivalent pour moi de ce qu'est Orsay pour vous (c.-à-d. : ma maison de campagne du Verger d'Augy) est vraiment un peu trop loin de Paris! Vous me faites regretter qu'il en soit ainsi.

je besoin de vous dire que nous en sommes sortis rajeunis et purifiés, tant est contagieuse la candeur que vous avez mise à conter cette innocente aventure? Elle mérite de remplacer *La Cagnotte* [1] dans les matinées de tous les patronages, et je songeais, en vous écoutant, qu'*Athalie* aussi a été composée pour amuser des enfants pieux!

Merci d'avoir pensé à nous, et bien cordialement.

Roger Martin du Gard

À HENRI GHÉON

9, rue du Cherche-Midi   5 mai 1922

Cher Ami. Je vous remercie de m'avoir envoyé votre Ste Cécile [2] qui est peut-être de tous vos ouvrages celui dont je puis vous exprimer le plus sincèrement ma très grande admiration. Les divers fragments que j'en avais déjà pu lire ne m'avaient pas trompé. C'est une œuvre de première grandeur. Bien des choses nous séparent, vous le savez. Je n'en ai que plus de plaisir à vous dire le cas que je fais de ce grand poème, qui porte en lui toutes les raisons de durée. Et j'en profite pour vous répéter toute ma fidèle sympathie.

J'envoie le livre à ma femme, qui est dans le midi, et que ces chants *raviront*. Bien vôtre.

R.M.G.

---

1. *La cagnotte* est une comédie de Labiche et Delacour (1864) qui connut un grand succès.
2. *Les trois miracles de sainte Cécile,* suivi du *Martyre de saint Valérien,* Paris, Société littéraire de France, 1922. Cette pièce s'inspire, comme *La farce du pendu dépendu,* des mystères du Moyen Âge.

À HENRI GHÉON

Le Mée, le 20 octobre 1922

Mon cher Ghéon. Il me revient de deux côtés différents – vous voyez que j'ai aussi de « bonnes » relations – que vous avez remarquablement parlé des *Thibault* dans l'Action Française. On m'a successivement indiqué deux dates fausses, le 10 et le 11 octobre. J'ai fait venir les journaux en vain [1]. Je continue mon enquête; mais je ne veux pas attendre de vous avoir lu, et quel que soit votre jugement, pour vous dire le plaisir que j'ai eu à la pensée que mon livre vous avait paru digne d'être critiqué. Il me serait particulièrement agréable et réconfortant de constater que vous en avez aimé certains morceaux, et que vous avez quelque confiance dans l'œuvre totale. Je mets peut-être lourdement les pieds dans le plat, puisque je vous fais cette déclaration à l'aveuglette, sans rien connaître de votre article. (Je ne suis pas encore parvenu à encaisser avec indifférence la sottise, l'à-côté des compliments ou des reproches habituels de la presse. Et comme je veux préserver mon travail de tout agacement inutile, je me suis désabonné de tout Argus, bien avant la publication du

1. Dans un article intitulé « Le Roman retrouve l'objet perdu », paru dans *L'Action française* du 12 octobre 1922, H. Ghéon développait l'idée que les deux premiers *Thibault* marquaient un retour vers l'objectif chez les romanciers et saluait dans ces romans « le respect absolu de l'objet » et la loyauté d'un regard qui ne falsifie pas. Il consacrait plus de la moitié de l'article à R.M.G., mis au rang des plus grands. « J'ai pensé qu'il était important, après Massis, de signaler un des efforts de " reconquête de l'objet " le plus frappant et le plus décisif que le jeune roman nous propose. On ne saurait trop insister sur l'absence complète de coquetterie littéraire, d'amour de soi et de son propre verbe, de culte pour la sensation et la singularité de l'analyse – sur un sujet parfois singulier – qui caractérise ici l'art de Roger Martin du Gard. »

1er Thibault. C'est ce qui vous explique mon retard à vous remercier.)

Je prolonge autant que je peux mon séjour hors du Paris tentateur et pestilentiel [1]! J'ai un travail for-mi-dable à fournir pour mon 3e volume; et je n'en mène pas large... Mais quelle joie que ce travail! Nous sommes de fameux veinards et nous avons pris la meilleure part!

Je vous envoie une bonne poignée de main d'ami,

Roger Martin du Gard

À HENRI GHÉON

Clermont. Oise. 2 février 1923

Cher ami Ghéon, vous êtes bien gentil de m'avoir fait lire votre *St Maurice* [2] et j'ai été très sensible à votre attention. Mais vous devinez de reste que je ne me sens guère le frère d'armes de votre saint!... C'est un beau fanatique, de ceux qui ne cessent de rendre très difficile la vie des hommes en société. Pour moi j'ai bien souvent sacrifié aux idoles, par complaisance sociale, et je crains, du train où vont les choses, d'avoir à le faire encore. Je songeais en vous lisant que si votre ami Maurice avait eu autant d'esprit que de foi, il se serait avisé plus tôt que le métier des armes n'était pas compatible avec celui de chrétien, et il eut évité de se trouver dans cette impasse et d'y entraîner son troupeau bêlant. Nos séminaristes de 1914 n'étaient – je ne sais si je dois dire heureusement – pas si intransigeants que votre saint. Et je me plais à penser que parmi les prêtres qui assistaient à votre

---

1. R.M.G. se trouve alors au Mée, par Melun, dans la maison de campagne de ses parents.
2. *Saint Maurice ou l'obéissance,* d'H. Ghéon, a paru en 1922 aux éditions de *La Revue des Jeunes.*

représentation et vous avaient aidé de leur pieux zèle, pour l'édification des foules, les jeunes avaient manié le fusil, et les vieux avaient béni nos canons et nos drapeaux. Ainsi va le monde. La sagesse des chrétiens d'aujourd'hui me paraît souvent comprendre le « Vous ne tuerez point » comme s'il était écrit : « Ne nous frappons pas... »
Ne nous frappons pas! St Maurice est un type qui « se frappait ». J'ai connu pendant la guerre un vieux territorial qui répétait toujours : « Pas tant... pas tant... » Cela tombait très souvent juste. (Ne me chipez pas cette anecdocte, je voudrais m'en servir quelque jour [1].) Tout cela ne m'empêche pas de vous admirer et de penser à vous avec une fidèle sympathie!
    Votre
                              Roger Martin du Gard

À HENRI GHÉON

Le Mée. Melun. S. et M.   4 juillet 1923

    Mon cher ami. Très touché de votre attention amicale. Ce « témoignage » prend, à être relu aujourd'hui, un bien autre sens qu'autrefois, parce qu'il explique votre vie d'après guerre, votre œuvre, et qu'il s'explique par elles [2]. Les fragments du

---

1. Le fil du raisonnement, dans cette lettre, est sinueux. R.M.G. semble d'abord reprocher à saint Maurice son intransigeance, son fanatisme même, qui refuse les compromis avec le monde (sacrifier aux idoles) au nom de la foi chrétienne. Puis, par le biais de l'incompatibilité entre la charité chrétienne et le métier militaire, il en vient à reprocher aux prêtres actuels, et aux chrétiens, leurs compromissions avec l'ordre de la guerre. Ce qui rend, pour finir, sa noblesse au saint qui prenait sa foi au sérieux, alors que les chrétiens actuels pensent, comme le vieux territorial, qu'ils en font toujours trop, et manquent tout à fait d'exigence morale.
2. En 1923 fut réédité le récit de la conversion d'H. Ghéon, *L'homme né de la guerre. Témoignage d'un converti (Yser-Artois, 1915)*, suivi, dans la nouvelle édition, de « fragments inédits d'un carnet spirituel (1916-1918) ». C'est à ce « témoignage » et à ce « carnet » que R.M.G. fait allusion.

Carnet, m'ont, pour toutes les raisons que vous devinez, fortement intéressé, – hérissé parfois. Votre « incohérence » ne me paraît pas toujours moins accusée aujourd'hui que jadis. Mais laissons cela. (C'est une de mes convictions, que vous n'avez beaucoup moins changé que vous ne le pensez vous-même.)

Si loin que nous soyons l'un de l'autre, j'ai plaisir à vous répéter toute ma fidèle sympathie.

Vous seriez gentil, si jamais vous répondez à Montherlant, de me signaler votre article [1]? ?

Roger Martin du Gard

À HENRI GHÉON

Hyères le 1er mars [1924]

Cher ami, que vous êtes gentil! Mais votre pneu nous arrive ce matin, de votre vilain nord dans notre beau soleil, et ceci vous expliquera que nous n'ayons pu ni profiter de votre attention, ni en faire profiter quelqu'ami. Merci [2]!

Tous nos souhaits pour que votre *Mort à cheval* galope à belle allure vers le succès.

Très amicalement vôtre,

R. Martin du Gard

1. L'allusion à Montherlant est obscure. Comme il n'est pas question de lui dans le livre évoqué, il faut penser que Montherlant avait écrit un article ou une simple lettre sur ce récit, article ou lettre communiqué par Ghéon à R.M.G. Nous n'avons pas pu le vérifier, mais l'hypothèse est vraisemblable car Montherlant venait de publier *La relève du matin* (1920) et *Le songe* (1922), inspirés par une vision noble de la guerre. Il ne pouvait être insensible au témoignage de Ghéon sur une de ses conséquences spirituelles.

2. *Le bon voyage ou Le mort à cheval*, miracle en 3 tableaux, faisait partie de *Jeux et miracles pour le peuple fidèle* [1re série], Paris, éd. de *La Revue des Jeunes*, 1922.

À HENRI GHÉON

Rue du Cherche-Midi VIᵉ   7 mai 1924

Cher ami. Merci. Merci de votre affectueuse sympathie [1].
Vous avez bien compris que ce contact inattendu avec la
mort me laisse dans un accablement morne et douloureux.
Je n'y puis rien. Vous non plus. Je vous envie vos illusions,
une fois de plus!
Merci encore pour *La Bergère* [2]... Je lui demanderai sous
peu de me sortir quelques heures de mes pénibles obsessions.
Et bien affectueusement vôtre
                                                              R.M.G.

À HENRI GHÉON

Le Mée. Melun. Seine & Marne   9 juin 1924

Cher ami. Ce qui demeure encore en moi de l'ancien
chartiste s'est ému à la lecture de votre St Thomas «à la
manière des Vieux Ages [3]»... mais le rationaliste impénitent
résiste et secoue la tête. Le «Sens commun» aurait bien
autre chose à dire, ne vous déplaise!

1. Le père de R.M.G. venait de mourir d'une congestion cérébrale, le
5 avril 1924. H. Ghéon lui avait envoyé un mot de sympathie le 18 avril.
2. *La bergère au pays des loups* est une des trois œuvres qui forment *Jeux
et miracles pour le peuple fidèle*, 2ᵉ série, Paris, éd. de *La Revue des Jeunes*,
1923.
3. H. Ghéon venait d'envoyer à R.M.G. son dernier livre : *Triomphe de
saint Thomas d'Aquin, à la manière des vieux âges... en prose mêlée de vers*,
Paris, éd. de la Vie spirituelle, s.d. [1924].

Merci pour cette nouvelle et affectueuse attention. Vous ai-je seulement remercié de votre si touchante sympathie, à la mort de mon père ?

Je vous serre les mains, en toute amitié.

Roger Martin du Gard

À HENRI GHÉON

9, rue du Cherche-Midi   23 décembre 1924

Oh, oh, cher ami, voilà que vous maniez bien rudement l'actualité [1] ! Vous jouez avec le feu, je souhaite que l'incendie reste circonscrit...

Je vous remercie de penser à moi et de travailler si fidèlement à mon édification. Ne m'en veuillez pas de regretter à part moi la mobilisation de votre verve et de votre force dramatique, – et croyez à toute mon affectueuse sympathie.

Roger Martin du Gard

À HENRI GHÉON [CARTE DE VISITE]

Le Tertre à Bellême (Orne)   Jeudi 9 décembre [1926]

Cher ami. Je reçois seulement aujourd'hui vos 2 places pour ce soir [2] ! Je ne puis même pas en faire profiter quelques

1. Il s'agit sans doute du *Miracle des pauvres claires et de l'homme au képi brodé*, impromptu satirique en un acte et trois tableaux, Paris, éd. de *La Revue des Jeunes*, 1924.
2. Le jeudi 9 décembre 1926, jouant en alternance avec la troupe de Charles Dullin, Les Compagnons de Notre-Dame, compagnie créée par Henri Ghéon, donnaient au théâtre de l'Atelier deux pièces courtes : *Le vent fait danser le sable* (3 tableaux) d'Henri Brochet, et *Les trois sagesses du vieux Wang*, drame chinois en 4 parties, d'Henri Ghéon.

amis. Je suis donc deux fois navré. Vous savez qu'il ne faut plus guère nous compter parmi les parisiens...

Merci de votre aimable pensée, tous nos vœux de succès, et bien affectueusement vôtre,

R.M.G.

Mes amitiés à Dullin, à l'occasion.

UNE LETTRE
À ÉDOUARD CHAMPION
(1921)

Édouard Champion, né en 1881, était le fils d'Honoré Champion (1846-1913), le fondateur de la Librairie du Quai Malaquais, à la fois maison d'édition spécialisée dans les publications savantes et librairie de livres anciens. Il avait succédé à son père en 1913, à la mort de celui-ci, et après la guerre, il cherchait à relancer l'activité de sa maison dans de nouvelles directions. Il avait manifestement demandé à R.M.G. des renseignements sur l'édition de sa thèse d'archéologie, par intérêt professionnel sans doute.

Rappelons que R.M.G. avait soutenu sa thèse à la sortie de l'École des Chartes, en décembre 1905, pour obtenir le diplôme d'archiviste-paléographe, sous le titre : Ruines de l'abbaye de Jumièges. *Elle fut publiée en 1909, par Grou-Radenez, à Montdidier, sous le titre :* L'abbaye de Jumièges (Seine-Inférieure) étude archéologique des ruines.

À l'École des Chartes, R.M.G. avait certainement fait la connaissance de Pierre Champion, frère d'Édouard, qui était son condisciple. Pierre Champion a soutenu sa thèse (sur Guillaume de Flavy) en février 1905. À la mort de leur père, en 1913, il a laissé à Édouard la direction de la Librairie et s'est consacré à des recherches personnelles, en s'occupant cependant de la Bibliothèque du XVᵉ siècle, *créée par Honoré Champion. Outre de nombreux travaux d'histoire médiévale, il devait écrire et publier une* Histoire poétique du XVᵉ siècle

(1923), *un roman moderne,* Françoise au calvaire *(1924), et des souvenirs qui font revivre son père et sa librairie, sous le titre* Mon vieux quartier *(1932).*

À ÉDOUARD CHAMPION

Paris, 9, rue du Cherche-Midi   30 octobre 1921

Cher Monsieur. Voici l'historique de mon bouquin sur Jumièges :
Tiré à 300 exemplaires, chez Grou-Radenez, à Montdidier, et laissé en dépôt chez lui.
150 exemplaires vendus avant la guerre.
Les Allemands. L'incendie de Montdidier. Destruction totale de l'imprimerie et des magasins.
Il y en a donc 150 exemplaires en tout. Et comme les acheteurs ont été surtout des Bibliothèques, françaises et étrangères, le nombre des volumes en circulation est fort restreint.
Je n'ai moi-même qu'un exemplaire.
Avis aux bibliophiles!
Mon meilleur souvenir, je vous prie à votre frère, et croyez, cher Monsieur, à mes sympathiques sentiments.

                                        Roger Martin du Gard

Je vois sur votre papier à lettre « Expertises ». Je viens de retrouver à la campagne dans une bibliothèque de famille une 1re édition du *Caprice* de Musset. Sauriez-vous par hasard me dire ce que cela peut valoir? Elle est en très bon état. Merci d'avance et si vous n'avez pas le renseignement sous la main, ne me répondez surtout pas.

DEUX LETTRES
À JEAN VANDEN EECKHOUDT
(1927-1928)

Jean Vanden Eeckhoudt, peintre belge, était un ami des Van Rysselberghe, des Bussy et d'André Gide, et le père de Zoum Walter, que R.M.G. avait rencontrée à Pontigny en 1926. Il habitait sur la Côte d'Azur, à Roquebrune, non loin des Bussy. (Voir la Correspondance Gide-R.M.G., *Les Cahiers de la Petite Dame, la* Correspondance Gide-D. Bussy, *le* Bulletin des Amis d'A. Gide, *juillet 1979 et avril 1980.) Au début d'août 1927 il avait séjourné au Tertre pour peindre une statue de Flore qui se trouvait dans le parc, et dont il voulait faire le sujet d'un panneau décoratif. C'est alors qu'ils firent connaissance.*

C'est à ce séjour que fait allusion la carte du 17 août 1927, qui représente le parc du Tertre. La seconde, du 24 juin 1928, représentant le Château du Tertre, semble avoir été écrite en réponse à une lettre (non conservée) sur La Sorellina *qui avait paru en mai. Elle esquisse une esthétique qui rapproche l'écrivain du peintre.*

Les originaux sont la propriété de M. Jean-Pierre Vanden Eeckhoudt qui nous a aimablement communiqué ces textes.

À JEAN VANDEN EECKHOUDT

17.8.1927

Que ce me soit une occasion de vous dire tous les charmants souvenirs que je garde de votre trop court séjour – et l'espoir que nous avons de vous voir revenir ici, plus longtemps et avec plus de soleil!

R.M.G.

À JEAN VANDEN EECKHOUDT

Le Tertre, 24 juin 1928

Cher ami. Voilà un témoignage que je ne puis croire « de complaisance » et qui me touche infiniment plus que tout autre! Je ne cherche guère qu'à « faire voir » ce qui m'a ému ou m'émeut; si je réussis à « faire voir », l'émotion suit, automatiquement.

Nos arts sont jumeaux. Pour « faire voir »; il faut avoir soi-même regardé longtemps, longtemps. J'admire votre patient effort, votre *soumission à l'objet* [1]. Et j'admire, *parce que* je sais bien que c'est terriblement difficile!

Merci encore, et bien affectueusement vôtre, cher ami trop rare!

R.M.G.

---

1. L'expression soulignée est d'Henri Ghéon qui l'écrivait à R.M.G., le 8 avril de la même année, pour définir son attitude d'écrivain (voir *C.G.* IV, p. 569), après avoir exprimé l'idée en termes très voisins dans son article de *L'Action française* d'octobre 1922 (voir ci-dessus la lettre à Ghéon du 20 octobre 1922). R.M.G., à qui cette formule plaisait, la reprend plusieurs fois pour définir son esthétique (voir *C.G.* IV, p. 358).

UNE LETTRE
À EMMANUEL BUENZOD
(1928)

Emmanuel Buenzod, écrivain de Suisse romande, très proche de Ramuz, était l'auteur d'une vingtaine de romans, d'ouvrages consacrés à des musiciens (Mozart, Beethoven, Schumann, Schubert, etc.) et de livres de critique. Résidant à Vevey, où il enseignait, il collaborait, par des articles de critique littéraire, à plusieurs journaux et revues, notamment à La Gazette de Lausanne *et à* La Revue de Genève, *où il venait de rendre compte des deux parties des* Thibault *publiées en avril et en mai :* La consultation *et* La Sorellina. *Rappelons que* La Revue de Genève, *dirigée par Robert de Traz et Jacques Chenevière, avait publié dans ses livraisons d'avril et de mai, un assez long extrait de* La Sorellina, *sous le titre « Les deux frères » (l'épisode de Lausanne, où Antoine retrouve Jacques et le ramène à Paris).*

L'original de cette carte de visite, dont le texte nous a été aimablement communiqué par M. Jean-Louis Cornuz, appartient à Mme Buenzod.

À EMMANUEL BUENZOD

Le Tertre à Bellême – Orne   9, rue du Cherche-Midi (VIᵉ)
                                          Paris

Je vous remercie d'avoir bien voulu lire mes livres, simplement, en lecteur plutôt qu'en critique. La critique française
s'obstine stupidement au petit jeu des pronostics : « Où nous
mène-t-il ? Que deviendra A ? Et B ? Quelle idée fondamentale
peut-on d'avance dégager ? etc. » Cette obsession puérile lui
bouche totalement les yeux. « Il y a des gens », disait Courbet,
« qui doivent se relever la nuit, pour *juger*! »
                        Sympathiquement,   9.7.28
                                                          R.M.G.

QUATRE LETTRES
À JEAN PRÉVOST
(1927-1928)

La Correspondance générale, à partir du tome IV, contient
de nombreuses lettres adressées à Jean Prévost que R.M.G.
connut à Pontigny et qui devint vite son ami. Il collaborait
déjà à la N.R.F., en 1927 ainsi qu'à Europe, au Navire
d'argent d'Adrienne Monnier, et avait publié cinq livres (voir
C.G. IV, p. 551, note 1 de la p. 141). La première lettre
connue de R.M.G. à J.P. date du 10 mars 1927. Celles-ci
avaient échappé à nos recherches. M. et Mme Bechmann, qui
les possèdent, ont eu l'obligeance de nous les communiquer.

À JEAN PRÉVOST

Bellême – Orne   22 mars 1927

Cher ami. Je vous remercie pour votre « Brûlure », j'ai été
bien sensible à cette attention [1]. Mais souffrez que je me
dérobe. Je ne me sens pas très éloigné du point auquel vous
aboutissez; mais le chemin qui vous y mène ne trouve aucun

1. *Brûlures de la prière*, de Jean Prévost (Gallimard, 1926), est un essai
sur la recherche mystique de l'absolu et son échec.

écho dans mon souvenir, et je sens dans ce livre tant de grave ferveur, que je répugne à n'y pénétrer que par l'intelligence. Laissez-moi penser que vous me saurez plutôt gré de cette réserve, qui vous prouve au moins que j'ai tant bien que mal compris, de l'extérieur, que ces pages ont été écrites à chaud et avec tout le sang du cœur. Prenez mon silence comme un hommage et croyez à ma sympathie très vraie.

Roger Martin du Gard

Ne m'oubliez pas, cette fois, auprès de votre femme et rappelez-lui que je suis de ses respectueux admirateurs, qui attendent la nouvelle « étoile » [1].

À JEAN PRÉVOST

Bellême – Orne   [novembre-décembre 1927]

J'ai commencé par *Merlin,* pensant qu'après, *Toya* me reposerait [2]. Eh bien, mon vieux, vous n'avez pas eu la trouille... Mais j'aime ça. (Je veux dire que j'aime votre *Merlin*; – et aussi que vous n'ayez pas eu la trouille.) C'est un de ces péchés de jeunesse (Merlin), dont on est un tant soit peu embarrassé vers la cinquantaine, mais d'autant moins que le « péché » est réussi. Et le vôtre l'est, le restera. Ne parlons pas du sujet, bien que je pense en avoir savouré, sous la force, la douceur et la mélancolie. Je veux surtout louer

---

1. Marcelle Auclair, femme de Jean Prévost de 1926 à 1939, était l'auteur d'un premier roman : *Changer d'étoile.*
2. *Merlin, petites amours profanes* (Gallimard, 1927), de Jean Prévost, est le récit autobiographique d'aventures amoureuses, de ton assez libre et enjoué.
Toya, second roman de Marcelle Auclair. Voir la lettre à M. Auclair du 26 déc. 1927 (*CG.* IV, p. 246-247) où il est question de *Toya* et de *Merlin.*

l'*allant* de ce livre, votre force à vous, qu'exprime si bien cette langue drue, et comblée de trouvailles qui croquent délicieusement sous la dent. J'aime ça. J'ai toujours eu, d'ailleurs, pour vous une sympathie, qui peut surprendre, tant nous sommes différents, tant vos turbulences devraient m'agacer, quelquefois! Ce que j'éprouve pour vous, je l'éprouve pour vos livres. Ce qui prouve qu'ils sont bien à vous, qu'ils sont bien vous. (Je crois vous faire, en terminant, un très grand éloge.) Mais comme c'est curieux d'être à ce point obsédé par le pipi et le caca!!

Bonne poignée de mains – et mon amical hommage au confrère, je vous prie [1].

Roger Martin du Gard

À JEAN PRÉVOST

Bellême – Orne   16 décembre 1927

Cher ami. Votre lettre est confuse et je n'ai pas encore compris si vous étiez sensible aux éloges que je vous ai faits, ou bien aux réserves que j'ai marquées? J'ai traversé Paris ces jours derniers, et plusieurs m'ont dit : « *Il paraît* que vous aimez *beaucoup* le Merlin de Prévost? » À quoi j'ai répondu chaque fois : « C'est Prévost surtout que j'aime bien, malgré ces brusqueries et ces fautes de mesure; j'ai confiance en lui; ce qui m'agace quelquefois dans ses sautes, passera avec la jeunesse; et si Paris ne nous le gâte pas, je crois en sa force secrète pour un *bon* avenir. Et j'aime Merlin exactement dans la mesure où ce livre est le reflet de Prévost. »

Je vous écris ceci, parce que je connais un peu les bons

---

1. Le « confrère » est évidemment Marcelle Auclair.

camarades, et je pense que ces propos vous seront rapportés. Autant que vous les teniez directement de moi...

Oui, je vous aime bien, c'est un fait, – et qui parfois m'étonne un peu. Moins pourtant que votre sympathie pour moi... Mais je l'accepte avec plaisir et fais des vœux pour qu'elle dure. J'accepte également et avec un égal plaisir l'offre que vous me faites [1]. Vous êtes des quelques-uns dont j'aurais plaisir à voir le nom près du mien. Mais on en reparlera, et vous avez tout le temps et tout le loisir de changer d'avis, sans rien modifier à mon amitié. Bien affectueusement à tous deux,

Roger Martin du Gard

À JEAN PRÉVOST

Bellême – Orne   30 septembre 1928

Je suis bien décidé, mon cher ami, à ne pas lire une ligne de « Dix-huitième année » en revue, et d'attendre, sinon le volume, du moins la publication complète en fascicules [2]. Mais puisque vous avez voulu, dès maintenant, rendre publique une sympathie pour moi qui me surprend un peu et me touche très profondément, je n'attendrai pas jusqu'à ma lecture pour vous laisser voir le plaisir que vous me faites. Approcher de la cinquantaine, n'avoir jamais rien fait pour paraître « à la page », et recevoir d'un jeune de votre rang cette affectueuse consécration c'est une dangereuse tentation d'orgueil... Je n'y

---

1. Jean Prévost dédicacera son essai autobiographique *Dix-huitième année* (Gallimard, 1929), à Roger Martin du Gard. Il avait sans doute annoncé son intention dans la lettre à laquelle répond celle-ci.
2. *Dix-huitième année*, dédicacé à R.M.G., a paru en pré-originale dans la *N.R.F.*, du 1er octobre 1928 au 1er janvier 1929, avant d'être édité en volume chez Gallimard en 1929.

céderai pas. Je me persuade que votre livre est dédié à l'homme plus qu'à l'écrivain. Cela ne diminue pas mon plaisir : « À Roger Martin du Gard, dont les ironies, les petites irritations, ne m'ont pas dissimulé la profonde sympathie et la confiance. À Roger Martin du Gard, sur qui je sais déjà que je puis compter, comme sur un ami. »

Et je rectifie : « que *nous* pouvons »... Car je veux être aussi l'ami de l'être charmant et sensible dont la présence crée votre foyer, fait de vous un homme, et auquel, jeune imprudent amoureux, vous avez sans doute promis le bonheur !

À vous deux, bien fidèlement,

Roger Martin du Gard

HUIT LETTRES
À ALBERT-MARIE SCHMIDT
(1925-1932)

Né en 1901, Albert-Marie Schmidt avait fait des études de lettres à la Sorbonne (licence puis diplôme d'études supérieures) et fréquentait Pontigny depuis 1921, avec Jacques Heurgon et Jean Tardieu, ses amis et anciens condisciples du lycée Condorcet. R.M.G. fit sa connaissance à Pontigny en 1922 (voir lettre à J. Heurgon du 14 mars 1923, C.G. III). En 1925, au début de la correspondance conservée, il préparait l'agrégation des Lettres à Paris. Après plusieurs années d'hésitations, de doutes et de crise intérieure, il devint en 1928 l'assistant de Léo Spitzer à l'Université de Marburg (Hesse). Par la suite il enseigna à l'École alsacienne, soutint sa thèse de doctorat ès Lettres en 1939 et devint professeur à la Faculté des lettres de Caen puis de Lille (1945-1966), où il enseigna la langue et la littérature françaises de la Renaissance. Il publia de nombreux ouvrages d'histoire littéraire, de critique et d'histoire.

Les lettres originales appartiennent à M. Joël Schmidt, son fils, qui nous a aimablement communiqué ces textes et de nombreux renseignements sur son père.

À ALBERT-MARIE SCHMIDT

21 septembre 1925

Mon cher ami – Vous me donnez le spectacle le plus navrant qui soit pour un bonhomme de mon âge : une jeunesse, prodigieusement riche, qui s'ignore, – qui, tout au moins se méconnaît – et qui se déchire, se mutile, se paralyse en doutant d'elle-même, de la vie, de tout. Si quelqu'un me paraît avoir le droit d'aborder l'existence avec le sourire – pas celui de la fatuité, celui d'un orgueil modeste et réfléchi, celui de la calme certitude, – c'est bien vous! Au lieu de cela, contraintes et contorsions, tourments romantiques où il entre un inextricable dosage de souffrance réelle, de mysticisme hérité, de littérature apprise, de mauvais orgueil, de feinte inconsciente et de complaisance dramatique... Que cela me prouve, à moi, la richesse d'un être que je crois voué à une destinée de choix, ne me console qu'à demi de tout ce temps perdu à vous replier sur vous-même, à vous débattre dans un stérile cauchemar, à vous analyser en gros et en détail, au lieu de vous tourner vers la vie universelle et d'y aspirer substance et force.

Que puis-je pour vous? Rien. Nous avons des natures essentiellement différentes, opposées peut-être, et je me sens très mal fait pour vous comprendre; je dirais même : pour vous parler un peu familièrement, sans vous blesser. Votre espèce de sensibilité est de celles dont je crains le plus le voisinage, parce que j'ai cent fois répété la douloureuse expérience : en me laissant aller, en me montrant moi-même, je les heurte, je les déçois, je les irrite, – quand ce n'est pas bien davantage. Mettez-vous bien dans l'esprit qu'il n'est pas possible de rencontrer un être aussi foncièrement que moi

dénué de tout sens religieux. Or, votre sensibilité, dans
quelque domaine qu'elle s'exerce, est, par essence, religieuse.
Il y a entre nous un fossé; que l'amitié comble, je l'espère,
mais qu'elle comble en terre « rapportée », comme on dit, et
qui céderait vite si l'on y marchait trop...

Ce hiatus entre nos sensibilités est manifeste sur le terrain
amoureux. Mais là, je ne puis, je ne dois vous cacher ce que
je pense. Je me trompe peut-être. Je suis trop limité moi-
même pour être un fin psychologue. Mais je pense ceci :
d'abord, que l'amour, tel que vous semblez le concevoir, est
un mỹthe après lequel vous risquez de courir toute votre vie,
en vous déchirant inutilement aux ronces du chemin; qu'entre
un homme et une femme, tant qu'ils sont jeunes (et peut-
être même plus tard) toute tentative d'amitié amoureuse est
un leurre, etc... – ensuite, (et ceci est plus important que les
généralités sur l'amour) que vous, personnellement, vous
Schmidt, n'êtes nullement un être construit pour l'amour, ni
pour le bonheur qu'on peut trouver dans l'amour que vous
arriverez, un jour ou l'autre, à juger la femme tout autrement
que vous le faites aujourd'hui, à ne lui demander que ce
qu'elle peut donner : de l'agrément au foyer, de la distraction
les jours de paresse, du plaisir au lit. Un point c'est tout.
Que vous êtes fait pour prendre votre unique point d'appui
dans votre œuvre, dans votre pensée; et que, tout ce qu'il y
a d'affectif en vous, tout ce que vous imaginez pouvoir
satisfaire par cet amour utopique que vous rêvez, peut être
amplement et jusqu'au fond satisfait par l'amitié virile de
quelques hommes de choix. Mais, tout ce que je vous dis là,
ne change rien à ce qui est. Je crois simplement qu'un jour
viendra où vous croirez découvrir, par expérience, ce que je
vous écris très mal et très sommairement aujourd'hui...

Cette lettre n'est évidemment pas ce que vous souhaitiez
de moi. Croyez bien que je m'en rends compte. Il m'est
impossible en restant moi-même et sincère, d'adhérer davantage à votre état, d'approcher davantage de votre température...
Vomissez ma sécheresse, mon cynisme; haïssez cette contrée

désertique où je suis arrivé à vivre à peu près en équilibre. Mais ne doutez pas de la chaleur très véritable de ma sympathie pour vous, ni d'un dévouement tout prêt à se manifester toujours.

R.M.G.

Et que cette lettre soit pour vous seul, autant que possible...

À ALBERT-MARIE SCHMIDT

Cette lettre va vous décevoir. Pardonnez-moi.

25 novembre 1925

Mon cher ami.

L'embarras n'est pas la seule raison de mon silence. J'aurais cent excuses pour une, et même une rage de dent atroce, qui m'a valu jusqu'à trois coups de jarnac dans la même journée!

Mais l'embarras y est bien pour quelque chose. La sympathie très grande que je vous ai vouée, et dont je serais si heureux de pouvoir quelque jour vous donner une preuve, n'a guère été alimentée, jusqu'ici, par vos écrits [1]. Il faut bien le dire. Ce n'est pas par ce côté-là, me semble-t-il, que jusqu'ici nos atomes se sont crochetés. Et ce n'est pas du tout que je puisse avoir envie de dire de vous à un tiers : « Je l'aime mieux, lui, que ce qu'il écrit. » Non, pas du tout. Simplement, vous m'êtes assez proche, lorsque nous causons ensemble; et vos écrits me sont toujours plus ou moins étrangers. Voilà le fait. Et ceci est vrai encore pour l'écrit

---

1. En 1925, A.-M. Schmidt avait déjà écrit des poèmes et des nouvelles qui n'ont été ni publiés ni conservés. Il avait fait lire à R.M.G. certains de ses textes. Voir ci-dessous la lettre du 5 mars 1927.

dont [il] s'agit [1]. Je le lis, je crois le comprendre, j'en apprécie les qualités, le serré, le vibrant, l'analyse étonnante, la force contenue. Mais, hélas, je ne trouve absolument rien en moi qui puisse s'émouvoir à ce contact, pas un écho lointain, affaibli, qui s'éveille. Et je suis ainsi fait, que je peux pas trouver une phrase à dire d'une œuvre qui donne en moi ce son mat...

Comment prendrez-vous cet aveu? Je vous le dois. Entre nous, tout plutôt que du boniment. Je ne crains pas que vous me gardiez rancune; je crains de vous peiner, et que ma réponse ne crée à vos yeux, entre nous, une certaine distance. (Non que je nie cette distance. Mais il ne faut pas l'exagérer.) Et nos rencontres, toujours si facilement chaleureuses, il me semble, me sont une suffisante compensation à ce que je constate aujourd'hui. Je voudrais que vous pensiez là-dessus comme moi, et que cette lettre un peu trop bourrue, un peu trop dépouillée de toute fleur, ne fasse pas passer la moindre ombre sur notre amitié.

Je vous serre les mains, mon cher ami, en toute confiance affectueuse,

Roger Martin du Gard

Vous me faites très peur avec vos élèves que vous précipitez « tout nus dans la vie » [2]... Je ne saurais trop vous rappeler à l'esprit de scrupule... C'est très grave, l'influence sur de jeunes êtres : en eux tout résonne démesurément et y laisse empreinte. Je vous crois plus capable de chaleur et de frénétiques partis-pris que de circonspection. Soyez *archi-respectueux*!

---

1. Les textes d'A.-M. Schmidt de cette époque ayant disparu, il est bien difficile de savoir quel était cet « écrit ». Peut-être un texte poétique?
2. En 1925, A.-M. Schmidt n'était pas encore professeur. Les élèves dont il est question ici pourraient être ceux auxquels il enseignait pendant le stage pédagogique imposé alors aux candidats à l'agrégation, avant le concours.

À ALBERT-MARIE SCHMIDT

Bellême – Orne   26 juin 1926

Mon cher ami. Je suis toujours profondément ému par vos efforts de sincérité (– et pas seulement par vos manifestations de confiance et de sympathie). Et je ne sais guère tirer profit pour vous de cette émotion parce que je nous sens toujours essentiellement différents, l'un de l'autre. Si bien que vos gestes vers moi me causent à la fois une grande joie et un trouble assez pénible. Je voudrais de tout cœur connaître l'homme de mon âge capable d'adhérer bien complètement à vos confidences, capable d'être pour vous cet aîné qui vous a tant, si manifestement, manqué, et que je ne puis être, car je sais bien que l'amitié ne suffit pas, ni la compréhension : il faut pouvoir sentir ensemble.

Lettre bien touchante et dont je voudrais pouvoir sourire avec vous, par anticipation. Ce que nous ferons peut-être, dans quelques années, quand vous serez « devenu »! Sourire sans ironie, vous le savez, sans malice ni malignité. Sourire de confiance sereine, teinté de compassion pour vos inquiétudes du moment. Non, cher ami, vous finirez peut-être grand prédicateur dominicain, ministre du Travail dans une France bolchevisée, vieil académicien branlant et fidèle aux jeudis du Dictionnaire, prix Nobel, que sais-je, fusillé un froid matin d'émeute pour refus de discipline... mais vous ne finirez sûrement pas dans quelque collège de province à corriger de pauvres narrations d'écoliers!

Vous semblez faire bien grand état de la volonté! Je ne vous en souhaite pas davantage, je suis convaincu que vous en feriez un usage déplorable. Je pense même, si vous me poussez, que toutes vos acquisitions se sont faites *malgré* votre

volonté, et qu'il est fort heureux pour vous que ses « veto »
n'aient pas été plus absolus : votre volonté, vous ne vous en
servez que pour vous restreindre et vous mutiler, vous en
avez bien assez pour ce que vous en faites !

S'il était vrai que vous êtes, en ce moment, un malade,
comme vous semblez croire, je pense que vous êtes de ces
malades penchés sur leur mal, ou plutôt sur l'image que leur
imagination leur en donne, et qui se terrent, et se couchent
en rond sur eux-mêmes. Je crois que l'amour n'est guère
plus qu'une obsession morbide, et qu'une obsession ne se
soigne pas dans la retraite et la solitude, mais, au contraire,
en plein air, en voyage; les obsessions se chassent un peu
comme les clous : une obsession chasse l'autre; le tout est de
ne laisser aucune s'attarder trop en nous. J'ai toujours senti
en vous un rien d'artificiel. (Ne vous cabrez pas. Vous allez
stupidement traduire « pose », « cabotinage ». Ce serait trahir
entièrement ma pensée.) Mais que vous ayez quelque complaisance naturelle à danser devant le miroir, est-ce inexact?
Cela vient de ce que la vie ne vous apporte pas assez; vous
vous rattrapez sur le mirage du miroir; mais c'est très mauvais
pour la santé, cet onanisme de l'orgueil solitaire; c'est un
jeu qui déforme, méfiez-vous. Je crois déjà remarquer des
commencements de déformation... Je dirai autrement : trop
d'examens de conscience; jouez un peu plus librement le jeu
de la vie. Pourquoi suis-je convaincu que votre douloureuse
passion d'aujourd'hui est la rançon d'une criminelle contrainte
et d'un régime bien fait pour détraquer les meilleurs?

Je pense même qu'en la contrariant comme vous faites,
vous alimentez ce qu'elle a de plus nuisible pour vous –
j'allais écrire pour vous deux –. Je vous épargne la métaphore
de la soupape. Convenez, en tout cas, que vous vivez dans
l'anormal, dans l'insatisfait. Puissiez-vous ne pas vous y
détériorer pour toujours !

Quant à votre examen, que vous en dirai-je? Je ne suis
pas de ceux qui prennent légèrement ces questions de
diplômes. D'abord, j'estime qu'on se doit de faire ce qu'on

fait, d'aller au bout de ce que l'on a décidé d'entreprendre. Je vous condamne donc sans merci [1]. Un être de votre trempe n'a pas le droit de se laisser devancer par tous les jeunes pions qui ont pris le départ avec lui, et il est sûr que vous avez gravement manqué à vous-même. Il s'agit de réparer, dans la mesure où cela est réparable. Mais il ne faut pas non plus confondre les plans et perdre la notion des valeurs. Ce diplôme d'agrégé, si vous l'obtenez, ne vous nuira pas, mais vous, Schmidt, vous ne vaudrez rien de plus pour avoir décroché la timbale. Tout au plus aurez-vous, au retour du service, un peu de vache enragée à vous mettre sous la dent. (Mais, d'ailleurs, les temps sont tels que nous serons tous au même régime...) Je ne puis imaginer sérieusement que vous ne trouviez pas un emploi à votre intelligence, et je ne crois guère aux génies que les circonstances seules ont empêché de fleurir. Je ne parviens donc pas à épouser votre inquiétude. Et puis, il y a toujours un beau revers aux vilaines médailles : un jour viendra, j'en suis certain, où vous ne saurez plus maudire cet échec, où vous ne verrez plus que l'enchaînement des faits qui en sera découlé et parmi lesquels vous apercevrez ceux qui auront décidé de votre avenir. Car vous n'êtes pas de ceux qui regrettent ce qui a été.

Je réponds bien mal à votre appel. Mon excuse... (voir p. 1). Ne m'en veuillez pas, j'ai fait ce que j'ai pu, et même je n'ai pas craint d'étaler toute ma pensée, au risque de réactions que je prévois, que j'affronte, – *par affection*.

Roger Martin du Gard

---

1. Il semble bien qu'A.-M. Schmidt avait confié à R.M.G. qu'il s'était présenté à l'agrégation des Lettres, cette année-là, sans confiance ni volonté de réussir. Deux échecs consécutifs le plongèrent dans une crise dépressive.

À ALBERT-MARIE SCHMIDT

9, rue du Cherche-Midi
Paris VIᵉ   30 décembre 1926

J'ai demandé si vous étiez à Paris en permission, mais on
me dit que non. Le jour de l'an au Maroc, cette fois le
cordon est bien coupé!! On vous envoie d'ici une affectueuse
pensée et mille recommandations d'obédience : faire l'imbé-
cile avec le sourire, et ne pas s'attirer d'histoires. C'est notre
vœu pour 1927!

                                    Roger Martin du Gard

À ALBERT-MARIE SCHMIDT

Bellême – Orne   5 mars 1927

Mon cher Schmidt. Je viens de lire votre *Triptolème* [1].
Hélas, qu'avez-vous fait de ces beaux souvenirs savoureux
que vous me contiez sur la route de Pontigny, avec tant de
fraîcheur, de justesse, d'intelligence, de bon goût! Je suis
consterné. Vous êtes un grand malade, et si vous ne vous
guérissez pas le plus tôt possible, vous allez devenir *incurable*!
   Je ne méconnais pas l'effort dont témoigne cette nouvelle,
et, faute de mieux, je me plais à respecter le labeur qu'elle
vous a coûté. Mais, si vif que soit mon désir de vous faire

---

1. *Triptolème* était le titre d'une nouvelle, demeurée inédite et qui a dû
être détruite par la suite.

plaisir, si craintif que je sois de vous décevoir et de vous décourager, je crois tout de même indispensable de vous dire crûment ce que je pense; et d'ailleurs je me sens incapable de feindre avec vous. Le geste que vous avez fait en me faisant parvenir ces pages, n'a de sens que si vous quêtiez toute ma franchise. Je me trompe peut-être. Je l'espère pour vous. Tout ce que je puis dire c'est que « j'ai horreur de ça!... ». Pour moi c'est entièrement *toc*. D'un mauvais goût constant. À ce point-là, l'absence de simplicité (et même dans une certaine et fausse recherche de simplicité apparente) est un vice grave qu'il faudrait traiter au fer rouge, comme une gangrène! Entre cet art-là et celui d'Edmond Rostand, je ne vois, au fond, aucune différence essentielle...

Si cette lecture avait ébranlé la confiance que j'ai en vous, en votre avenir, je ne vous écrirais pas sur ce ton. J'ai l'absolue certitude que, si vous ne pensez pas encore comme moi, le jour est proche où vous jugerez « Triptolème » comme une impardonnable défaillance. D'ici là, essayez de ne pas m'en vouloir, car je vous aime bien et je ne cherche pas à blesser sans profit votre orgueil par ces duretés. Je les crois nécessaires. Écrivez-moi un peu. Et ne doutez pas de mon affectueuse et attentive sympathie.

Roger Martin du Gard

Je vous envoie tout crûment les pages griffonnées au cours de ma lecture.

p. 5   Des yeux sans iris et sans pupilles? Que reste-t-il? (Ce besoin perpétuel d'épater par l'invraisemblable.)

Au lieu de conter des souvenirs vrais, en cherchant à préciser juste, à rendre l'atmosphère et la poésie de cette enfance, de cette maison, il fabrique après coup une analyse de sentiments truqués – Tableau de chevalet [1] –

p. 6   Je m'atten*dais que*?

p. 6   « Sans souiller le tapis ». Exemple de ce faux prétentieux, de cette perpétuelle recherche inutile.

p. 7   Et voila le *cacique*! Rien d'authentique dans tout ça – Rien n'est pensé ni dit simplement –

« La tante » qui creuse avec un œil ardent les lignes du visage! Oh!

Et la veilleuse qui inocule en vibrant! (sic) Et les biscottes digérées qui deviennent des chimères épineuses! C'est fou –

p. 8   Tout ce rêve et ce sommeil est de pure fabrication; et *manquée* –

p. 9   Le fin du fin, cette histoire sur le bras de la tante! Navrant –

Et l'automne juteux!

Et le *diadème* à 4 fleurons imprimé sur le poignet – (Si encore il s'agissait du front!)

p. 10   Calmer ses ongles? Et comment, s.v.p.?

On sent cette perpétuelle préoccupation d'inventer de l'exceptionnel. Et quand les idées étranges vous manquent, vous essayez de donner une impression de neuf et d'inattendu par des impropriétés de termes :

Les *gouttes* de colère

la rougeur qui *imbibe*

pincer les omoplates – c.à.dire peut-être la seule place du dos où il n'y ait pas de chair à pincer!

p. 14   La vague superstitieuse qui *mouille*!

p. 15   Le mauvais goût de ce sadisme à la manque dans les holocaustes d'animaux! Et le comble : « qui gonfle les aines »

---

1. R.M.G. a manifestement noté ces remarques pour lui-même puisqu'il parle d'A.-M. Schmidt à la troisième personne, puis il a décidé de les lui communiquer pour préciser les critiques contenues dans sa lettre. D'où le post-scriptum.

p. 16   Cette tante qui aurait pu être une figure – dont il m'a parlé avec tant de force et de vie – est devenue ici une invention décolorée et littéraire, faussement étrange – (Bien moins étrange que la vraie!) Si bien que rien ne vit, ni la tante, ni le neveu – On sort de là avec l'impression que laissent certains de ces mauvais films allemands, puérilement cauchemardesques, et d'un mauvais goût offensant –

p. 18   Et le wagon « *polyphone* », pour finir – Schmidt est bien malade – S'il n'est pas incurable, il est du moins urgent qu'il se soigne!

À ALBERT-MARIE SCHMIDT

Bellême – Orne   28 février 1928

Cher ami. Je suis bien content de vous savoir à Paris, et non à Biribi [1]. Bien content aussi du ton de votre lettre, et de tout ce que ce retour semble annoncer de bon et de fort. J'aurais, moi aussi, croyez-le bien, vif désir de vous retrouver et de reprendre le contact. Mais je suis, depuis quelques mois, dans une période de quarantaine, et le Tertre est comme un lazaret où j'abrite un travail intensif. Je me suis follement engagé à donner, entre Pâques et novembre, 3 volumes des *Thibault*, et « *La gonfle* ». Je me fais un point d'honneur de ne pas manquer à ces engagements, mais cela nécessite six mois de coup de collier et de totale retraite. J'irai sûrement à Paris au début du printemps et je vous ferai signe. Que parlez-vous d'un poste en province? Est-il déjà question de quelque chose de précis?

   1. Biribi désignait non un lieu précis mais les compagnies disciplinaires d'Afrique où on envoyait les soldats condamnés pour indiscipline. Rappelons qu'A.-M. Schmidt venait d'accomplir son service militaire au Maroc.

J'ai bien d'autres questions sur les lèvres, mais je remets à plus tard.

Christiane passe son hiver à Londres [1]. Elle s'est organisée là-bas une vie très variée, très libre, s'insinue dans les milieux les plus divers, et, je crois, s'enrichit beaucoup. Malheureusement ce régime de carnivores ne lui réussit pas très bien et elle a été plusieurs fois arrêtée par des ennuis de santé. Mais l'ensemble est tout de même assez glorieux.

Notre Tardieu « ombre folle », a disparu de l'hémisphère [2]. S'est-il dissipé dans un rayon de lune, noyé dans une goutte de rosée? On se prend à douter qu'il ait existé réellement, qu'on lui ait serré la main... Si vous avez de ses nouvelles, je serais heureux de savoir ce qu'il fait au pays du riz et des congaïs.

Croyez, cher ami, à ma pensée fidèle et affectueuse,

Roger Martin du Gard

À ALBERT-MARIE SCHMIDT

Bellême – Orne   4 mars 1928

Mon vieux Schmidt, j'ai bien envie de vous engueuler... Votre seconde lettre me plait beaucoup moins que la première! Alors, ça recommence? J'espérais que vous reviendriez, de cet âpre contact avec le réel, moins rétif, et que vous cesseriez de vous cabrer si ingénûment devant ce qui est. Ne soyez pas de ceux qui font un grand bonhomme de don Quichotte! Un moulin à vent est un moulin à vent, il faut

---

1. A.-M. Schmidt avait sans doute connu Christiane Martin du Gard à Pontigny, où elle accompagnait son père en 1926 et 1927.
2. Jean Tardieu était un des meilleurs amis d'A.-M. Schmidt (voir *C.G.* IV, p. 547 et p. 555-556 sur le surnom d'Ombre folle). J. Tardieu a passé une partie de sa jeunesse en Indochine.

le prendre pour un moulin, et l'*aimer* en tant que moulin. Que diable, vous êtes comme un homme qui consentirait à vivre, mais se refuserait, comme à des déchéances, au sommeil, à la nourriture, à la défécation. Sur la scène, je ne dis pas que vous ne feriez pas figure de héros. Mais dans la vie moderne, qu'allez-vous devenir ? Jean-Christophe aussi s'insurgeait contre tout, mais il ne renonçait pas à se faire, dans la vie, une part à sa mesure; il ne cessait pas d'aimer la réalité, et même jusqu'à se consacrer à l'améliorer de tout son pouvoir. Que resterait-il à celui qui repousse la vie et la société, telles que la très regrettable constitution humaine l'ont faite [1]? le revolver ou la Trappe : deux sorties pour *nobles imbéciles*... Je crois plus sain d'accepter les circonstances et d'en tirer parti.

Laissez-moi vous dire toute ma pensée. Au fond de votre mal romantique, il y a quelques causes très simples : manque de tendresse, manque d'argent, manque de précision, et de sécurité, et de confiance en votre avenir. Ce sont des choses qui se peuvent regarder en face, quand on a en mains vos atouts! (Je ne crois pas me tromper : une situation intéressante, rémunératrice, assurée, et un amour heureux, voilà mon Schmidt devenu beaucoup plus indulgent à la société, et qui regardera, avec le sourire, évoluer les grands hommes du jour dans le maquis littéraire...)

Mon cher ami, depuis que je vous connais je vous vois ainsi bouillir en vase clos. Que cette révolte généreuse soit éminemment sympathique et attachante, bien sûr! Que vous ayez raison de dénoncer partout la petitesse, les bas instincts, l'hypocrisie, etc..., pas de doute! Mais cela suffit. La cause est entendue. C'est ça qu'on appelle la vie. C'est là-dedans qu'on est condamné à faire son service... Regimber ne sert à rien. Il y a mieux à faire, quand on s'appelle Albert Schmidt et qu'on a votre cerveau et votre cœur! Vous avez supporté en Afrique, une vie dure, des souffrances, des épreuves de

1. *Sic.*

toutes natures. Ce qui vous reste à faire, c'est tout-de-même moins difficile : c'est d'accepter une fois pour toutes la relativité de tout... Et de relever vos manches, et de vous mettre à la besogne. Assez causé, assez lamenté, assez souri orgueilleusement. Le meilleur moyen de faire obstacle au mal, c'est de se consacrer au bien. (Vous m'amenez à employer des mots haïssables!) Critiquer n'est rien; il faut produire, créer quelque chose de bon et de beau : c'est le seul camouflet qui vaille qu'on le donne à ce qui est médiocre...

Vous savez tout cela. Je vous le rappelle seulement. Déchirez cette lettre : elle n'est qu'une de ces tapes sur l'épaule, que je vous prodigue sous la charmille de Pontigny; une de plus et non moins *affectueuse* que les précédentes!

À vous,

Roger Martin du Gard

À ALBERT-MARIE SCHMIDT

Bellême – Orne   22 décembre 1932

Mon cher ami. Votre St Évremond, que j'ai trouvé ici après une absence de plus de deux mois, m'a attiré tout de suite [1]. C'est un beau départ de critique, d'historien et de psychologue. Et cela vous ressemble, comme il faut. Non pas en ceci, qu'il m'a semblé que vous aviez quelque tendance à prêter à M. de St Évremond certains de vos travers, – ce qui nous mènerait plus loin qu'il n'est bon... –, mais en ceci : que tout le livre a pris un ton hautain, pas désagréable, quoique un peu haussé du col. Pourtant la langue est belle. Tour de force, d'ailleurs, que d'avoir pu maintenir constam-

---

1. Le premier livre d'A.-M. Schmidt : *Saint-Évremond ou l'humaniste impur*, éditions du Cavalier, 1932.

ment ce style châtié avec application, qui, parfois semble avoir quelque peine à exprimer les nuances précises, neuves, voire assez crues, que vous voulez faire sentir. Un peu d'irrévérence dans le langage aurait facilité votre tâche et aurait traduit plus aisément votre pensée que ce beau parler pour Jeux Floraux. Mais je plaisante. Car si l'on sent bien, parfois, un noble souci du « morceau littéraire », l'ensemble garde une fort belle tenue; et c'est une réussite.

Quant au fond, je suis trop peu compétent pour en disserter. J'ai passablement pratiqué St Évremond, mais avec abandon, sans microscope et sans lire à travers les lignes. Ce masque de vieillard voluptueux et serein, cache peut-être, tout simplement, une frigidité précoce et obsédante, ou peut-être même de l'impuissance. Ça s'est vu.

En tout cas, je vous félicite sans arrière-pensée. Descendez de deux ou trois marches, n'ayez plus tant l'air de craindre qu'on vous piétine les orteils, laissez davantage parler la simplicité qui est en vous et que vous combattez depuis plusieurs... lustres, et l'ami que je suis sera tout à fait fier de vous! Bien amicalement vôtre, R.M.G.

UNE LETTRE
À ANDRÉ ROLLAND DE RENÉVILLE
(1931)

*Cette lettre a une histoire qui soulève quelques problèmes.
Elle nous est parvenue par une suite de relais : elle aurait été
adressée à André Rolland de Renéville, critique littéraire à la
N.R.F., qui l'aurait communiquée (et laissé copier) à une amie
de Tours (où il était né, en 1903), Mlle Anne-Marie Marteau,
professeur de mathématiques, amie des lettres, qui à son tour a
légué sa copie, il y a une dizaine d'années, à M. Philippe de
Saint-Robert. C'est ce dernier qui l'a récemment transmise à
M. Robert Gallimard à notre intention. Le témoignage de M. de
Saint-Robert est catégorique et ne peut être mis en doute. Il est
tout à fait plausible, au demeurant, qu'A. Rolland de Renéville
ait connu R.M.G. dans le milieu de la N.R.F. auquel ils
appartenaient l'un et l'autre, et que, intrigué par l'étrangeté de
Confidence africaine dans l'œuvre de R.M.G., il lui ait demandé
des renseignements sur sa genèse.*

*Il reste que jusqu'ici nous n'avons pas réussi à retrouver le
texte original et que c'est seulement sur la foi des informations
données par M. Ph. de Saint-Robert que nous désignons André
Rolland de Renéville comme destinataire de cette lettre.*

*Son authenticité ne fait pourtant aucun doute, à nos yeux.
Qu'on en compare le texte à celle que R.M.G. a écrite à Lucien
Maury sur le même sujet, le 9 février 1931, soit deux jours
plus tard : les termes en sont souvent les mêmes (voir C.G. V,
p. 172-173).*

À ANDRÉ ROLLAND DE RENÉVILLE (?)

Clinique du Mans [1]   7 février 1931
        Cher Monsieur,
    Je réponds à votre question, au sujet de *Confidence.* Si
surprenant que cela puisse être, même pour moi, je vous
donne ma parole qu'il n'y a rien, absolument rien, pas le
plus petit germe de réel, à l'origine de cette pure imagination.
J'étais au lit, l'hiver dernier, immobilisé par ma phlébite; à
demi-somnolent, même le jour, et un peu fiévreux. Ai-je rêvé
cette histoire pendant la nuit ou pendant le jour? Le fait est
que la vie adolescente de Leandro et d'Amalia m'est apparue,
en son entier, telle quelle, comme une histoire vraie. Et mon
travail de romancier a été seulement de présenter cette
histoire, d'inventer la fabulation du début, le sana, Michele,
le ton des deux parties.
    Ma femme m'a posé la même question que vous, jadis. Je
me la suis posée, avant tous, et bien souvent, avec une
surprise qui dure encore. Je n'ai jamais retrouvé dans ma
mémoire, dans ma vie, dans les souvenirs de mon voyage à
Tunis, *le moindre indice, le moindre noyau* autour duquel
cette invention a pu cristalliser; et si j'ai donné quelque vie
à ces personnages – dont je ne retrouve, à aucun degré, dans
ma mémoire, *le moindre prototype, même très déformé,* – c'est
par un phénomène de création spontanée, inconsciente, et
dont je ne crois pas avoir eu d'autre exemple dans ma vie
littéraire.
    (Après 30 jours de plâtre, une phlébite, – justement – me

---

1. R.M.G. et sa femme sont hospitalisés à la clinique Delagenière, au
Mans, depuis leur accident d'auto du 1er janvier 1931.

condamne à 30 jours de gouttière supplémentaires... Plaignez-moi.)

Mes hommages à votre femme, je vous prie, et tous mes souvenirs cordiaux.

R.M.G.

J'ai d'ailleurs écrit cette nouvelle, pendant ma convalescence, en très peu de jours, – aucun épisode des Thibault ne m'a coûté si peu de peine!

SEPT LETTRES
À STEFAN ZWEIG
(1931-1932)

Nous avons ici le début de la correspondance de R.M.G. avec Stefan Zweig, qui se poursuivra dans les tomes VI et suivants de la C.G. Ces lettres, qui se retrouvent aux États-Unis, ont été un peu difficiles à découvrir, ce qui explique qu'elles n'aient pas paru dans le tome V de la C.G.

En 1931-1932, Stefan Zweig vivait à Salzburg habituellement (il était né à Vienne en 1881) mais faisait de fréquents séjours dans les pays d'Europe, et en particulier à Paris. Ami de Romain Rolland, parlant et écrivant fort bien le français, il avait déjà consacré plusieurs ouvrages à des écrivains ou à des personnages historiques français. R.M.G. ne devait le rencontrer qu'en 1936, à Nice.

Le texte de ces lettres a été obligeamment communiqué par les responsables de la Reed Library, Fredonia College, État de New York, U.S.A., où sont conservés les originaux.

À STEFAN ZWEIG

Bellême, Orne   28 mars 1931

J'ai eu un grave accident d'auto le 1ᵉʳ janvier, et c'est seulement cette semaine, à ma sortie de la clinique que je trouve chez moi les bonnes feuilles de votre *Fouché* [1], (– que j'avais acheté déjà, et lu, dans mon lit d'éclopé, avec un plaisir continu et une excitation intense).

Je m'excuse d'autant plus de vous remercier si tardivement, que cette attention, venant de vous, m'est extrêmement agréable. Vous êtes, parmi mes contemporains, l'un des rares vers lesquels je me sens attiré par des sentiments spontanés et forts. J'ai lu de vous : *La confusion des sentiments*; *Vingt-quatre heures de la vie d'une femme*; le recueil d'*Amok* (La lecture de *Lettre d'une inconnue* a été une date heureuse de ma vie); votre *Balzac et Dickens*; et, naturellement, vos admirables *Dostoïewsky* et *Tolstoï* [2]. J'admire tous ces livres, à des titres divers. *Admiration* n'est pas un mot de mon vocabulaire habituel, mais je ne l'ai jamais employé avec une si complète bonne foi. Et c'est si bon, de pouvoir admirer!

Permettez-moi, même, d'ajouter, qu'en dehors du romancier, du critique, de l'historien, j'éprouve pour l'*homme,* (tel, du moins, qu'il me semble l'apercevoir à travers son œuvre) une sympathie fraternelle. Et je suis bien heureux que vous m'ayez procuré cette occasion de vous tendre joyeusement la main!

Roger Martin du Gard

---

1. *Joseph Fouché,* traduit de l'allemand par Alzir Hella et Olivier Bournac, Paris, Grasset, 1931. C'est une biographie du ministre de la police de Napoléon.
2. Tous les livres de S. Zweig que mentionne R.M.G. ont été traduits en français à cette date, par les traducteurs du *Joseph Fouché,* sauf le *Dostoïevski* traduit par H. Bloch. *La confusion des sentiments* (nouvelle) a paru chez Stock en 1929; *Vingt-quatre heures de la vie d'une femme* (roman) chez V. Attinger en 1929; *Amok ou le fou de Malaisie,* suivi de *La lettre d'une inconnue* et *Les yeux du Frère éternel,* chez Stock en 1927, avec une préface de R. Rolland; *Deux grands romanciers du xixe siècle : Balzac et Dickens,* chez S. Kra en 1927; *Dostoïevski,* chez Rieder en 1928; *Tolstoï,* chez V. Attinger en 1928. Les trois derniers titres ne correspondent pas aux titres allemands et ne reprennent qu'en partie les ouvrages originaux.

À STEFAN ZWEIG

26 avril 1931

Cher Stephan Zweig,
Oui, moi aussi, je suis bien content que ce soit enfin
« accroché », entre nous ! Je crois que nous avons des tempéraments essentiellement différents, mais un grand nombre
de terrains d'entente et qu'il peut y avoir entre nous une
amitié très spontanée, d'homme à homme, nourrie d'estime
réciproque. Je marque donc d'un caillou très blanc ce jour
qui m'apporte cette longue, simple, cordiale et première lettre
de vous [1].
Je vous remercie d'avance de votre envoi [2]. Il me sera
réexpédié ici.
Car nous sommes, pour plusieurs mois, en convalescence,
dans ce hameau du Languedoc où nous sommes venus, un
peu lâchement, chercher l'isolement et la paix ensoleillée
dont nous avons encore besoin [3]. Je ne marche pour ainsi
dire pas encore; je vis étendu, comme un demi-infirme; et
j'ai encore grand effort à faire pour fixer mon attention sur
le travail.
D'ici, je ne puis vous répondre au sujet du fragment de

1. Cette première lettre de Zweig, écrite à Salzburg le 18 avril, est longue
et chaleureuse. Elle est conservée, ainsi que 20 autres lettres de Zweig, au
Fonds R.M.G. de la B.N. (vol. CXX, fol. 276 à 297).
2. S. Zweig annonçait à R.M.G., dans sa lettre du 18 avril, en remerciement
pour *Confidence africaine,* l'envoi de « deux petits contes écrits il y a 10 ou
15 ans et traduits un peu rapidement ». Il demandait, pour sa collection
d'autographes, un manuscrit de R.M.G., en lui expliquant son goût pour les
manuscrits (l'œuvre en train de se faire, les traces de la lutte avec les
mots, etc.).
3. R.M.G. et sa femme sont à Sauveterre (Gard) dans la maisonnette de
Marcel Martin du Gard, son frère.

manuscrit demandé. Il faut que je retrouve mes « archives » et que je voye un peu ce que je puis faire pour vous. *Je ne me suis encore jamais dépossédé d'une seule page de manuscrit.* Je garde jalousement toute cette petite « cuisine » pour ma fille. Je ne puis donc entamer pour vous cet ensemble des *Thibault.* Mais je voudrais tout de même vous montrer ma bonne volonté, et que je suis assez vaniteux pour avoir trouvé, dans votre demande, un sujet de fierté. Remettons à quelques mois la solution de ce petit problème, voulez-vous ?

Je vous serre les mains, en toute sympathie,

Roger Martin du Gard

Je viens de relire, dans son ensemble, le livre de J.R. Bloch : *Destin du siècle.* Lecture passionnante, et dont je suis encore tout électrisé. Avez-vous lu – oui, naturellement – le livre que P. Dominique [1] a rapporté de Moscou ?

À STEFAN ZWEIG

19 juillet 1931

Je suis bien en retard, mon cher Stephan Zweig, avec Nietzsche et avec vous. Je veux lire ensemble votre livre, les *Lettres* et la réédition de *Ecce Homo* [2].

---

1. Pierre Dominique, *Oui, mais Moscou,* Librairie Valois, 1930. Cet essai était très favorable au régime soviétique.
Sur *Destin du siècle* de Jean-Richard Bloch, dédicacé à R.M.G., voir la lettre à J.-R. Bloch du 28 mars 1931 (*C.G.* V, p. 204.)
2. S. Zweig avait probablement envoyé à R.M.G. *Le combat avec le démon,* son essai de 1925, traduit et publié en français chez Stock en 1928-1930 (2 vol.), qui portait sur Hölderlin, Kleist et Nietzsche. Des *Lettres choisies* de Nietzsche ont paru en 1931, en traduction française, aux éditions Stock. *Ecce Homo* est le dernier ouvrage de Nietzsche (1888).

Mais de nouveaux soucis de santé me retardent. Ma femme doit subir une opération, suite de notre accident [1]. Je vous récrirai. Dès à présent *merci* pour votre attention. Votre dévoué,

Roger Martin du Gard

Je ne puis vous écrire en ce moment   à Bellême
tragique pour l'Europe, sans qu'un mot   Orne
exprime cette communion de pensée et
d'angoisse [2]!

À STEFAN ZWEIG

Bellême – Orne   14 août 1931

Mon cher Stephan Zweig.

Je n'ai pas oublié votre lettre de ce printemps, où vous me demandiez un manuscrit pour votre collection [3]. C'est la première fois, je vous l'avoue, que je vais laisser quelqu'un mettre le nez dans ma petite cuisine... Mais je ne veux pas refuser de contenter votre flatteuse curiosité, et je sais que ces papiers resteront en bonnes mains.

Voulez-vous le brouillon et le deuxième état de cette *Confidence africaine*, que vous avez aimée?

---

1. Hélène M.G. devait se faire enlever un petit adénome au sein causé par l'accident d'auto du 1er janvier. L'opération a eu lieu à Paris, fin juillet.
2. Allusion aux catastrophes financières que connaît l'Allemagne en juin et juillet 1931, à la suite de faillites retentissantes des banques en Autriche (Creditanstalt de Vienne en mai, Donatbank en Allemagne le 13 juillet). Cette situation avait des conséquences intérieures et extérieures qui faisaient craindre pour la démocratie en Allemagne (107 députés nazis siégeaient au Reichstag) et pour la paix. (Voir M. Baumont, *La faillite de la paix*, I, p. 409-419.) Dans sa lettre à R.M.G. du 20 août 1931, S. Zweig parle de l'atmosphère empoisonnée en Allemagne, du dogme des « réparations » en France, de la folie de leur époque.
3. Voir, ci-dessus, la lettre à S. Zweig du 26 avril 1931, note 2.

Où êtes-vous ? Où puis-je vous faire parvenir ce petit colis ?
Je ne voudrais pas qu'il s'égare.
Bien sympathiquement vôtre

                                        Roger Martin du Gard

À STEFAN ZWEIG

                                                    30 août 1931

Votre paquet est prêt – Je vous l'enverrai à Salzburg à la fin
du mois.
En hâte, et bien vôtre

                                        Roger Martin du Gard

À STEFAN ZWEIG

Le Tertre à Bellême – Orne   2 janvier 193[2] [1]

        Mon cher Stephan Zweig,
    Vous êtes arrivés à Paris juste au moment de notre départ
pour revenir chez nous. Mais je pense bien retourner à Paris
en janvier et j'espère que vous y serez encore, car j'ai grand
désir d'avoir enfin devant moi l'homme de ces livres que
j'aime tous !

    1. R.M.G. a daté cette lettre de 1931, manifestement par inattention au
changement d'année. Le 2 janvier 1931, il venait d'être accidenté et se
trouvait à la clinique du Mans, bien incapable d'écrire une lettre. Un mot
de S. Zweig daté du 23-XII-1931 dit à R.M.G. qu'il est à Paris pour 3 ou
4 semaines et qu'il serait heureux de le rencontrer. Il logeait à l'hôtel
Louvois, square Louvois. La lettre de R.M.G. du 2 février 1932, qui fait
suite à celle-ci, confirme qu'il faut rétablir : 1932.

Si vous changez d'hôtel, prévenez-moi, que je sache où vous atteindre.

Votre dévoué

R.M.G.

Vous êtes installé au cœur même du quartier d'où je suis sorti. Mon père est né au 65 de la rue Ste Anne. Ma mère au 63. Et j'ai habité avec eux le 69 de la même rue, jusqu'à mon mariage! Ce délicieux coin du Square Louvois est pour ainsi dire le berceau paternel et maternel de ma famille! Je n'y reviens jamais sans que le cœur me batte...

À STEFAN ZWEIG

Bellême – Orne   2 février 1932

Mon cher Stefan Zweig,
Le mois de janvier s'est écoulé sans que je puisse mettre à exécution le projet que j'avais fait de revenir à Paris. De sorte que vous aurez sans doute quitté, cette fois-ci encore, la France sans que nous nous soyons rencontrés. Je le regrette bien sincèrement, et il faut le croire, et ne pas m'en vouloir. Je traverse en ce moment, moi aussi – microcosme – ma « crise », reflet peut-être de la grande qui secoue le monde... J'ai énormément de mal à reprendre mon travail. Je me débats dans de grandes difficultés. Le volume des *Thibault* que j'avais écrit en 1930 me semble mauvais; quoi qu'il en soit, mauvais ou passable, je ne veux plus le signer ni le faire paraître [1]. J'ai donc tout à refaire de ce que je croyais fait.

---

1. La crise que traverse R.M.G. met en question *L'appareillage,* partie achevée des *Thibault,* et leur suite prévue par le plan de 1920. Cette crise provoquera la transformation de ce plan et la mise en chantier, l'année suivante, de *L'été 1914.*

C'est dur, et cela pose un tas de problèmes. Vous devez savoir combien il est plus difficile de refaire autrement ce qui a été fait déjà, que d'écrire à neuf un livre neuf. Et puis, vous savez aussi que, pour réussir une œuvre d'imagination il faut être dans ce merveilleux « état de grâce » où notre fiction nous apparaît cent fois plus réelle que la réalité qui nous entoure. Or, en ce moment, le monde fait autour de nos « tours d'ivoire » un tel bruit sinistre, un tel bruit menaçant d'avalanche, que j'ai bien du mal à croire à mes propres fictions!...

Dans ce grand désarroi, je veux rester à ma table de travail, et j'évite tout ce qui peut me distraire de mes préoccupations. Je sens que c'est la seule chance que j'aie de trouver mes solutions.

Je vous dis tout cela, non pas pour le vain plaisir d'étaler mes petites misères d'écrivain, mais pour vous expliquer que je n'aie pas quitté Bellême.

Et je vous serre les mains, en toute sympathie,

Roger Martin du Gard

DEUX LETTRES
À ANDRÉ MALRAUX
(1932)

Beaucoup de lettres à André Malraux, notamment presque toutes celles qui étaient antérieures à 1940, ont été perdues pendant la guerre. C'est donc par une chance extraordinaire qu'ont pu être conservées ces deux lettres relatives à Un taciturne, *que la B.N. a acquises récemment.*

R.M.G. et Malraux s'étaient rencontrés à Pontigny, en août 1928, et avaient noué là une véritable amitié (voir Souvenirs, *p.* xcii) *qui devait durer, en se renforçant, jusqu'à la mort de R.M.G. On sait que Malraux faisait partie du groupe d'amis que R.M.G. chargeait, par testament, de surveiller la publication de ses posthumes.*

À ANDRÉ MALRAUX

Bellême, Orne   4 janvier 193[2] [1]

    Cher ami

Vous qui croyez aux diablotins, vous verrez sans doute leur trace dans toute cette histoire [2]. Car vraiment nous jouons de malheur! Par quel phénomène, votre lettre (du 23!) postée le 23 à Paris, mais distribuée seulement le 1er janvier (!) ne m'arrive-t-elle ici que le 4 (!)...

Pièces jointes à l'appui!

La lettre a mis 7 jours pour venir du 8 au 9 de ma rue [3].

Je vais tâcher, dans la mesure du possible de réparer...

J'écris par ce même courrier à la Comédie des Ch. Élysées, que votre nom soit inscrit au contrôle et que l'on vous donne 2 places *sans aucune taxe* le soir où vous vous présenterez (de préférence plutôt pas le samedi).

Et, pour plus de sûreté encore, je joins cette carte que vous pourrez remettre au contrôle, – si, ce qui est probable, votre ennemi diablotin effaçait votre nom du registre ou faisait mourir subitement la personne chargée de vous y inscrire.

1. R.M.G. a écrit : 4 janvier 1931, mais l'autographe porte au-dessus du chiffre un 32 écrit par une main qui pourrait être celle de Malraux. Le contenu de la lettre évoque les représentations d'*Un taciturne* à la Comédie des Champs-Élysées, et prouve bien qu'il faut lire : 1932. En janvier 1931 la pièce n'était même pas commencée... (voir *C.G.* V). Elle fut écrite pendant le printemps et l'été 1931, et mise en répétitions à l'automne.

2. Allusion à l'habitude qu'avait Malraux de dessiner des « dyables » ou diablotins, notamment sur la page de garde de ses livres dédicacés; peut-être aussi aux personnages féeriques des écrits farfelus, diables et démons. L'incipit de *Royaume-Farfelu* est : « Prenez garde, diables frisés... »

3. Malraux habitait alors 8, rue du Bac; le 8, de la rue du Cherche-Midi n'était donc pas son adresse; peut-être celle du bureau de poste?

Je n'ai pas encore lu votre « Jeune Chine » mais je m'en réjouis d'avance [1].

Bien regrettable que vous assistiez au *Taciturne* à la 80e. Sauf exception, la représentation est molle et tout à fait vidée de son sens intérieur. Ils récitent. Le théâtre est décidément un art mineur.

Hommages sympathiques, fidèles amitiés

Roger Martin du Gard

À ANDRÉ MALRAUX

Bellême, Orne   17 janvier 1932

Cher ami. Merci de votre « première impression ». Vous savez, le théâtre est bien un art mineur! Je l'ai senti chaque jour en écrivant la pièce, chaque jour en la répétant, et de plus en plus, à mesure que je voyais les acteurs cesser de « jouer », de penser, pour réciter le texte mécaniquement. Je regrette que vous ayez vu mon *Taciturne* si tard. Évidemment, dans la première quinzaine, ces messieurs-dames étaient un peu moins loin de mes intentions, et mettaient, sous leurs répliques, un tant soit peu plus de... « vie intérieure »! Je ne me plains pas; j'estime que j'ai été exceptionnellement servi par eux, et que, partout ailleurs, c'eût été pire. Jouvet, notamment, prête aux scènes difficiles du III une sorte de grandeur, sans laquelle je me serais fait régulièrement « emboîter » tous les soirs. Il n'en reste pas moins que la seule intrusion d'un comédien, avec armes et bagages, dans un personnage précisément dessiné par l'auteur, constitue une trahison inévitable. Renoir, excellent dans l'étrange et l'égarement, a toujours manqué de cette chaleur frémissante, de cette affectivité comprimée, qui eût

1. « Jeune Chine » est le titre d'un article de Malraux publié dans la *N.R.F.* du 1er janvier 1932. En fait, une courte présentation par A. Malraux de sept extraits d'articles de jeunes écrivains et journalistes chinois.

expliqué le personnage. Valentine, bonne fille et amoureuse, n'a rien de la tenue un peu puritaine d'Isabelle, et on ne comprend pas qu'elle ait pu vivre sous l'envoûtement de son geste meurtrier. Bogaert ajoute et rajoute à Wanda une perfidie... superflue. Quant au jeune homme, – le meilleur que nous ayons trouvé après de multiples essais – il fout la pièce par terre, tout simplement il a l'air d'un commis, il a l'air de venir demander une place de valet de chambre; il parle de « vie », de « jeunesse », et il a l'œil cuit, l'air mort! Il rend inexplicable le bouleversement physique de Thierry, et même l'amour d'Isabelle. Il eût fallu Apollon lui-même; un éclat, un charme, une visible intelligence, qui eussent dès son entrée, conquis la salle, hommes et femmes indistinctement. C'était ça la grande *nécessité* de la pièce. Faute de quoi, tout retombe à vide. J'en ai bien souffert [1]!

Voyez-vous, ma première formule était la bonne : celle du *Père Leleu* et de *La Gonfle*. Faire du théâtre *en marge,* s'amuser à faire du théâtre... Mais réserver au livre tout ce à quoi l'on tient un peu.

J'ai pris un vif intérêt à vos pages sur Lawrence [2]. C'est serré, nourri, neuf et personnel comme tout ce qui vient de vous – livres ou paroles! J'aimerais vous entendre parler des « menaces de l'heure ». On vit dans l'anxiété; et on a bien du mal à prendre au sérieux ses petites fictions sur papier [3]!

Hommages et amitiés, fidèles.

R.M.G.

1. Rappelons la distribution de la pièce lors de sa création à la Comédie des Champs-Élysées : Thierry : Pierre Renoir; Armand : Louis Jouvet; Joé : Daniel Lecourtois; Dr Tricot : Romain Bouquet; Isabelle : Valentine Tessier; Wanda : Lucienne Bogaert; Léopoldine : Marie Laure.

2. Malraux a publié dans la *N.R.F.* du 1er janvier 1932 (p. 136-140) sa préface à *L'amant de lady Chatterley* de D.H. Lawrence, sous le titre : « D.H. Lawrence et l'érotisme. »

3. Voir ci-dessus la lettre à S. Zweig du 19 juillet 1931, p. 79, note 2. La crise économique en Allemagne, la montée du nazisme, les affrontements entre partis organisés militairement aux approches des élections de mars 1932 ont fait penser dès ce moment que la paix en Europe était gravement menacée.

Études

ROGER MARTIN DU GARD
ET LA FORMATION INTELLECTUELLE
DES ADOLESCENTS
D'APRÈS LA
« CORRESPONDANCE GÉNÉRALE »

Parler de la formation intellectuelle des adolescents, telle que l'évoque R.M.G. dans sa *Correspondance générale,* c'est pour moi renouer avec des souvenirs vieux d'une vingtaine d'années, quand je travaillais – pour une thèse de 3ᵉ cycle – sur le thème de l'adolescence dans son œuvre, l'œuvre connue, *Jean Barois* et *Les Thibault,* mais aussi l'œuvre peu connue, *Devenir* ou *Marise* par exemple, sans oublier ce que l'on pouvait alors savoir de *Maumort* grâce notamment aux *Souvenirs autobiographiques et littéraires.* Je n'avais eu alors aucun mal à mettre en évidence l'intérêt, l'importance du thème, sa richesse et sa complexité, une fois précisée sa place exacte dans l'économie générale d'une pensée où la hantise du vieillissement et de la mort, nous le savons, a tant de force. Je m'étais au demeurant très vite aperçu que, chez l'adolescent, ce qui intéressait le plus R.M.G., ce qui l'attirait avant tout, c'était l'éveil de l'intelligence. Plus que la capacité d'amitié, plus que l'éveil de la sensualité ou l'épanouissement des désirs, ce qui, je crois, lui a toujours semblé le plus important, c'est la manière qu'a un être jeune de s'ouvrir au monde et à la vie, d'y faire ou non sa place, d'écouter ou non ceux que le destin ou le hasard a placés auprès de lui.

Or précisément la *Correspondance générale* permet, me semble-t-il, de retrouver ce même intérêt, exigeant, passionné. Certes il serait vain de prétendre qu'il y ait jamais eu chez

R.M.G., alors qu'il écrivait les lettres progressivement rassemblées et publiées, une volonté quelconque de mettre l'accent sur ce qui retient notre attention aujourd'hui; il serait vain d'y chercher le moindre portrait d'adolescent. Nous n'y trouvons, sans doute l'avez-vous pu constater par vous-mêmes, que des indications ponctuelles, fragmentaires; aucune volonté de souligner, de mettre en relief, de guider; il n'y a aucun développement qui ne s'inscrive dans la réalité du contexte épistolaire. On se tromperait à vouloir établir systématiquement un « pont » entre les lettres et l'œuvre. Nous ne « tenons » pas la genèse du personnage de Jacques, ou de Daniel. La perspective est différente. La « réception » doit l'être aussi.

Dominique Fernandez écrivait, en décembre 1987, à l'occasion de la publication du tome IV de la *Correspondance générale* : « L'œuvre de Roger Martin du Gard n'a plus grand-chose à nous dire, mais l'homme redevient vivant et présent. » On peut s'étonner d'une appréciation aussi négative d'ouvrages dont la lecture a enchanté tant d'entre nous; je reprendrai quant à moi volontiers cette idée que, dans la correspondance, c'est l'homme Martin du Gard qui nous intéresse directement, sa spontanéité comme ses obsessions, ses curiosités d'homme avide de tout comprendre comme ses préoccupations de père, et que donc, tout naturellement, nous l'y trouvons, à de très nombreuses occasions, préoccupé de l'éveil intellectuel des adolescents, autour de lui, chez lui, intéressé par tout ce que cela suppose d'attention vigilante de la part de ceux qui se trouvent à leur côté.

*

C'est le père, que nous guetterons tout d'abord. Christiane Martin du Gard naît en 1907. Elle est très souvent présente dans les lettres qu'écrit R.M.G. à partir de ce moment-là (encore ne disposons-nous pas de celles adressées à la famille et aux intimes), mais nous n'apprenons rien sur elle jusque vers 12 ou 13 ans; et, là encore, nous n'avons que peu de chose : quelques menus soucis de santé (les amygdales quand elle va avoir 13 ans, par exemple) et presque toujours l'indication de satisfactions données : « *Ma fille pousse en liberté et m'entoure de joie* », « *Christiane s'épanouit et me donne de grandes joies* » (III, 40-48) : nous sommes alors en 1919. En octobre de l'année suivante elle entre au lycée Duruy. Là les choses sérieuses commencent : R.M.G. éprouve la difficulté qu'il y a à être à la fois père et écrivain, à se partager entre la solitude de Clermont où mûrissent *Les Thibault* et la nécessaire présence à Paris pour « *faire un foyer* », ainsi qu'il le dit, à Christiane. Jusqu'en 1925, quand elle aura été reçue au bachot, « *fort convenablement* », il va souffrir de cette situation, de cet écartèlement, ne cessant de rêver à sa liberté... « *quand Christiane sera bachelière* ». Il y a là un sens naturel du devoir, mais il convient de ne pas sous-estimer la grande connivence qui existait, à cette époque de leur vie, entre le père et la fille : des lettres de 1922 l'évoquent seul, à Clermont, avec son « *indomptable mammifère* », qui s'essaie à lui « *faire la popote* » (III, 155-157). Et R.M.G. de remarquer qu'au fond elle joue à la poupée avec son père! Il en est ravi. Quelques années plus tard, en 1925 – elle a alors 18 ans – c'est elle qui l'encourage lors des interminables travaux effectués au Tertre : elle l'« *étaie* », dit-il, de son enthousiasme (III, 413). Étayer! Quel verbe suggestif!

Notons qu'il n'a pas dû être un pédagogue tatillon : pendant l'été 1921 il écrit à Louis Jouvet (c'est le 10 août exactement) : « *Ma fille pousse. Je lui fais faire des dictées. Ça m'apprend l'orthographe. Mais pas à elle. Elle est trop jeune* » (III, 133). Père consciencieux, on le voit; et lucide. Et comme on admire sa sagesse lorsqu'il ajoute : « *On n'apprend quelque chose qu'à l'âge où l'on se met à enseigner.* » Qui, parmi nous, a su atteindre pareille sérénité?

Quelle attention, au demeurant, apportée à l'éveil esthétique de son enfant! Parce que « *les leçons de dessin de son lycée sont une occasion de chahut* » (III, 87-90) [nous sommes à l'automne de 1920] il prend conseil d'Yvonne de Coppet et de plusieurs amis peintres, dont Paul Véra : comment aider la jeune fille à pénétrer dans le monde de l'art ? Il a certes des convictions (« *l'éducation traditionnelle est une exécrable déformation* dont jamais on ne peut se défaire ») et il pense que « *tout l'intérêt* [...] *est* (justement) *de commencer par les copies, avant tout contact direct avec le modèle* ». Mais il reconnaît, modestement, ses perplexités, et avoue qu'il est « *bien plus hésitant* » que s'il s'agissait de lui.

Visiblement, par contre, il a communiqué à Christiane son goût de la lecture. Maintes remarques le prouvent, ici ou là. « *Elle s'en va lire* Guerre et Paix *dans les bois* », écrit-il le 10 août 1921 à L. Jouvet. Et le 26 juillet 1922, à G. Duhamel, à propos des *Plaisirs et les jeux* : « *Ma fille va vous lire.* » Ou encore, le 14 juin 1926 il la décrit à Yvonne de Coppet « *s'abandonnant à l'ivresse de découvrir le monde à travers les livres de la bibliothèque, qu'elle s'incorpore de toutes les façons* ». Et il ajoute : « *C'est, à mon avis, un bon emploi de ses dix-neuf ans; une bonne préparation à vivre. Quoi qu'on puisse dire.* » N'en doutons pas, il a dû être un merveilleux initiateur. Mais, là encore, d'une lucidité étonnante si l'on en juge par ce qu'il affirmait, le 25 septembre 1917, à Maurice Martin du Gard qui quêtait ses conseils : « *Vous avez passé l'âge* (son jeune « cousin » a alors 21 ans) *où l'on se fait choisir par d'autres ses lectures. D'ailleurs, les lectures, comme les voyages, les promenades, et les repas, ne prennent leur valeur que par le besoin que l'on en a.* »

Surtout, nous le découvrons dans ses lettres préoccupé de faire partager à la jeune fille l'allégresse intellectuelle qui s'empare de lui chaque été à l'occasion des Décades de Pontigny, ces Décades dont il revient, dit-il, « *éreinté, cuit, la tête gonflée, et le cœur malade pour longtemps* [1] », ou encore « *fourbu, ampoulé et déconfit, l'orgueil roué et écartelé comme un parricide en place de Grève, le cerveau surgonflé et prêt à*

1. Lettre du 16 septembre 1922 à L. Jouvet.

péter comme un marron dans la braise [1] », mais toujours séduit
par « *la rencontre des amis dans une atmosphère incompara-
blement propice à l'amitié* [2] ». C'est cette expérience privilégiée
qu'il juge Christiane capable de partager, dès 1926, alors
qu'elle n'a pas encore 19 ans. Il met alors au point toute une
approche prudente du maître des Décades, Paul Desjardins,
grâce à sa fille Anne : « *J'avais vaguement pensé, lui écrit-il
le 24 juin 1926, que peut-être je pourrais faire bénéficier ma
fille du prodigieux remue-ménage intérieur qu'est un séjour à
Pontigny. Mais votre père est mille fois trop aimable et indulgent
à mon endroit pour que j'ose jamais le lui demander d'emblée.
Je ne voudrais lui donner ni l'ennui de me refuser, ni l'ennui
d'accepter Christiane avec l'arrière-pensée que vraiment les
Martin du Gard deviennent bien encombrants.* » Et il ajoute :
« *Dites-moi donc bien ouvertement ce que vous pensez de la
question, s'il doit y avoir d'autres enfants, si vous croyez la
liste des habitués déjà au complet, enfin si je dois risquer une
allusion à Christiane, ou bien si je dois m'abstenir et ne pas
contribuer à faire de Pontigny une nursery...* »
Christiane est admise, elle est ravie : « *La Christiane
continue à être sous pression,* confie-t-il à Marc Allégret le
10 septembre 1926, *elle y a pris un élan formidable, inespéré,
et impossible à contraindre.* » À Anne Heurgon-Desjardins il
dira, le 2 octobre de la même année qu'« *elle s'y est chargée
à bloc, comme une batterie d'accumulateurs* ». Et à Jean Fernet,
quelques jours plus tard, le 23 octobre : « *J'y avais amené
Christiane pour l'épater un peu; mais en vain; elle s'est trouvée
là-bas comme un poisson dans son eau natale, s'est mise
immédiatement à siéger à l'extrême droite, entre Mauriac et
Martin-Chauffier, et je l'ai ramenée plus elle-même que jamais!* »
On le voit, R.M.G. n'est pas à court de métaphore; pourtant,
derrière la légitime fierté paternelle, il faut bien apercevoir
l'incomparable ouverture offerte à la jeune fille et dont elle

---

1. Lettre du 21 août 1923 à J. Fernet.
2. Lettre du 15 juin 1928 à A. Heurgon-Desjardins.

a su parfaitement profiter. Le père la pensait capable, prête, et il ne se trompait pas. Désormais chaque année elle sera une fidèle, ouvrant « *les yeux et les oreilles* », se nourrissant « *l'entendoire sans perdre le sens des réalités* [1] », évoluant dans un cercle de jeunes comme Suzanne Gauchon, la future Mme Raymond Aron, ou Jean Tardieu, qui demeureront pour elle des amis sûrs, ainsi que parmi les grands noms de la littérature du temps.

Certes le sujet de la première décade à laquelle R.M.G. a fait assister sa fille, en 1926, « *L'humanisme, son essence. Un nouvel humanisme est-il possible ?* », va, au goût de celui-ci, conduire à beaucoup de mysticisme. Il se plaindra à Anne Heurgon-Desjardins, le 2 octobre : « *J'en veux un peu à Pontigny d'avoir (ainsi) ravivé encore une fois mes griefs contre Dieu.* » Cela aurait pu effectivement le gêner par rapport à sa fille. En fait là n'est pas la raison car il la sait « *croyante par éducation, tempérament et atavisme* [2]. » Sa souffrance, il la cache bien. Jamais dans les lettres écrites au moment de l'adolescence de Christiane il ne débat de l'éducation religieuse. Pour bien prendre la mesure de ce qu'il pense, profondément, il faut se reporter plus de quinze ans en arrière quand il écrivait à Marcel Hébert – c'était en 1910 – pour le convaincre de rédiger un catéchisme en quelque sorte « *moderniste* » : « *[...] je vous assure,* lui dit-il le 22 juin, *qu'il nous aiderait, nous autres pères de famille, angoissés par le problème qui se pose pour nous dès que nos enfants nous demandent : Pourquoi ? pris dans la terrible alternative de faire de nos enfants des êtres anormaux et mal armés pour la vie sociale, ou bien de les voir s'attarder à des croyances que nous avons rejetées, et que nous croyons irrémédiablement dépassées !* » Et huit jours plus tard il revient à la charge : « *Le problème est terrible, vous ne soupçonnez pas ce qu'il peut troubler un cœur paternel. Heureusement je n'ai pas de fils et n'en désire*

1. Lettre du 26 août 1927 à L. Jouvet.
2. Lettre du 6 novembre 1926 à M. Martin du Gard.

pas, pour toute l'effroyable responsabilité qui se poserait. » Nous sommes en 1910, Christiane n'a pas 3 ans. Il ne reviendra jamais là-dessus dans les lettres que rassemblent les volumes de la *Correspondance générale*. La clé de son silence nous la trouvons probablement dans la lettre à M. Hébert déjà citée [1] : « [...] *lorsqu'il s'agit d'êtres si chers, le sentiment vient émouvoir et troubler toutes nos certitudes.* » Quelle lucidité! et quelle force! Voilà en tout cas pourquoi nous n'avons pas à nous étonner de certains silences pas plus qu'à vouloir établir d'inutiles liens entre l'œuvre et la vie, ou plutôt entre les données éparses dans la *Correspondance générale* et la réalité de la peinture de l'adolescence dans l'œuvre.

N'abandonnons pas, toutefois, le père qu'a été R.M.G. sans rappeler l'extrême souci qu'il a eu de favoriser pour sa fille ce que nous appellerions aujourd'hui des expériences linguistiques. Quand il entreprend de « *combiner* » pour elle « *un hiver à l'University de Londres* [2] », en 1927, Christiane a certes déjà voyagé (une lettre du 1er août 1923 à Jouvet indique qu'elle est à Folkestone) mais cette fois il s'agit de profiter à plein d'un séjour bien pensé, à un âge où, estime-t-il, un adolescent sur la voie de l'âge adulte – Christiane a 20 ans – peut vraiment s'ouvrir à la nouveauté : que voilà balayées nos précoces migrations actuelles vers une Angleterre organisée pour les accueillir! Pour lui c'est tout un plan qu'il met petit à petit en œuvre : à Pierre Rain, le 10 février 1928, il écrit à propos de Christiane qui se trouve effectivement en Angleterre : « *Elle s'y perfectionne, je crois, en anglais, et suit toutes sortes de cours très alléchants. Mais surtout elle mène une existence très libre, fréquente des milieux très variés, passe des journées et des soirées dans des cercles d'étudiants étrangers, où l'on fume et où l'on discute passionnément, roumains, russes, japonais, hindous etc. Elle va à des meetings communistes, et découvre soudain qu'il y a une " question sociale ". Tout cela,*

1. Lettre du 22 juin 1910.
2. Lettre du 26 août 1927 à L. Jouvet.

avec sa nature enthousiaste et excessive, la bouleverse profondément, mais, à coup sûr, l'enrichit aussi beaucoup, et fera d'elle un peu plus qu'une petite fille de la vieille bourgeoisie française... Je ne sais pas si j'ai raison. Mais je poursuis carrément mon programme d'éducation. »

Évidemment dans les nombreuses lettres adressées, durant l'été et l'automne 1927, à Dorothy Bussy (qui est anglaise – elle est née Strachey), pour mettre au point ce séjour, il se montre presque « *casse-pied* » tant il réclame de précisions, de garanties – un vrai « *père poule* »; mais on lui pardonne car il sait se moquer de lui-même (ainsi, évoquant dans une lettre à Jouvet du 26 août 1927 la longue séparation à venir, il ajoute, parlant de lui à la 3ᵉ personne « *Roger est un être pusillanime* »); de même il évoquera avec beaucoup d'humour les diverses mésaventures de Christiane en Angleterre – la nourriture, la grippe, l'accident (« *la Christiane s'est fait à moitié écraser dimanche à Oxford* »). Le bilan quoi qu'il en soit sera positif. Après ce premier séjour Christiane repartira pour l'Angleterre passer dix semaines à Cambridge. Après quoi, en guise d'« *antidote* », elle voyagera en Allemagne l'année suivante. Mais nous ne pouvons tout rappeler...

*

Nous nous sommes attardé sur les rapports du père et de la fille à l'âge de l'adolescence. Il faudrait dire quelques mots maintenant des jeunes gens que R.M.G. a eu l'occasion de connaître et de fréquenter à cette même époque et dont nous entendons parler dans la *Correspondance générale*. Il s'agit pour la plupart d'amis de Christiane, de jeunes gens ou jeunes adultes fréquentés à Pontigny, Jacques Heurgon, Anne Desjardins, Suzanne Gauchon, Jean Tardieu, A.-M. Schmidt, A. Malraux... Attardons-nous un peu, puisqu'il faut choisir, sur la rencontre avec Jean Tardieu et relisons ce que R.M.G. dit de lui à Jean Paulhan le 11 août 1926 : « *Je l'ai rencontré à Pontigny. Je le trouve plus attachant que la plupart des*

*jeunes gens à lunettes qui fréquentent la charmille de Desjardins.
C'est un enfant encore; vibrant et d'une simplicité transparente,
qui a du charme. Il est authentiquement poète, je veux dire
que sa vie quotidienne est un poème ininterrompu, et cela n'est
pas si courant, n'est-il pas vrai ?* » Mais, au jeune homme lui-
même qui lui demande conseil, il ne tient pas tout à fait le
même discours : certes, avec une intuition très sûre (les
honneurs dont on couvre Jean Tardieu aujourd'hui – 60 ans
plus tard – le montrent bien) il le dit *« poète-né »* mais en
même temps il lui conseille, fidèle en cela à une ligne de
conduite qui a toujours été et qui sera toujours la sienne, de
ne pas se laisser griser par un premier succès et de... travailler :
« [...] patientez [...] Travaillez!, lui dit-il. *Voilà je crois l'ingrate
voix de la sagesse* [1].» De même il l'encourage à continuer
avant tout ses études; et, s'il s'intéresse par ailleurs aux
échanges que le jeune homme a avec Christiane à propos de
la religion et de la foi, il souligne avec humour les illusions
de la jeunesse : *« À mon âge, mon jeune ami, on commence à
comprendre que les raisonnements d'ordre moral, sentimental,
pseudologique, avec lesquels on croit pouvoir combattre et
vaincre, ou bien étayer une conviction de forme religieuse, n'ont
aucune espèce de prise. C'est vouloir entamer le blindage d'un
torpilleur avec des pommes cuites. Vous découvrirez un jour
qu'on ne se convertit jamais pour des raisons intellectuelles, et
qu'entre gens qui croient différemment il est absurdement inutile
de discuter; autrement que pour passer le temps* [2]. »
Comment ne pas rappeler ici l'aveu fait à J.-R. Bloch en
mars 1913 [3] – nous remontons dans le temps – d'une relecture
attentive du *« bouquin d'Agathon sur* Les jeunes gens d'aujourd'hui »? R.M.G. considérait ce livre comme *« capital, et
d'un intérêt documentaire prodigieux »*, affirmant connaître
assez bien cette jeunesse-là; loin de contester l'analyse pro-

1. Lettre du 24 juillet 1926.
2. Lettre du 5 novembre 1926.
3. Lettre du 8 mars 1913.

posée par A. de Tarde et H. Massis (sous le pseudonyme d'Agathon) il souhaitait, disait-il alors, « *opposer un livre à ce livre-là* », il voulait « *relever le gant* », souhaitant que ce qu'il appelait « *l'autre jeunesse* » se manifeste à son tour et se campe devant « *les jeunes Agathon* ». Et l'on sait que, sous le titre *Réactions*, un fragment de *S'affranchir* (qui deviendra *Jean Barois*) a paru dans la revue de J.-R. Bloch *L'Effort libre* en avril-mai 1913.

Quatre ans plus tard, d'ailleurs, en 1917, il aura avec son jeune « cousin » Maurice Martin du Gard, qu'il n'a encore jamais rencontré et qui a tout juste 19 ans, rappelons-le, des échanges épistolaires où transparaît cet intérêt qu'il porte à ce que pensent les jeunes, à ce qu'ils ressentent et souhaitent : ainsi, le 8 avril 1917, il se dit ému par « *cette affirmation que vous êtes nombreux dans votre génération à penser comme vous, à refuser votre assentiment aux faits, à ne pas lapider R. Rolland. Les idées libérales ont bien failli sombrer dans les premiers mois de la guerre, et pour longtemps. Depuis quelques mois, nous assistons au redressement de ces tiges piétinées, auxquelles le printemps et le grand souffle d'air pur venu de l'Est semblent apporter la régénération décisive. Rien n'est plus rassurant que de penser qu'il y a en France une génération jeune pour recevoir les germes épars et les faire victorieusement fleurir* ». Certes très vite ses rapports avec le futur directeur des *Nouvelles littéraires* deviennent à la fois plus personnels et plus distants. Sans doute R.M.G. ne refuse-t-il pas de lire un manuscrit mais il avertit le jeune homme qu'il ne croit pas que ce soit « *le moment de publier quoi que ce soit* », qu'« *il n'y a rien à dire en ce moment-ci* [1] ». Très vite il s'interroge sur ce besoin de toujours demander des conseils, preuve selon lui d'un manque de personnalité ou forme d'insincérité hypocrite, ajoutant avec humour : « *Je me relis, et je m'aperçois que je vous parle un peu comme un vieux Mentor pourrait parler à Télémaque.* » Incommode Roger Martin du Gard, dont la

---

1. Lettre du 25 septembre 1917.

perspicacité est à la fois tonique et vigilante! Il se refuse à établir avec l'adolescent, avec le jeune adulte, des rapports de complaisance : le 30 novembre 1919 il le morigène même pour n'avoir pas assisté à une conférence de Copeau : « *Vous avez manqué à nouveau une belle occasion de comprendre quelque chose de neuf, de grand, qui naît, et sur laquelle les rumeurs de la mode vous renseigneront mal. Mieux vaudrait venir se documenter à la source! J'aurais aimé vous compter parmi les fidèles du début. C'est en ce moment qu'il y a quelque mérite à distinguer ce que cela vaut et à donner une adhésion active. Dans deux ans ce sera un truisme de dire que Copeau est le génie dramatique de notre temps.* »

Quelle leçon, et pas seulement pour Maurice Martin du Gard! On pourrait de la même manière interroger les lettres adressées à Anne Desjardins, à Jacques Heurgon, à Pascal Copeau ou à Marc Allégret. Mon grand regret est de n'avoir pu retrouver les premières lettres à André Malraux (nous ne disposons que de celles écrites après 1940)...

*

Retenons pour finir une autre image de R.M.G. Quand, en octobre 1918, meurt Pierre Margaritis, son ami le plus cher, R.M.G. devient un peu le père spirituel de ses deux jeunes fils, Gilles et Florent. Il ne cessera de se sentir responsable d'eux, sur le plan matériel et affectif, et il prendra notamment très au sérieux son rôle on peut bien dire de Mentor – au meilleur sens du terme cette fois – lorsque les deux garçons seront adolescents : leur santé, leurs études, leurs rêves, leurs difficultés comme leurs joies, rien ne le laisse indifférent; il sait accueillir la confidence, faire appel à la responsabilité, encourager l'effort comme dénoncer la paresse ou l'illusion. On le voit particulièrement vigilant, dans ses lettres, sur le sujet des études, de la vocation, de la conception de la vie – ne se substituant jamais à la mère ou à la famille directe, refusant le langage moraliste bougon,

mais toujours très direct (à Florent, le 7 mai 1931 : « *Je ne
te demande pas de boniments à la brillantine* »), tantôt familier,
tantôt solennel, trouvant toujours le mot ou le ton juste. Nous
nous contenterons de quelques exemples. Il s'agit de la
période qui va de 1928 à 1932.

On sait que, devant les difficultés scolaires de Gilles,
R.M.G. avait « *chaleureusement engagé* » Noël, la mère du
jeune garçon, à « *renoncer aux ambitions du baccalauréat* » et
que, lors d'une rencontre au Tertre où le hasard avait réuni
Noël Margaritis et Jacques Copeau, la décision avait été prise
de confier Gilles à Copeau pour qu'à Pernand, au sein de
son École, il essaie de « *préciser ses dons et de les développer
soit vers le cinéma, soit vers la décoration* [1] ». Le 28 février
1929 il écrit au jeune garçon, qui doit avoir 17 ou 18 ans :
« *Je suis toujours un peu anxieux quand je pense à toi et aux
mille possibilités qui s'ouvrent pour toi. Parmi toutes ces routes,
il s'agit d'en choisir une bonne! Mais je te crois bien parti.
Sans vouloir rien envisager encore pour ton orientation définitive, je pense que te voilà enraciné en bonne terre, entouré
d'artistes fervents et de bon aloi* [...]. » Et de lui rappeler le
1er août de la même année que son père avait eu un
cheminement semblable, ayant fait son éducation « *très tard
et tout seul* », et ayant réussi à force de courage et de volonté.
Et de l'encourager également pour son talent dans le dessin :
« *Je ne dis pas que tu sois un grand maître, déjà; on voit bien
que tu manques de travail, de suite, mais je dis que le jour où
tu te déciderais à faire de la peinture, et où tu te mettrais
sérieusement au travail,* tu ferais sûrement de grandes choses [2]. »

Avec Florent qui n'a pas les mêmes problèmes de santé
que son frère et qui se destine à l'architecture il se montre
plus directif, plus critique, plus exigeant : il sait que son
caractère est autre et jusqu'où il peut lui-même aller avec
lui. Là encore les études ne vont pas sans problèmes et le

---

1. *Cor. R.M.G.-J. Copeau*, I, p. 445-446.
2. Lettre du 22 juillet 1929.

succès se fera attendre, le désir d'échappatoires l'emportant périodiquement. Mais R.M.G. toujours le stimulera, l'avertira, l'encouragera, l'étrillera : « *Mets-toi bien dans l'idée,* lui écrit-il le 23 novembre 1929, *que ce qui te rebute, aujourd'hui, dans l'architecture (tâchons de voir clair et de ne pas nous payer de mots) c'est tout simplement :* le travail. *Ce que tu appelles " le bureau ", mon vieux Florent, ça existe dans toutes les branches de l'activité : c'est le côté solide, ingrat, humain, de tout effort, de tout art, de toute profession. Tu as pourtant vu assez d'artistes maintenant, pour comprendre qu'une vie d'artiste, ça ne se réduit pas à suivre fougueusement les caprices de l'inspiration! Et que l'artiste qui " crée dans la joie ", c'est une blague! On a 5 minutes de joie pour quinze jours de labeur acharné, découragé, empoisonné de déceptions et d'avortements!* » Il sait, au moment opportun, donner le choc salutaire; ainsi le 24 juillet 1932 après un nouvel échec au concours : « *Je pense que tu as vingt ans passés, que tu as toujours vécu jusqu'ici avec l'argent de ta mère ou avec des aides à côté, et qu'il est temps que tu cesses d'être un jeune homme " entretenu ". Même si cette nécessité doit t'obliger à renoncer à certains rêves, je crois que, dans l'ensemble, cela peut te faire du bien et donner à ton existence un sens nouveau et fort. Car il y a une chose dont je ne doute pas un instant : c'est que tu seras, un jour, je ne sais dans quelle branche* [1], *mais j'en suis sûr, un as.* »

Quand R.M.G. dans cette lettre, une très longue lettre dont nous n'avons cité que le dernier paragraphe, détaille tout ce qui devrait permettre au jeune homme un examen de conscience, douloureux mais lucide, on ne peut pas ne pas penser – et c'est là-dessus que j'aimerais conclure – à cette page remarquable des *Thibault,* dans l'*Épilogue,* où Antoine, c'est-à-dire R.M.G., précise à l'intention de Jean-Paul, le fils de Jacques, les conditions à ses yeux d'une adolescence, d'une existence réussies, essayant de frayer pour lui un chemin vers une vie de l'esprit authentique. Là sans

---

1. Ce sera l'architecture.

doute les lettres, la correspondance, rejoignent l'œuvre. Là le rapprochement s'impose. Nous lirons donc pour finir cette page [1] :

> *Je voudrais, d'abord, que tu ne rejettes pas trop impatiemment les avis de tes maîtres, de ceux qui t'entourent, qui t'aiment; qui te paraissent ne pas te comprendre, et qui, peut-être, te connaissent mieux que tu ne te connais toi-même. Leurs avertissements t'agacent? Dans la mesure, sans doute, où, obscurément, tu les sens fondés...*
> *Mais, surtout, je voudrais que tu te défendes toi-même contre toi. Sois obsédé par la crainte de te tromper sur toi, d'être dupe d'apparences. Exerce ta sincérité à tes dépens, pour la rendre clairvoyante et utile. Comprends, essaie de comprendre, ceci : pour les garçons de ton milieu – je veux dire : instruits, nourris de lectures, ayant vécu dans l'intimité de gens intelligents et libres dans leurs propos – la* notion *de certaines choses, de certains sentiments, devance* l'expérience. *Ils connaissent, en esprit, par l'imagination, une foule de sensations dont ils n'ont encore aucune pratique personnelle, directe. Ils ne s'en avisent pas : ils confondent* savoir *et* éprouver. *Ils* croient *éprouver des sentiments, des besoins, qu'ils* savent *seulement qu'on éprouve...*
> *Écoute-moi. La vocation! Prenons un exemple. À dix, à douze ans, tu t'es cru sans doute la vocation de marin, d'explorateur, parce que tu t'étais passionné pour des récits d'aventure. Maintenant, tu as assez de jugeote pour en sourire. Eh bien, à seize, à dix-sept ans, des erreurs analogues te guettent. Sois averti, méfie-toi de tes inclinations. Ne t'imagine pas trop vite que tu es un artiste, ou un homme d'action, ou victime d'un grand amour, parce que tu as eu l'occasion d'admirer, dans les livres ou dans la vie, des poètes, de grands réalisateurs, des amoureux. Cherche patiemment quel est l'essentiel de ta nature. Tâche*

1. *O.C.* II, p. 950-951.

de découvrir, peu à peu, ta personnalité réelle. Pas facile! Beaucoup n'y parviennent que trop tard. Beaucoup n'y parviennent jamais. Prends ton temps, rien ne presse. Il faut tâtonner longtemps avant de savoir qui l'on est. Mais, quand tu te seras trouvé toi-même, alors, rejette vite tous les vêtements d'emprunt. Accepte-toi, avec tes bornes et tes manques. Et applique-toi à te développer, sainement, normalement, sans tricher, dans ta vraie destination. Car, se connaître et s'accepter, ce n'est pas renoncer à l'effort, au perfectionnement : bien au contraire! C'est même avoir les meilleures chances d'atteindre son maximum, parce que l'élan se trouve alors orienté dans le bon sens, celui où tous les efforts portent fruit. Élargir ses frontières, le plus qu'on peut. Mais ses frontières naturelles, et seulement après avoir bien compris quelles elles sont. Ceux qui ratent leur vie, ce sont, le plus souvent, ou bien ceux qui, au départ, se sont trompés sur leur nature et se sont fourvoyés sur une piste qui n'était pas la leur; ou bien ceux qui, partis dans la bonne direction, n'ont pas su, ou pas eu le courage, de s'en tenir à leur possible.

Jean-Claude Airal
(Chambéry)

L'HUMOUR DANS
LA CORRESPONDANCE
ET L'ŒUVRE
DE ROGER MARTIN DU GARD

Présentant, lors du colloque organisé en 1981 par la Bibliothèque nationale, la correspondance entre R.M.G. et Dorothy Bussy, Maurice Rieuneau déclarait : « l'humour est fréquent et de la meilleure veine.» Ce jugement peut s'appliquer sans peine à l'ensemble des lettres écrites par l'auteur des *Thibault.*

Son humour s'allie d'abord à sa bonté et à sa délicatesse bien connues. C'est souvent pour R.M.G. une façon de faire accepter ses demandes, ses exigences ou d'atténuer sa franchise, sa sévérité. Il écrit ainsi à Jacques Copeau : « *Je t'ai prêté une canne que tu as cassée, une bague que tu as perdue. Un parapluie qui m'est revenu déshonoré par des vis le rafistolant. Une lampe qui a été cassée par ton électricien... Je te prête mon icône, mais, en raison de ce qui précède, recommande-la particulièrement car j'y tiens beaucoup.* » Dans le même esprit, l'humour lui servira à informer son correspondant qu'il accède à sa demande et fournira l'effort nécessaire, sans que puissent en souffrir sa pudeur et sa modestie. Répondant au même Jacques Copeau sur l'éventuelle reprise à la Comédie-Française du *Testament du père Leleu* (octobre 1938), il écrit : « *J'ai commencé par dire quelques gros mots et casser quelques potiches. J'ai même envisagé cyniquement de passer pour un beau salaud en me débinant quand même. Et puis l'excellence de mon naturel a repris le dessus et je me suis persuadé que je ne pouvais pas ne pas entendre ton appel. C'est*

*tout un bouleversement de mes petits projets. Mais Hitler a
failli les bouleverser davantage.* »

Il est souvent lui-même la première cible de son humour,
que son autodérision s'applique à des caractéristiques phy-
siques ou à ce qui lui tient le plus à cœur, son métier
d'écrivain. Parmi les nombreux extraits de lettres que nous
aurions pu citer, retenons cette savoureuse description d'un
R.M.G. comédien inattendu d'une troupe en déplacement.
« *Tu me vois parmi le troupeau des mentons bleus, épaves sur
un quai de gare, dans des manteaux gris mouillés, avec des
traces de rouge sur les joues* [1] » et cet aveu qui en dit long
sur son travail : « *Je finirai par pouvoir chauffer mon Tertre
avec mes brouillons agglomérés* [2]. »

Il n'oublie pas pour autant de diriger cette arme efficace
contre ceux qu'il n'aime pas. Profitant des paysages ensoleillés
de l'Italie, il écrit à J. Copeau le 4 avril 1925 : « *En nous
penchant, le bleu aveuglant de cette mer. Le premier acte de
Partage de midi. Mais que vient faire Claudel dans ce paysage.
Il me gâche tout.* »

Il mêle également son humour à son observation du monde
extérieur et de la vie intérieure. À André Gide, il écrit le
27 février 1925 : « *L'amusant Nice d'été où se rassemblent les
nudistes, exhibitionnistes, urbanistes, néomalthusiens, zooérastes,
auto-érotes, fellatrices... en une foule si curieuse à observer de
la terrasse des cafés n'a aucun rapport avec ce Nice épuré de
l'hiver 1935.* » Dans le passage suivant, extrait d'une lettre à
Lucien Maury [3], nous passons de la vie quotidienne au
domaine psychologique, mais le processus reste le même :
présentation humoristique d'une observation vraie : « *Les
journées sont tellement courtes ici que c'est à se demander s'il
n'y a pas des "fuites", si elles ont bien le même nombre
d'heures qu'ailleurs!* »

1. Lettre à Marcel de Coppet, 12 mars 1914. (On trouvera les lettres citées
dans la *Correspondance générale.*)
2. Lettre à G. Duhamel, 7 avril 1930.
3. 28 mars 1930.

En fait, à lire la correspondance de R.M.G. on se rend compte que l'humour n'est pas seulement un procédé littéraire mais encore et surtout une façon différente d'appréhender la vie, une autre manière de réagir et de penser. Il permet à R.M.G. de s'intéresser au monde, à la vie, aux autres et à lui-même, tout en conservant un certain recul qui préserve sa liberté. L'humour d'ailleurs le libère, lui qui, par ailleurs, était souvent si timide. On demeure frappé par l'assurance dont il fait preuve dans ses plaisanteries, notamment avec A. Gide : « *Je vous embrasse, mon cher ami, pour le plaisir que je vous dois (je parle bien entendu des* Faux monnayeurs) » (1925). Il est à l'aise dans ce style, dans cette manière d'être, la variété de ses procédés en témoigne.

La correspondance de R.M.G. justifie pleinement le jugement de Paul Valéry sur la multiplicité des formes que peut prendre l'humour : « Chaque proposition qui le contient en modifie le sens, tellement que ce sens lui-même n'est rigoureusement que l'ensemble statistique de toutes les phrases qui le contiennent et qui viendront à le contenir. » Comparaisons cocasses et surprenantes (« *J'ai des varices comme un sergent de ville* » lettre à Jean Rain) qui s'adaptent au correspondant (à Marcelle Auclair il écrit à la même époque : « *Je suis variqueux comme une vieille cuisinière* »), jeu sur le double sens des mots qui évite la banalité affligeante des fins de lettres (« *Répandez-moi respectueusement aux pieds de votre femme. Ce sont des exercices que je ne m'autorise que par correspondance* [1] »), évocations rapides mais suggestives de situations embarrassantes pour le héros et amusantes pour l'observateur qui nous font presque dépasser le cadre plus étroit de l'humour (quand nous lisons dans cette lettre adressée à Marc Allégret [2] : « *Pas de blague, cher ami, ne vous avisez pas d'amener Gide ici dimanche! Tout septembre, au Tertre, appartient à la belle-famille — beau-père, beau-frère mutilé,*

---

1. Lettre à Jacques Heurgon, 15 novembre 1930.
2. 10 septembre 1930.

belle-sœur, tante, etc... Ça ferait du joli! J'en ai les foies blancs rien que d'y penser, et le sang caillé d'émotion! Non, non, remettez ce charmant projet à beaucoup plus tard! Et rendez-moi le sommeil », nous sommes en présence d'une véritable petite scène comique et le texte est suffisamment précis pour que nous puissions imaginer avec l'auteur l'éventuel scandale!), remarques cruelles qui nous font glisser imperceptiblement de l'humour à l'ironie (quand R.M.G. écrit à Émilie Noulet [1] : «*...il n'est pas mauvais d'avoir de temps à autre le nez sur les portes de Mort, et de s'aviser qu'un petit mouvement de la patte gauche déplaçant un caillot baladeur, suffirait à rendre risibles les " à suivre " que j'inscris si présomptueusement à la fin de chacun de mes* Thibault», son humour n'est-il pas l'ultime défense de l'homme contre l'ironie du sort?), il faudrait tout un ouvrage pour étudier les manifestations et les techniques de l'humour dans la correspondance de R.M.G.

On est d'autant plus surpris de lire sous la plume de Jacques Robichez [2] : «Roger Martin du Gard... laborieux auteur des *Thibault*. Aucun sourire dans son œuvre romanesque et même pas cette joie légère et diffuse qui reflète l'euphorie de la création.»

Certes, il ne faut pas oublier que le R.M.G. épistolier n'est pas du tout le même que l'auteur de l'œuvre littéraire. Jean Tardieu écrit à juste titre en parlant des lettres de R.M.G. : «Elles contiennent tout ce que, par exigence envers soi-même, il a, en partie, refusé dans son œuvre monumentale : la fougue, les surprises de mots, la bonne et la mauvaise humeur, les mouvements spontanés, non surveillés de l'intelligence et du cœur, voire les partis pris, bref le génie personnel.» R.M.G. confirme lui-même les libertés qu'il s'accordait dans sa correspondance et le plaisir qu'il se procurait ainsi : «*J'écris au courant de la plume et me laisse*

---

1. 17 avril 1930. Immobilisé par une phlébite.
2. *Précis de la littérature française du 20e siècle*, P.U.F., 1985.

aller à ce plaisir voisin de la causerie. L'incontinence n'est pas une infirmité sans douceur [1]. »

Il serait cependant surprenant que cet humour présent dans toute sa correspondance, si varié dans ses manifestations et ses techniques, cet humour dont nous avons dit qu'il dépassait le cadre du style pour concrétiser un art de vivre et de penser, fasse totalement défaut à l'œuvre littéraire.

En fait, l'humour n'est absolument pas absent de l'œuvre de R.M.G.

Nous le rencontrons d'abord dans la description des personnages. Bertrand de Maumort nous présente dans ses mémoires son institutrice, Mademoiselle Fromentot : « *Une vieille femme efflanquée, qui a le nez pointu et peu de menton fait penser à un volatile; mais si, par surcroît, elle marche la tête en avant, le cou tendu et qu'elle est affublée d'un chapeau à brides qui la coiffe d'une crête de rubans fripés, la ressemblance est si frappante qu'elle ne peut échapper à un enfant : nous l'appelions très irrévérencieusement : la poule noire* [2]. »

L'humour repose ici sur l'assimilation d'un être humain à un animal. À mesure que progresse la description, le lecteur voit se préciser sous ses yeux la ressemblance : efflanquée/ nez pointu/ peu de menton/ tête en avant/ cou tendu. Le rythme même de la phrase semble évoquer – contagion des mots ? – la démarche d'un volatile. R.M.G. insiste encore par l'intermédiaire de son personnage. Son chapeau à brides est comparé à la crête d'une poule! Dans le texte d'ailleurs, il s'agit d'une image, l'assimilation en est plus nette encore : « *un chapeau à brides qui la coiffe d'une crête de rubans fripés* ». Plus de mots de liaison. Mademoiselle Fromentot ne fait plus penser à un volatile, elle est une poule. Le dernier coup est enfin porté : Bertrand rappelle le surnom qu'il avait trouvé avec sa sœur Henriette : « *la poule noire* ».

1. Longue lettre à A. Gide, en date du 17 mars 1931, au sujet de la pièce *Un taciturne* et du débat qu'elle avait suscité entre R.M.G., Gide, Dorothy Bussy.
2. *Maumort*, Pléiade, p. 138.

Maumort a grandi. Un précepteur prend en charge son éducation et celle de son cousin Guy. Il le décrit dans ses mémoires ; là encore, assimilation de l'être humain à l'animal et poursuite de la comparaison qui devient image : « *Tout à fait une levrette ! me souffla Guy. De la levrette, en effet, il avait les yeux rapprochés, le museau en pointe, le corps efflanqué, l'allure bondissante. À côté de Gaspard, solide bouledogue au mufle épanoui, il avait bien l'air d'un petit chien de dame* [1]. » Dès sa première œuvre publiée, *Devenir !*, R.M.G. pratiquait ce clin d'œil humoristique au lecteur dans la présentation des personnages. Ce n'est pas à un animal mais à un jeune enfant que M. Mazerelles, notaire respectable et père de famille, y est assimilé : « *M. Mazerelles est si petit, son geste est si alerte, son teint est si rosé, son regard si jeune, que le carré de sa barbe grise semble postiche et sa redingote professionnelle un déguisement. La voix même a le timbre clair et la légèreté d'un organe d'enfant* [2]. » Les moments les plus tragiques ou les plus émouvants de l'existence ne font pas disparaître l'humour de R.M.G. Après la terrible agonie du père Thibault, le drame de conscience d'Antoine qui a fini par pratiquer l'euthanasie, dans la chambre même du mort, nous ne pouvons que sourire du pauvre M. Chasle, de ses paroles maladroites et de son comportement ridicule :

> *Il* [Antoine] *fut surpris en entrant de trouver Jacques, qu'il croyait encore couché, assis en retrait près de M. Chasle. Celui-ci, dès qu'il aperçut Antoine, sauta de sa chaise pour venir à lui. Ses yeux papillotaient derrière les lunettes moirées de larmes. Il saisit Antoine par les deux mains, et, faute de trouver mieux pour exprimer son attachement au mort, il soupirait en reniflant « Un charmant... un charmant... un charmant garçon », désignant, à chaque fois, le lit avec le menton.*

1. *Ibid.*, p. 137.
2. *Œuvres complètes*, t. 1, p. 9.

– « *Fallait le connaître* » continua-t-il *à voix basse, avec une conviction qui semblait irritée par un contradicteur imaginaire.* « *Un peu mortifiant, oui, à temps perdu... mais si juste !* » *Il tendit le bras comme pour prêter serment.* « *Un vrai justicier* » *conclut-il en retournant à sa place* [1].

Bertrand a souffert du mariage de sa sœur Henriette avec Adolphe de Pontbrun. Cette mauvaise nouvelle, qui à l'époque l'a si profondément choqué, ne l'empêche pas, au moment où il l'évoque dans ses mémoires, de se rappeler qu'il a connu le prétendant bien avant le mariage et d'en esquisser une redoutable caricature :

Il était d'une étrange maigreur. Je me souviens de ses oreilles décollées, qui attiraient mon regard invinciblement, et des espèces de cavités qui creusaient le cou sous les oreilles et de ce cou lui-même, où se mouvait une pomme d'Adam acrobatique, et un cou si long que le crâne y semblait emmanché comme ces balais à araignées qu'on nomme tête-de-loup. Certes sa laideur était grande, mais non dépourvue d'une certaine distinction. Il ne m'intimidait pas du tout, malgré la différence d'âge. Il avait un beau regard, simple et droit, un sourire sans malice. « *Je l'ai trouvé très gentil, dis-je à mon père en sortant. Mais sa maison ! On dirait le château du Bois-dormant* [2]. » *À table, mon père répéta le propos à ma sœur et à Mlle Fromentot, et, de ce jour-là, Mademoiselle ne parla plus jamais d'Adolphe de Pontbrun sans l'appeler le vicomte au Bois-Dormant* [3].

Notons au passage les mêmes procédés que nous avons déjà rencontrés : assimilation du personnage (ici à une tête-

---

1. *Ibid.*, p. 1304.
2. Cf. description de la maison de Pontbrun, pauvre et désordonné, dans *Maumort*, Pléiade, p. 648-649.
3. *Ibid.*, p. 650.

de-loup!) et attribution d'un surnom (le vicomte de Bois-Dormant).

Un lecteur attentif qui collectionnerait tous les traits d'humour trouvés dans l'œuvre de R.M.G. rencontrerait les mêmes techniques et les mêmes intentions que dans sa correspondance.

L'humour y sert la délicatesse de l'auteur, atténuant les audaces, suggérant une réalité sans la nommer. Évoquant dans ses mémoires les pratiques sexuelles de son internat, Maumort écrira : « *On y travaillait isolément " de la poche " si j'ose dire* [1]. »

L'autodérision décelée dans ses lettres s'y retrouve également. Si l'on veut bien se souvenir que le personnage de Bernard Grosdidier s'inspire en partie de l'auteur, on appréciera le recul et l'humour de R.M.G. vis-à-vis de lui-même :

« *Le gros* » *était laid, d'une laideur ridicule mais sympathique. Il était grand, large d'épaules et ventru, presque une difformité vu son âge. Du visage, on ne distinguait d'abord que les trous des narines : un nez outrecuidant, dressé au milieu d'une face blanche et grasse de compère de revue* [2]...

Certes le portrait n'est pas dénué de tendresse et R.M.G. écrira quelques lignes plus bas « *une certaine qualité du regard qui possédait une douceur nuancée et une sorte d'insistance expressive assez personnelle* » mais les pointes acérées ne manquent pas non plus : « *du visage on ne distinguait que les trous des narines.* »

Bertrand de Maumort, dans ses mémoires, sait utiliser à son égard le même humour dans la caricature qui lui a servi à camper les portraits de son institutrice, de son précepteur et de son futur beau-frère. « *Le torse, à vrai dire, n'était pas*

---

1. *Ibid.*, p. 206.
2. *Devenir!* in *O.C.*, t. 1, p. 9-10.

encore à l'échelle de mes membres et seuls mes bras, mes mains, mes longues pattes de poulain disgracieux annonçaient le Saint-Cyrien d'un mètre quatre-vingt-cinq que je devais devenir (toujours le premier de sa promotion : par rang de taille [1]... ») Le poulain disgracieux rejoint la poule et la levrette dans la ménagerie personnelle de l'écrivain. L'humour dépasse le seul aspect physique. S'il est le premier... c'est par la taille; le sourire naît ici de l'effet de surprise.

Mais l'humour est aussi dans l'œuvre une arme redoutable que R.M.G. sait diriger contre ses adversaires. Sous une apparente douceur, la description de l'école Saint-Thomas, tenue par des prêtres, dénonce l'hypocrisie et les intentions strictement sociologiques de l'éducation catholique [2] :

C'était un milieu assez fermé : il fallait avoir « l'esprit de la maison », qui, pratiquement, se définissait : un papa riche et bien pensant. Il était nécessaire, non qu'il pensât beaucoup, encore moins d'une manière personnelle, mais qu'il pensât « bien »; le terme était vague, mais tous les intéressés l'entendaient avec une même précision, et c'était l'essentiel. Les enfants s'estimaient entre eux selon la situation sociale de leurs pères, et l'élégance de leurs mères, qu'on apercevait, certains jours de fête, descendant de voiture à la porte de la chapelle. Deux fois par jour, les élèves allaient au lycée recueillir la manne universitaire, dont les abbés de l'école étaient chargés de faciliter l'assimilation, et non, comme on aurait pu croire, d'atténuer l'effet. Ces messieurs s'y appliquaient pour la plupart; ceux d'entre eux qui n'avaient pas l'esprit assez large – et de cet écartement spécial qu'exigeait un métier aussi délicat – quittaient la maison : l'administration les plaçait généralement dans quelque école jumelle, située dans un autre quartier de Paris; et, généralement aussi, ils y faisaient

1. *Maumort*, Pléiade, p. 87.
2. *Devenir!* in O.C., t. 1, p. 10-11.

*l'affaire, car l'esprit de la maison différait essentiellement
selon la situation topographique de l'établissement, puisqu'il
dépendait en grande partie de l'esprit de la clientèle. Il
convient d'ajouter que l'école Saint-Thomas était par
surcroît une maison d'éducation religieuse. Pas trop : ce
qu'il fallait. Dès le plus jeune âge, les enfants y revêtaient
la tunique des lévites ; mais, comme celle que la Vierge
avait tissée, strictement ajustée pendant les premières
années, cette tunique s'élargissait et se distendait avec la
croissance des adolescents, jusqu'à n'être plus, pour les
adultes, qu'un vêtement très ample, flottant, et si léger
qu'il pouvait, sans gêne aucune, demeurer habituel. La
transformation s'opérait avec une si habile progression, que
la plupart des élèves quittaient l'école, munis d'une foi
relativement solide en son fond, et libre, en sa forme,
jusqu'à l'indifférence : c'était assez, d'ailleurs, pour constituer l'élite de la bourgeoisie bien pensante.*

Plus brièvement mais avec la même acidité, Maumort,
parlant des leçons que lui donnait le curé de la paroisse,
écrit : « *La leçon durait deux petites heures. Un peu de latin,
beaucoup de catéchisme* [1]. » La juxtaposition et l'opposition
des deux parties inégales de la leçon : un peu de latin/
beaucoup de catéchisme mettent en relief le prosélytisme
discret mais permanent du clergé.

Comme dans ses lettres, R.M.G. enrobe d'humour ses
observations les plus vraies et les plus cruelles. Les dossiers
de la boîte noire, dont A. Daspre a publié de larges extraits
dans son édition de la Pléiade, en offrent de multiples
exemples : « *Si l'on décrétait demain que tout homme dont le
poids atteint cent kilos doit abandonner ses rations aux autres
et crever de faim, on serait surpris de voir combien les obèses
trouveraient peu de gens maigres pour les défendre* [2]. » Manière

1. *Maumort*, Pléiade, p. 64.
2. *Ibid.*, p. 902-903.

originale de dénoncer les tendances antisémitiques des Français, à base d'égoïsme uniquement, sans fondement idéologique.

L'humour s'élargit souvent aussi dans de véritables scènes comiques.

Scènes comiques à deux personnages, quand Antoine accorde à Monsieur Chasle l'entrevue qu'il lui demande : les indications de l'auteur, véritables indications de mise en scène, permettent de camper les personnages : Antoine, excédé, ouvre son courrier pour accélérer l'entrevue. Monsieur Chasle, aussi entêté que timide, poursuit lentement mais inexorablement son but. Tous les procédés comiques de la scène voisinent : comique de mots avec la question d'Antoine répétée machinalement par M. Chasle « " *ces choses-là, Monsieur Antoine, ça ne devrait pas exister* " – " *Quoi ?* " *fit Antoine qui détachait une autre enveloppe.* – " *Quoi* " *répéta l'autre en écho* », comique de gestes, d'attitudes avec l'allure sautillante du malheureux Chasle : « *Il gagnait le vestibule à petits bonds, secouant sa tête grise et répétant d'un air rassuré : " à l'heure actuelle, à l'heure actuelle... à l'heure actuelle il l'a déjà son paradis* [1] ". »

Comique de caractère et de situation. Le père Thibault vient juste de mourir et les nécessités de la vie, sa faiblesse, son dénuement, imposent à M. Chasle une démarche humiliante. Il voudrait que son dévouement à M. Thibault lui serve à... ouvrir sa boutique à inventions, grâce au capital que pourrait lui donner Antoine. Le rire n'a jamais été aussi proche des larmes.

Parfois, la scène comique est moins développée, simplement esquissée. Xavier de Balcourt, lors d'une période militaire, est amené à prendre une chambre chez des boulangers. Le frère et la sœur sont complètement sourds et l'apprenti décrit les repas. La scène comique est donc racontée au lieu d'être

---

1. *Les Thibault*, in *O.C.*, t. 1, p. 1311-1312.

jouée directement. Le comique ne perd rien à cette sobriété, à cette condensation. « *Faut les entendre se causer à table...* *Ils se répondent de travers, une chose pour une autre, passe-moi le pain et je te donne la moutarde* [1]. » Plus tard, la scène sera donnée en direct : « *En réintégrant ma chambre, j'y ai trouvé la vieille qui mettait des draps au lit. J'ai tout de suite tenté d'acquérir ses bonnes grâces : " Je vous cause bien du dérangement madame. " " Plaît-il ? " J'avais oublié sa surdité. J'ai accentué mon sourire et répété ma phrase. Elle a rectifié sèchement " Mademoiselle " et comme je balbutiais une excuse, elle a enchaîné, sans quitter son ton revêche : " Vous n'avez rien à faire par là! Faut pas déranger le commis* [2] ". » Personnage comique irrésistible : la vieille fille sourde, acariâtre et fière de son état de demoiselle. R.M.G. nous donne même le titre de la scène : « *la mégère inapprivoisable* » avec son goût du jeu de mots et du calembour, le même qui lui faisait parler dans ses lettres du « *mal du socle* » pour stigmatiser la recherche de la notoriété.

Enfin, son humour s'approfondit parfois au point de se transformer en ironie. Dans l'extrait de *Devenir!* que nous avons cité précédemment [3], que fait R.M.G. sinon de l'antiphrase? Quand il écrit en parlant de l'école Saint-Thomas : « *C'était assez, d'ailleurs, pour constituer l'élite de la bourgeoisie bien pensante* », aucun lecteur ne doute de la condamnation de l'auteur.

Les titres choisis au début de sa carrière par R.M.G. étaient d'ailleurs la plupart du temps ironiques, dans la mesure où ils étaient démentis par les personnages et par leur vie. *Vouloir, réaliser, vivre,* telles sont les trois parties d'un roman consacré à l'échec et à l'impuissance. André Mazerelles, son héros, n'atteindra aucun de ces trois buts. B. Alluin et B. Duchatelet ont bien vu cet aspect quand ils écrivent : « *Une*

1. *Maumort*, Pléiade, p. 432.
2. *Ibid.*, p. 434.
3. *O.C.*, t. 1, p. 10-11.

vie de saint [1] : ce titre devient ironique dans la mesure où R.M.G. n'a pas donné à son œuvre le couronnement d'une vieillesse exemplaire qui seule pouvait le justifier [2]. »

Il n'est pas toujours évident de distinguer humour et ironie et nous n'allons pas ici nous lancer dans un débat sur la terminologie. Cependant, dans son ouvrage sur l'humour, G. Elgozy donne une explication simple et imagée de la différence entre les deux attitudes : « Si, écrit-il, un assassin, exécuté le lundi, déclare : " Voilà une semaine qui commence bien ! ", c'est de l'humour. Si c'est le bourreau qui le dit, c'est de l'ironie. L'ironie réclame la séparation entre celui qui juge et celui sur qui porte le jugement. » On comprend dès lors bien plus facilement comment l'humour de R.M.G. peut insensiblement devenir de l'ironie. En effet, dans son œuvre, c'est rarement le personnage en tant que tel qui se livre à l'humour. Les exemples existent mais ils sont rares. La servante des Maumort, Zélie, ne manque pas d'esprit : « *Monsieur ? Ce qui lui coûtera le plus dans l'autre monde ce sera d'avoir à changer ses habitudes* [3] *!* » La plupart du temps, c'est l'auteur lui-même qui fait preuve d'humour ou un personnage comme Maumort ou l'Antoine de l'épilogue qui deviennent auteurs à l'intérieur de la fiction. Or l'homme qui écrit jouit par définition d'un certain recul par rapport à la vie, aux personnages qu'il crée ou qu'il observe et ce recul va permettre l'ironie. Quelques jours avant sa mort, dans son journal, Antoine fait sur l'ironie du sort la même expérience que R.M.G. lors de sa phlébite : « *À quoi tiennent les choses... Si ce matin-là, j'avais été blessé à la jambe ou au bras, je ne serais pas où j'en suis : ce peu d'ypérite que j'ai respiré plus tard n'aurait pas fait ses ravages si j'avais eu deux poumons intacts* [4]. »

---

1. Œuvre inachevée de R.M.G. Voir B.N. et la thèse de C. Sicard, « *Les années d'apprentissage* ».
2. *Cahiers du cerf*, n° 4, Université de Bretagne occidentale.
3. *Maumort*, Pléiade, p. 40.
4. *Les Thibault*, in *O.C.*, t. 2, p. 985.

Plus amèrement encore, l'auteur n'est pas dupe de l'illusion des personnages qu'il a créés. Quand R.M.G. écrit, en parlant d'A. Mazerelles : « *Il allait pouvoir commencer " sa vie litté-raire " »*, il utilise des guillemets. Ce signe de ponctuation qui avait autrefois servi à évoquer de façon discrète et amusante les pratiques sexuelles d'un internat masculin (travailler « de la poche ») est ici utilisé pour mettre en relief l'échec du héros. Barbara Jacoby écrit à juste titre : « Chez R.M.G., les principaux caractères sont victimes de l'ironie : confiants dans leur capacité d'orienter leur vie et n'ayant pas conscience des forces qui, tôt ou tard, contrarieront leurs efforts. »

Cet humour, rencontré tout au long de la correspondance et de l'œuvre de R.M.G., cet humour qui s'élargit parfois jusqu'à la scène comique ou s'approfondit pour devenir de l'ironie, n'est pas un jeu gratuit. Il faut en chercher l'origine et l'explication dans la manière d'écrire et de penser de R.M.G., dans sa façon d'être et de vivre.

R.M.G. était plus intéressé par le spectacle que par l'action. C'était avant tout un homme qui regarde les autres, le monde, la vie. Position, en recul, idéale pour se livrer à l'humour et à l'ironie, d'autant plus qu'il possédait naturellement le goût du dialogue et le don d'animer une scène.

Il a souvent expliqué son pessimisme raisonné et son optimisme instinctif. Être conscient des faiblesses de l'homme et de l'absurdité de la vie, mais en rire, ou du moins en sourire, c'est une des solutions qu'il avait trouvées. Georges Bernanos avait raison d'écrire : « Si nous pouvions rire de nous, de notre sottise, comme aussi de ceux qui l'exploitent et qui en vivent, nous serions sauvés. »

Profondément influencé par des hommes comme Le Dantec, R.M.G. était enfin persuadé que le déterminisme qui gouverne le monde doit nous inciter à une grande prudence quand nous parlons de libre arbitre et de responsabilité. Sa vision personnelle de l'univers se fondait sur l'ironie du sort et de la condition humaine. Son humour lui permettait à la fois d'expliquer et de supporter sa philosophie.

Il est donc possible d'accroître encore la portée du jugement de M. Rieuneau et d'affirmer que l'humour, s'il est fréquent et de la meilleure veine dans la correspondance de R.M.G., est aussi présent dans son œuvre. N'en déplaise à J. Robichez, on sourit, on rit même en lisant cet auteur.

Certes, le ton reste plus libre dans la correspondance. Certes humour, ironie, comique, abondent surtout dans les farces ou encore dans *Vieille France*. Comment pourrait-il en être autrement? Mais les œuvres majeures de R.M.G. n'en sont pas privées. À dessein d'ailleurs, nous avons emprunté nos exemples à *Devenir!*, aux *Thibault*, au *Lieutenant-colonel Maumort* qui, achevé, aurait été un de ses ouvrages fondamentaux. Jean Barois est évidemment un roman plus sombre où les personnages sont plus qu'ailleurs absorbés par leurs luttes et où l'auteur prend moins de recul. Notons cependant que le héros central est lui aussi victime de l'ironie puisqu'il ne triomphe pas de l'instinct religieux; et ce n'est pas sans humour que R.M.G. intitule « La chaîne » le chapitre consacré au mariage!

Dans son œuvre, comme dans sa correspondance, l'humour s'allie à la bonté de l'auteur et cette bonté le tempère. Le créateur finit par aimer tous ses personnages. Après avoir souvent montré le père Thibault ridicule, pitoyable, odieux, après nous en avoir fait rire et parfois aux moments les plus douloureux, il nous dévoile ses écrits intimes qui donnent du grand bourgeois une image nettement plus humaine. Il est vrai qu'entre-temps Oscar a souffert, est mort et que R.M.G. a sympathisé avec lui, au sens étymologique du terme.

Loin d'être méchant, cruel ou amer, l'humour chez R.M.G. n'exclut pas la tendresse de l'auteur pour ses personnages, ses amis, les hommes en général. C'est, en dernière analyse, une manière de voir la vie, de la juger et de s'en protéger, qu'il a trouvée et qu'il nous propose au fil de ses lettres et à travers son œuvre.

André Alessandri
(Paris)

ROGER MARTIN DU GARD
TEL QUE JE L'AI CONNU

C'est à Nice que j'ai, en 1944, fait la connaissance de R.M.G. Ayant appris qu'il habitait au Grand Palais de Cimiez, proche de mon domicile, je me suis tout bonnement présenté à lui, une après-midi d'avril, pour lui soumettre le manuscrit d'un roman que je venais d'écrire. C'était de ma part une démarche bien cavalière car je n'avais aucune recommandation à lui présenter et j'arrivais chez lui sans aucun rendez-vous.

À mon coup de sonnette, une dame vint ouvrir et je l'entendis dire : « Un monsieur vous demande...

– Quel monsieur ? » répondit une voix mécontente. Et soudain un homme très grand et très corpulent s'avança vers moi en fronçant les sourcils...

« Vous êtes sans doute M. Martin du Gard ? Il y a bien longtemps que je souhaitais vous rencontrer ! me hâtai-je de dire.

– Pour quoi faire ?

– Pour vous demander conseil sur mon travail littéraire. »

Le maître leva les bras :

« Vous auriez pu m'écrire, solliciter un entretien ! » puis, après m'avoir dévisagé, il m'invita du geste à entrer dans son cabinet de travail.

C'était une petite pièce meublée d'une table basse et d'un grand pupitre tout encombrés de correspondances et de livres.

On en voyait d'autres reposant sur les casiers fixés aux murs avec, garnissant les espaces vides, des reproductions de sculptures d'art antique parmi lesquelles je reconnus l'esclave enchaîné de Michel-Ange. Une alcôve garnie d'un lit bas prolongeait la pièce. Quand j'en sortis une heure plus tard, après une longue conversation, une joie profonde m'envahit : j'avais eu la chance d'entrer en contact non seulement avec un écrivain célèbre, mais surtout avec un homme qui, par sa patience à me recevoir et à m'entendre, m'avait fait pressentir sa grande bonté.

Il avait alors soixante-trois ans. Épais, massif, il n'était pas beau et lui-même le savait bien puisque, dans son premier roman *Devenir!*, il avait dressé sans indulgence son autoportrait :

> *Le gros était laid, d'une laideur ridicule mais sympathique. Il était grand, large d'épaules et ventru. Du visage on ne distinguait d'abord que les trous des narines, un nez outrecuidant, dressé au milieu d'une face blanche et grasse de compère de revue.*

Cette charge était excessive, car si son nez proéminent ne pouvait passer inaperçu, l'ensemble du visage auréolé d'une belle chevelure blanche était empreint de noblesse et de distinction. Un front majestueux marquait l'intellectuel, tandis que les longues mains effilées révélaient l'artiste.

Je garde en mémoire le souvenir de sa voix bien timbrée et chaleureuse qui s'exprimait lentement. Parlant peu et sachant surtout écouter son interlocuteur, je le revois encore, assis dans son grand fauteuil et fumant lentement sa pipe, le regard quelque peu insistant mais plein d'une bienveillante douceur et la bouche toujours prête à sourire. Au cours des longs entretiens que nous avons eus dans les années qui ont suivi, j'ai appris à le connaître et je vais m'efforcer de le faire revivre tel qu'il m'est apparu.

Parlons d'abord de son emploi du temps.

Très matinal, il se levait vers cinq heures du matin et déjeunait avec de nombreuses tartines de pain beurré trempées dans un grand bol de thé très chaud. Et six heures n'étaient pas sonnées qu'il avait déjà gagné son cabinet de travail où, vêtu d'une veste d'intérieur agrémentée d'une belle pochette blanche, il allait et venait comme un lion en cage. Car le moteur humain et plus particulièrement celui de l'écrivain est long à mettre en route. Puis il ouvrait les paquets de livres reçus la veille, mettant de côté ceux qui lui paraissaient intéressants. Il classait aussi des papiers, préparait des dédicaces, relisait quelques-unes des innombrables lettres qui s'empilaient sur sa table basse.

Et tout cela durait une heure, parfois deux. Mais à huit heures, au plus tard, commençait le vrai travail qu'il poursuivait dans la matinée aussi longtemps qu'il le pouvait. Parfois il s'y attardait, mais quand les carillons des clochers de Nice venaient à sonner l'Angelus de midi, Madame R.M.G. frappait quelques coups brefs à la porte pour lui rappeler l'heure du déjeuner. Ils mangeaient tous deux, en tête à tête, et la bonne épouse qui connaissait par cœur l'œuvre de son mari, émaillait parfois leur conversation de quelques reparties empruntées aux textes et appropriées au déroulement du repas.

S'il arrivait à l'écrivain de se remettre au travail quand l'inspiration le poursuivait, ses après-midi laissaient généralement une large place à la fantaisie. Le plus souvent il allait se détendre dans une promenade à travers les rues de Nice que nul ne connaissait mieux que lui. Il savait la disposition des voies, leurs tenants et leurs aboutissants, les boutiques qui les bordaient et son regard s'attendrissait toujours devant les vieux jardins, les anciennes villas et les petites maisons du Nice d'antan que le pic des démolisseurs n'avait pas encore atteints. Nous évoquions souvent les délicieux cabinets de travail qu'auraient pu constituer certaines de ces petites maisons, entre autres une de la rue Biscarra qui, en 1944, présentait encore à la belle saison, la couronne d'or de ses citronniers.

R.M.G. arpentait les rues de Nice-la-Belle de son pas mesuré, la pointe des pieds tournée en dehors, presque en équerre, de sorte qu'il était très difficile de marcher à ses côtés. Observant de son œil critique les gens et les choses qu'il rencontrait, il avait quelquefois un objectif précis : la visite à un ami ou à un artisan.

La mer aussi l'attirait, et plus que la mer peut-être les baigneuses : on pouvait le voir, à la saison chaude, flâner sur la Promenade des Anglais où son regard s'attardait à contempler les corps dorés des naïades étendues sur les galets.

Car ce grand esprit que la nature avait doté d'un corps très puissant rêvait souvent au paganisme éclairé des Grecs : « Il y a à Nice une vie païenne qu'on ne retrouve nulle part et dont le spectacle m'enchante », m'a-t-il dit à maintes reprises. Pour lui, les questions sexuelles avaient une grande importance. « Mais, me confiait-il, le désir charnel ne m'entraîne que vers les inconnues, car je ne peux mêler l'amour et l'amitié : quand j'ai ébauché des liens spirituels avec une femme, je ne puis plus la désirer. »

Il a d'ailleurs toujours su se garder sagement des aventures amoureuses pour ne pas faire de peine à sa femme : « Je me contente de prendre en imagination des revanches sur les plaisirs que je me refuse dans la vie réelle. »

Et en 1948 il sera le premier à me parler de la nécessité de faire à l'école l'éducation sexuelle des enfants pour leur éviter de se trouver, très jeunes, dans des situations complexes et dramatiques.

Dans sa détente il faisait également une large place au cinéma dont il était très friand. Il lui arrivait de gagner, dans l'après-midi, quelque salle obscure, s'il était certain qu'on ne l'y dérangerait pas. Sa cinéphilie était fondée sur de solides connaissances qui lui ont valu d'être pressenti pour monter, avec Jacques Feyder, le scénario du film de *Madame Bovary*.

« J'ai travaillé sur le roman pendant quatre jours, me disait-il, découpant, retaillant les chapitres, en prévoyant au commencement du film une large présentation du sujet.

Quand j'ai exposé mon projet à Feyder, il m'a écouté d'un air absent, puis nous avons gardé le silence pendant une bonne demi-heure, après quoi Jacques s'est animé :

« " Moi, je ne vois pas les choses comme vous. D'abord une truie avec ses petits autour d'elle, dans une cour de ferme. Puis la caméra remonte : on voit des jambes de femme et enfin la femme elle-même, en train de soigner ses bêtes. C'est la future Emma Bovary. "

« J'avoue que ce projet était beaucoup plus scénique que le mien », ajoutait honnêtement R.M.G.

Son œuvre elle-même n'a pas manqué d'attirer, très tôt, l'attention des cinéastes, mais il était resté très réticent jusqu'en 1950 où le secrétaire d'André Gide, Pierre Herbart, lui offrit sa collaboration pour porter les Thibault à l'écran. Ils ont œuvré ensemble à Cabris, le beau village des environs de Grasse, et le maître en était ravi : « Nous avons fait un travail très fructueux qui m'a rendu confiance en moi-même », me disait-il peu après.

Mais, m'écrivant de Bellême en 1952, il tempête contre les gens du cinéma : « Toujours pas de solution pour le film des Thibault. Qu'ai-je entrepris là! Ce monde du cinéma est infernal! Je serai mort avant qu'on se soit décidé à démarrer. »

Et à notre dernière rencontre, il m'apprendra que le projet est tombé à l'eau parce qu'on ne lui a pas permis d'assister aux prises de vues : « Je n'ai pas voulu les laisser faire à leur guise », concluait-il.

Sa manière d'écrire était très laborieuse.

« Le talent est fait d'un centième d'inspiration et de quatre-vingt-dix-neuf centièmes de transpiration », répétait-il fréquemment. Et en 1949, il me dira :

« Les historiens, les critiques, tous ceux qui travaillent sur une matière élaborée, ne peuvent savoir ce qu'il en coûte de tirer quelque chose de ses entrailles pour le coucher sur le papier blanc. Après cinquante ans d'exercice, je ne suis pas plus habile qu'au premier jour. »

Il faut dire qu'il avait une conception très particulière de la composition littéraire, car, à l'encontre de la plupart des grands écrivains, il a toujours affirmé que le fond et la forme sont, dans un ouvrage, complètement indépendants.

« Pour moi, écrit-il dans son Journal, le fond et la forme sont aussi distincts que le lièvre et la sauce. » Cette conception l'a conduit à une technique d'écriture compliquée dans l'élaboration de ses romans. Inspiré, il écrit comme il pense, sans aucun souci de la syntaxe, poursuivant, dans le langage le plus informe, son idée directrice jusqu'au point final. Alors son anxiété naturelle s'estompe, il respire : quoi qu'il advienne, l'ébauche de son œuvre est née, mal venue sans doute mais bien réelle, il n'aura plus qu'à la parfaire.

Cette ébauche, il va la reprendre maintes fois et, quand elle lui paraîtra valable, il la transcrira au centre d'une page servie à l'italienne, c'est-à-dire dans le sens de la longueur, en ménageant deux marges, une large à droite, une plus étroite à gauche. Il laissera ensuite ce texte décanter et lorsqu'il y reviendra, il portera ses premières corrections dans la marge de droite et, après un nouveau temps de repos, les corrections définitives dans la marge de gauche.

Quel travail! pensera-t-on. Et cependant ce n'est là qu'une partie de l'élaboration, car, avant le premier jet, il y a eu la longue personnalisation de l'ouvrage : dès que R.M.G. en a eu l'idée, il a commencé par établir des fiches et des notes. Il a déterminé l'état civil de chaque personnage, sa date de naissance, son ascendance, ses alliances, et il a ainsi constitué une documentation d'une telle ampleur que lorsqu'il se déplaçait pour un séjour où il comptait travailler, il lui fallait emporter un nombre invraisemblable de malles et de valises. « Pendant dix-neuf ans, j'ai constamment porté *Les Thibault* dans ma tête et dans mes valises », disait-il à Jean Delay. C'est ainsi qu'arrivant un jour à Bagnoles-de-l'Orne pour y soigner sa phlébite, il a ébahi les curistes avec la voiture de documents qui l'accompagnait.

Une aventure cocasse lui est d'ailleurs arrivée dans cette station thermale, à l'époque où l'on ignorait les stylos-billes.

Pour ne pas perdre le temps des bains, à demi immergé dans sa baignoire, il corrigeait un manuscrit quand un geste maladroit lui fit accrocher la bouteille d'encre rouge posée sur la margelle : l'encrier bascula dans l'eau qui prit une teinte sanglante. Le garçon appelé s'affola et, persuadé que le maître avait une hémorragie, se mit à crier, ameutant tout l'établissement.

« Jugez un peu de ma confusion ! » concluait R.M.G. en me contant cette mésaventure que sa profonde discrétion déplorait. Dès notre première rencontre il m'avait dit avoir horreur des interviews et ce n'était pas une de ses moindres qualités que la réserve où il voulait se maintenir.

Mais ce qui le caractérisait davantage, c'était la bonté. Esprit très ouvert et grand cœur, R.M.G. se liait, je ne dirai pas facilement, mais généreusement ainsi que j'avais pu en faire l'expérience et ses amitiés littéraires avec les plus grands noms des lettres et de la société française ne l'empêchaient pas d'en connaître d'autres, beaucoup plus humbles. C'est ainsi qu'à Nice il avait sympathisé avec de petits artisans et commerçants, entre autres un épicier de la rue Assalit. En me parlant de ce dernier, il m'a dit un jour :

« Lorsqu'il a appris la mort de ma femme, M. Joseph est venu m'offrir ses services et tout ce qu'il possédait, et les yeux pleins de larmes, il a fini par me dire : " Monsieur Martin du Gard, vous êtes une bonne personne ! " Cette parole, ajoutait l'auteur des *Thibault,* m'a fait plus de plaisir que l'attribution du prix Nobel. »

Dans la vie courante, les traits révélateurs de sa bonté ne manquaient pas. Un matin il est renversé par une fillette qui roule à bicyclette dans la rue Valperga. Je le rencontre dans l'après-midi et au lieu de se plaindre de l'imprudence de la gamine qui est venue l'accrocher alors qu'il circulait bien à droite au bord du trottoir, voilà ce qu'il me dit, avec une émotion teintée d'ironie :

« Figurez-vous que j'ai failli être tué ce matin : une fille a volé par-dessus ma tête tandis que son vélo me flanquait par terre. J'ai vu une gentille culotte rose effleurer mon nez et je me suis retrouvé très fourbu et meurtri. Mais la pauvre gosse a eu plus de mal que moi, heureusement sans trop de gravité. »

Il se mettait facilement à la portée des enfants et leur était très indulgent; comme en cet après-midi où il me rendait visite : mon petit garçon de deux ans s'était emparé de sa belle canne de bois clair, je la récupérai et la rendis au maître, mais ce dernier, qui n'était pas encore assis, se pencha vers mon bonhomme et lui redonna la canne en lui disant doucement à l'oreille : « Tu peux la garder! Je l'ai prise exprès pour toi. »

« Tous les acteurs aiment beaucoup Roger, me déclarait Madame Martin du Gard, au lendemain de la reprise de sa pièce *Un taciturne* au Palais de la Méditerranée, en 1948. Il est si bon avec eux! Sans jamais élever la voix, il sait toujours les amener en douceur à ce qu'il attend d'eux. Très rigoureux envers lui-même, pour les autres c'est le bon samaritain en personne! »

Cette chère compagne, il l'a perdue bien tristement en décembre 1949. Comme il me l'a rapporté, elle souffrait gravement du cœur depuis le début de l'année et, pour cette raison, il ne la quittait guère. Mais comme une de ses bonnes amies lui avait rendu visite ce jour-là, R.M.G. voulut profiter de cette présence pour aller dans l'après-midi près du port, voir son illustrateur Guy Maserel. Il s'attarda ensuite chez les libraires et, rentrant vers dix-neuf heures au Grand Palais, il rencontra devant l'ascenseur un jeune prêtre qui lui demanda s'il connaissait M. Martin du Gard.

« C'est moi! » répondit-il, riant d'avance de la surprise de l'abbé. Mais son rire se figea devant l'attitude du prêtre qui baissait la tête en fixant le papier qu'il tenait à la main : « On vient de téléphoner à la paroisse. C'est M. le Curé qui m'envoie... » « Je compris alors de quoi il s'agissait », me confia R.M.G. quelques jours plus tard. « Se retrouver devant la dépouille de sa femme qu'on a laissée bien vivante trois heures auparavant, c'est une épreuve atroce. Vous ne sauriez croire ce qu'il peut m'en coûter de redevenir célibataire après un demi-siècle de vie commune. Je ne sais où je vais, je sais seulement ce que j'ai perdu. Nous avions en commun, ma femme et moi, tant de choses que nous étions seuls à connaître ! »

Ces paroles étaient d'autant plus émouvantes pour moi que je savais bien ce qui, par-delà leur union profonde, les avait toujours séparés l'un de l'autre, elle qui croyait au ciel, lui qui n'y croyait pas.

Nous avions d'emblée sympathisé, Madame Martin du Gard et moi. Catholique fervente, sœur d'une religieuse dominicaine, elle était très attentive quand je lui rapportais mes conversations sur la foi avec le maître à qui, dès notre première rencontre, j'avais déclaré croire en Dieu.

« Il me semble que votre époux fait quelques pas vers le Seigneur, lui dis-je un jour.

– Vous plaisantez, me répondit-elle. Quand il bavarde avec vous, il rentre ses griffes pour ne pas vous contrarier, mais moi qui le connais depuis quarante-deux ans, je sais bien, hélas, que son optique n'a pas varié. »

Cette optique, elle peut se résumer dans la dédicace qu'il m'a donnée pour son Jean Barois :

« A Henri Chaperon, ce livre qu'il m'a demandé et que je lui envoie bien volontiers, avec toute mon amicale sympathie, à la condition que ce ne soit pas entre nous l'occasion de discussions vaines, stériles et sans espoir d'issue. » Et il y ajoute la citation suivante, extraite d'une lettre de Jean Barois à Luce : « Nous qui sommes habitués à plier notre sensibilité au travail de notre raison, nous n'avons aucune idée de ces certitudes-là. »

Il voulait parler des lumières de la foi, mais je dois avouer que je n'ai pas respecté son désir de ne pas discuter de son livre et je n'ai pas manqué de lui reprocher d'avoir grandi Luce, l'athée, en accentuant la médiocrité de Jean Barois, de sa femme Cécile et de leur fille Marie. « Cécile est une bécasse », me rétorqua-t-il. À quoi je lui répondis que c'était bien lui qui, délibérément, l'avait voulue telle.

Il est resté fidèle à ses positions jusqu'à la fin et lors de notre dernière rencontre à Paris, dans son vieil immeuble de la rue du Dragon, à deux pas de Saint-Germain-des-Prés, comme nous revenions sur ce sujet, il coupa court en s'écriant : « Que ma raison me préserve de faire une fin comme celle de Jean Barois! Nous n'avons, lui et moi, aucun point commun. »

Tel qu'il se voulait lui-même, il est demeuré « tapi dans son matérialisme comme un sanglier dans sa bauge » ainsi que le peindra son ami Gide, et cela en dépit de l'atmosphère chrétienne qui l'entourait et paraissait le poursuivre. N'était-il pas devenu le meilleur ami du père Auguste Valensin, l'illustre jésuite dantologue, confrère et familier de Teilhard de Chardin?

« Trois raisons, me racontait-il, s'opposaient à mon amitié avec le père Valensin : Il était jésuite, philosophe, et il habitait Nice! »

Point n'est besoin d'expliquer l'opposition au jésuite. Quant aux philosophes, R.M.G. les a toujours considérés comme des théoriciens éloignés de sa vision concrète des gens et des choses. Pour ce qui est des Niçois, c'est le souci de préserver son indépendance qui le retenait de se lier à eux.

Pour en revenir au père Valensin, R.M.G. m'avouait plus tard l'aimer beaucoup : « C'est un homme d'une intelligence supérieure, me disait-il, il ne perd son bon sens qu'au sujet de la foi. »

Cependant la mort sereine de son ami, en décembre 1953, l'a profondément impressionné : « Une belle mort, lucide, consentante, presque joyeuse », m'écrivait-il peu après.

Il faut dire que dans ses amitiés comme dans la vie, R.M.G était très éclectique. C'est pourquoi, à côté du père jésuite, il avait des amis très différents. Tel André Gide qu'il avait assisté en 1944 à la Clinique Belvédère, à Nice, lors d'une sérieuse alerte que le public avait prise pour une grave opération.

« Pendant sa maladie, Gide a fait preuve d'une sérénité admirable, bien qu'il ne croie à rien, me racontait R.M.G. Lorsque j'allais le voir le matin et que je lui demandais comment il avait passé la nuit, il me coupait toujours : " Laissez donc ces histoires, disait-il, je vais vous lire un distique de Virgile que j'ai découvert cette nuit. Écoutez-le, il est merveilleux... "

« Et si, en cet instant l'infirmière apparaissait pour lui faire une piqûre, il s'écriait : " Je vous en prie, Mademoiselle, revenez un peu plus tard, nous sommes plongés dans des choses trop sérieuses ! " »

À quelque temps de là, l'auteur des *Faux-Monnayeurs* se reposait à l'Hôtel de la Colombe d'Or de Saint-Paul-de-Vence et R.M.G. était allé passer quelques jours auprès de lui. Jacques Prévert vint leur demander s'ils ne voudraient pas parler pour la radio qui était en train de constituer une discothèque des grands hommes et qui venait d'enregistrer sa propre voix. R.M.G. opposa un refus très net et courut s'enfermer dans sa chambre, tandis que Gide, flatté, accueillait d'emblée la proposition.

« De ma fenêtre, me raconta R.M.G., je vis venir la voiture de la radio et j'entendis la voix de Gide qui, ne sachant pas qu'on enregistrait déjà ses paroles, évoquait tout bonnement son récent accident de santé : " Je n'ai pas subi d'intervention chirurgicale, disait-il, j'ai simplement souffert d'une méchante crise de foie, mais à présent cela va mieux. " Et il ajoutait quelques détails insignifiants. Puis, prenant l'Anthologie poétique qu'il venait de publier, il offrit d'en lire une page pour l'audition.

« " C'est inutile, nous avons entendu votre voix et le disque vient d'être enregistré ", lui répondirent les interviewers en disparaissant sans même prendre congé.

« Gide, atterré, gémissait : " Que vont dire les auditeurs quand ils entendront mes fadaises ! " »

Un autre ami très cher c'était André Malraux qui ne manquait pas de rendre visite à R.M.G. quand quelque mission ou conférence l'amenait sur la Côte d'Azur. « La parole de Malraux, disait R.M.G., est comme son écriture. Il va toujours beaucoup plus loin que son interlocuteur. Quand nous causons, je suis souvent obligé de l'interrompre : " Voyons, expliquez-moi mieux cela, je suis perdu. " » Et Malraux d'expliquer et de dire ensuite à un ami commun : « Martin du Gard n'est pas bête, mais il a l'esprit plus lent que le mien. Il faut simplement que j'accorde mon instrument et nous nous entendons très bien. »

Cette lenteur que Malraux constatait dans l'esprit de R.M.G., c'était, je crois, celle de la réflexion et de l'équilibre. Homme équilibré, R.M.G. l'était sans conteste. Comme je lui demandais un jour s'il appréciait Dostoïevski :

« Je préfère Tolstoï, m'a-t-il dit, parce qu'il peint des êtres pleins de vérité mais toujours sains et normaux dans leur comportement. Chez Dostoïevski au contraire, ce sont des malades. En le lisant, on croit tourner les pages du Livre d'Or d'un asile d'aliénés. »

Ce goût de l'équilibre est, je pense, la composante la plus fondamentale du maître, celle qu'on retrouve d'ailleurs dans son héros préféré, le docteur Antoine Thibault.

« Il y a toujours eu en moi, me confiait-il, le sens de l'impossible, dans tous les domaines. Cela m'a évité de bramer après une chose inaccessible. Mon désir peut s'allumer, mais dès que je me suis rendu compte que je ne pourrai pas le satisfaire, l'objet convoité s'efface de lui-même, ce qui me garde de toute souffrance. »

Mais en contrepoids il a aussi le sens inné de la révolte : « Je suis un révolté, et je l'ai toujours été ! » s'exclamait-il, quand un événement ou la conduite de quelqu'un le contrariait. Il a manifesté cette révolte par son anticonformisme, sa sympathie pour les idées avancées, sa position fondamentale d'homme de gauche, et il l'a incarnée dans Jacques Thibault, le frère rebelle.

Une histoire de jeunesse met en évidence son indépendance de caractère. Mauvais élève du Lycée Condorcet, rattrapé par un remarquable professeur privé, Roger Martin du Gard vient d'obtenir le baccalauréat. M. Paul Martin du Gard, qui désespérait de son fils, est dans la joie. Pour récompenser le lauréat et lui faire partager son amour de la chasse, il lui offre un fusil. Mais Roger ne veut pas d'arme : c'est le dictionnaire Larousse qui l'intéresse et il refuse catégoriquement le cadeau. Le chasseur se fâche, s'indigne de la « stupidité » de son fils, mais celui-ci lui tient tête et finalement il recevra son dictionnaire après six mois d'aigreur paternelle.

La rectitude de conscience de R.M.G. était un autre aspect très attachant de sa personnalité, qui peut se percevoir dans les trois faits suivants qui m'ont paru significatifs.

Le premier date de 1943 : lorsque les Allemands occupèrent la Zone Sud de la France, R.M.G. s'était fait faire une fausse carte d'identité, dans la crainte qu'on ne poursuive l'auteur d'*Été 1914*. « Eh bien! me racontait-il, je n'avais pas cette carte en main depuis une heure qu'il m'a fallu la déchirer, pour retrouver ma liberté d'esprit. L'idée de m'en servir m'était insupportable. »

Le deuxième m'a fort amusé : un après-midi, alors que nous bavardions dans son cabinet de travail, la sonnette d'entrée retentit. R.M.G. fronça les sourcils, me regarda, puis me dit à voix basse : « Zut! Ma femme est absente, je ne veux pas répondre. »

La sonnette retentit de nouveau, insistante. Nous nous tenions cois, mais le maître avait l'air si malheureux que je retenais difficilement une irrésistible envie de rire : « Ouvrir par devoir, ne pas ouvrir pour ne pas être dérangé... » tel devait être son dilemme intérieur.

Quant au troisième fait, il peut paraître puéril, mais il me semble révélateur de la bonne et simple conscience du maître. Toujours pendant l'Occupation, il entra chez un papetier niçois à qui une dame demandait des épingles.

« Des épingles? Mais Madame, vous n'y pensez pas. Voilà

des années qu'on n'en fabrique plus, vous n'en trouverez nulle part!» lui répond le commerçant.

Déçue, la dame s'en va et R.M.G. s'apprête aussi à sortir après avoir dit qu'il venait également pour acheter des épingles. Mais le papetier le retient : «Attendez! Pour vous, j'en aurai», lui glisse-t-il à l'oreille avant de courir en chercher une boîte au fond de sa boutique.

«J'étais très en colère, m'a dit R.M.G., et j'ai bien failli lui envoyer sa boîte à la figure.»

J'objectai que les épingles étaient peut-être plus indispensables à l'écrivain qu'à la ménagère : «Quelle idée! me rétorqua-t-il, les besoins ménagers sont bien plus essentiels que les besoins littéraires!»

Homme de conseil, R.M.G. ne se refusait jamais à aider ses amis ou même n'importe quel inconnu qui lui écrivait : tant qu'il en a eu la force, c'est-à-dire jusqu'en 1950, il s'est fait un devoir de répondre manuscritement à toutes les lettres qu'on lui adressait. Un grand nombre de lecteurs le consultaient et certains même lui demandaient avec insistance de prendre parti sur les grandes options contemporaines. C'est ainsi qu'*Été 1914,* cet émouvant plaidoyer contre la guerre, lui a valu plusieurs lettres d'hommes qui, à la mobilisation de 1939, lui ont demandé ce qu'ils devaient faire.

Et que de manuscrits ne lui soumettait-on pas, comme je l'avais fait moi-même! Il avait la patience de les lire tous et de donner à chaque auteur de judicieux conseils. Voici par exemple ce qu'il me disait, vingt jours après ma première visite, après avoir lu attentivement ma prose : «Votre livre ne me paraît pas pouvoir être retenu par un éditeur. Il contient trop de choses, car vous avez voulu tout dire.»

Puis, plus tard, à propos d'une nouvelle version : «Vos dialogues sont meilleurs, mais vous tardez trop à expliquer les faits. Il ne faut pas trop demander au lecteur. Partez de l'idée qu'il a l'esprit peu délié : c'est dommage, mais vous n'y pouvez rien. Si vous ne lui expliquez pas rapidement la situation, son attention se lassera, et il abandonnera votre livre. »

L'écriture a toujours été le mode d'échange le plus habituel de R.M.G. Il préférait envoyer un mot à ses connaissances même lorsqu'elles habitaient près de son domicile, plutôt que de leur téléphoner ou de leur rendre visite. C'est ce qui explique en partie l'ampleur considérable de sa correspondance.

J'ai moi-même reçu une soixantaine de ces lettres qui, écrites toujours très lisiblement, d'une écriture bien formée et bien assise, sont à la fois nobles et familières, très franches et cependant empreintes de délicate retenue. En particulier, à la fin de chaque année il envoyait à ses amis de longues missives où, faisant le point de l'an prêt à finir et présentant les perspectives du nouveau, il s'efforçait d'adresser à chacun les conseils appropriés. Voici le début de l'une d'elles, écrite en décembre 1946, en réponse à la dépression passagère que j'avais exprimée :

> Mon cher ami,
> Je m'attriste de vous voir achever l'année en remuant ces sombres et décourageantes pensées. On ne sait trop quoi vous répondre. Je m'en voudrais de m'en tirer avec des tapes sur l'épaule... Je sens bien que le problème existe, qu'il se pose pour vous, et qu'il vous lancine. Au fond, il s'agit simplement de ceci : donner un sens satisfaisant à sa vie. Ce n'est pas un but que les autres peuvent vous faire atteindre : il faut y arriver tout seul et par vous-même. C'est le problème qui hante tous les esprits qui valent quelque chose; et j'ai constaté que ceux qui ne le résolvent pas sont assez rares [1]...

1. Je signale que j'ai fait don de ces lettres au département des Manuscrits de la Bibliothèque nationale de Paris, où on peut en prendre connaissance, au fonds Martin du Gard.

Pour le maître, la fin de l'année était l'occasion de faire son propre bilan en procédant à une profonde autocritique. « C'est un moment pénible pour moi, me confiait-il, car je trouve alors trop de lectures inutiles, de temps gaspillé. Et dans ce que j'écris, que de choses je me reproche en me demandant si ça n'aura pas une influence pernicieuse. L'aiguilleur n'est-il pas responsable de la voie où il engage le train? Il y a tant de passages dangereux dans mon œuvre et j'ai si mal exprimé ce que j'avais à dire! »

À ces scrupules vint s'ajouter, après la Libération, la conscience de ne plus être à la page :

« Jusqu'à la guerre de 1939 j'étais au courant des problèmes de la jeunesse, je m'efforçais d'être à son niveau, mais depuis les événements qui ont bouleversé le monde, je me sens étranger, non seulement aux jeunes, mais à la plupart des vivants d'aujourd'hui. C'est la fin de ma génération », ponctuait-il tristement.

Et il en déduisait que son œuvre n'irait pas loin, persuadé que, puisqu'il ne comprenait plus la jeunesse, les générations qui viennent ne pourraient pas non plus le comprendre et qu'il tomberait très vite dans l'oubli.

À quoi je répliquais que l'homme de demain, ayant plus de loisirs, rechercherait immanquablement une vie mieux accordée à son rythme et à son cœur et qu'il serait heureux de la redécouvrir dans une œuvre telle que la sienne.

Mais mon raisonnement le laissait sceptique :

« Si j'étais un penseur, j'aurais peut-être l'impression d'avoir fait quelque chose, mais que peut-il sortir de bon d'un romancier?

– Vous avez tort, lui rétorquais-je. Une atmosphère, une vision, un climat romanesques restituent la vie d'une époque bien mieux que tous les raisonnements de la pensée.

– Peut-être... Mais au fond qu'importe! concluait-il. Les jeunes ne peuvent pas comprendre que le succès n'est rien. Ce qui compte, c'est l'effort, la lutte. »

Et comme j'acquiesçais, en lui avouant que pour ma part

j'étais plus heureux quand j'avais pu écrire quelques lignes que lorsque j'avais lu le meilleur livre : « C'est parce que vous êtes mordu par l'écriture, me répondit-il. Vous avez éprouvé une jouissance à écrire. Tout est là. Le reste : la morale, la communion avec le lecteur, c'est zéro. »

Il y a certes une part de vérité dans cette opinion, mais R.M.G. savait mieux que quiconque que l'écrivain peut être animé par des motifs plus nobles, lui qui, saisi dès son jeune âge par la brièveté de l'existence, voulait la conjurer en laissant une œuvre durable. « La clef secrète de ma vie, a-t-il confié à Jean Delay, aura été l'horreur de l'oubli et de la mort. » Et c'est pour les conjurer qu'il a élaboré des œuvres dont je voudrais rapporter ce qu'il a pu m'en dire.

C'est à la fin de la Première Guerre mondiale que R.M.G. conçoit *Les Thibault*, avec une certaine perplexité : s'il veut mener à bien la longue histoire qu'il envisage, il ne peut conserver la forme dialoguée qui a fait le succès de *Jean Barois* en 1913. Ne serait-il pas préférable qu'il se consacre au théâtre ? (Rappelons qu'en 1913 il a également écrit *Le testament du père Leleu*, malicieuse farce paysanne en dialecte berrichon, qui figure toujours au répertoire de la Comédie-Française)... Finalement le chartiste choisira l'œuvre la plus longue et la plus difficile.

Il habitait alors la capitale, avec sa femme et sa fille, et la fièvre parisienne était peu propice à son travail littéraire. Il s'est donc mis en quête d'un havre et il l'a trouvé à Clermont-de-l'Oise, où avait vécu sa grand-mère paternelle, et où il avait lui-même séjourné. Il a acheté dans cette localité une petite bicoque, en en offrant la jouissance à la personne qui voudrait bien lui réserver une pièce et lui donner une part de son repas, lorsqu'il y travaillerait.

Deux vieilles demoiselles retraitées acceptèrent ces conditions et l'auteur s'enferma dans ce « poêle » pendant dix-sept jours d'affilée, travaillant parfois de huit heures du matin jusqu'à minuit sans dételer et sans adresser la parole à âme qui vive. Il fit ensuite la trêve de fin de semaine, rentrant à

Paris tous les vendredis pour se retremper dans son foyer durant le week-end et revenir à Clermont le lundi matin.

En 1926 il achète à son beau-père la belle demeure du Tertre, près de la fascinante forêt de Bellême, en Normandie. Élégante construction classique du xviie siècle, le Tertre se prolonge par un beau jardin bordé de charmilles et ceinturé d'un grand parc où il fait bon rêver. R.M.G. a beaucoup aimé cette demeure et il a consacré toute sa fortune à la restaurer et à l'embellir. Quand je l'ai connue moi-même, j'ai été saisi par la beauté des lieux et j'ai mieux compris la devise latine de ce tertre que R.M.G. a tenu à faire figurer à l'avers de son buste sur le médaillon gravé de la Monnaie qu'il offrait à ses amis :

ALIBI TOTO MARS SAEVIT IN ORBE
HIC EST PAX

Ici est la paix. Partout ailleurs la guerre.

Oui, c'est bien là qu'il travaille le mieux « malgré l'humidité normande, car là où la chèvre est attachée, il faut qu'elle broute », m'écrit-il en 1946.

Pour se délasser des *Thibault,* il y composera sa seconde farce, *La gonfle* (c'est-à-dire « l'enflure », maladie des vaches) écrite dans une sorte de patois qu'il a inventé à la sortie de l'École des Chartes. Cette désopilante histoire est conduite par un sacristain diabolique, Andoche : son rôle est toutefois si écrasant qu'il a fallu attendre 1957 pour qu'une troupe d'amateurs la joue, dans un village d'Indre-et-Loire. C'est dommage car on s'amuse beaucoup à lire les innombrables « boun's histoires » que raconte Andoche.

Plus tard, entre deux nouvelles parties des *Thibault,* c'est encore au Tertre qu'il écrira d'un trait le rêve incestueux qu'il a fait, cette scabreuse *Confidence africaine* dont il me disait : « Comment expliquez-vous que moi qui n'ai pas eu de sœur et qu'une pensée semblable n'a jamais effleuré à l'état de veille, j'ai pu concevoir une pareille histoire ? »

Je me bornerai à le renvoyer aux psychanalystes, mais il fera la moue en hochant la tête, car il n'aime guère ces praticiens. « Pour eux je ne suis qu'un névropathe, me répondra-t-il. Si je tombais entre leurs mains, ils voudraient me guérir et c'en serait fini du romancier ! »

Mais un drame viendra troubler sa paix normande. Au soir du 1er janvier 1931, rentrant au Tertre dans sa voiture que conduit Mme Martin du Gard, ils sont tous deux gravement accidentés. On les transporte à la Clinique chirurgicale du Mans où R.M.G. doit garder une immobilité absolue pendant plusieurs mois. Si ses membres sont immobiles, par contre son esprit n'est pas en repos et c'est alors qu'il s'aperçoit que le plan des *Thibault* vacille avec *L'appareillage*, cette dernière partie qu'il vient d'écrire. Il pèse toutes les possibilités puis prend une décision radicale de chirurgien : il brûlera les pages denses de ce manuscrit.

Un auteur n'ampute pas l'œuvre où il a mis le meilleur de lui-même sans en être quelque peu traumatisé. R.M.G. abandonne donc momentanément *Les Thibault* et, profitant de sa convalescence passée à Sauveterre, près d'Avignon, il y écrit en trois mois sa pièce préférée *Un taciturne* dans laquelle il soutient la thèse que l'homosexualité est plus courante qu'on ne le pense.

Je me suis souvent entretenu avec lui de cette pièce et le grand écrivain a bien voulu, en toute humilité, tenir compte des retouches que le débutant que j'étais osait lui suggérer pour la réédition du texte, en 1948.

Mais ce qu'il n'a jamais pu admettre, c'est que les spectateurs se mettent à rire à l'instant dramatique où Armand fait prendre conscience à Thierry qu'il aime Joë. « Ce rire me paraît tout simplement le réflexe des hommes normaux à qui s'entend dire " tu aimes un homme " fait l'effet d'une bonne plaisanterie », lui disais-je. « Il n'y a cependant pas de quoi rire à gorge déployée ! » répliquait-il avec humeur.

C'est également à Sauveterre qu'il a composé, au printemps de 1932, le dernier enfant terrible de ses œuvres, *Vieille*

France. Présenté comme un simple album de croquis villageois, il s'agit en vérité d'une charge très poussée contre la
paysannerie et les petites gens du monde rural. C'est à
Bellême qu'il a croqué tous ses personnages :
    « Les gens de là-bas sont d'un terre à terre consternant,
me disait-il. Il n'y a rien d'élevé en eux, ils ne s'intéressent
qu'à l'argent et à leurs propriétés. »
    Le personnage central de l'histoire c'est Joigneau, le
facteur-receveur des Postes. Ouvrant le courrier qui lui passe
entre les mains, trompant sa femme avec celles qu'il rencontre
dans sa tournée, ivrogne invétéré, c'est un homme qui n'attire
pas la sympathie. Et la plupart de ceux qu'il côtoie dans le
pays sont aussi peu estimables, mis à part les transplantés,
c'est-à-dire le curé et l'instituteur qui s'efforcent en vain
d'améliorer le climat moral du village.
    Cette charge n'a pas eu très bonne presse. La publication
de livres présentant le monde paysan sous un meilleur jour
a fait dire : « Voilà qui console de la peinture atroce de
Vieille France! »
    Par contre, me disait R.M.G., cette peinture outrée a
enchanté l'U.R.S.S. qui a traduit l'ouvrage avant *Les Thibault,*
pour son excellente présentation de la décomposition du
monde capitaliste. Et l'auteur de gémir sur les misères de
notre époque qui confond si facilement la vérité et la
propagande.
    En 1937, R.M.G. reçut la grande consécration du prix
Nobel de littérature que lui ont valu *Les Thibault,* « pour la
vigueur et la sincérité artistiques avec lesquelles il a dépeint
des conflits humains en même temps que certains aspects
fondamentaux de la vie contemporaine ».
    Et la fièvre de l'écrivain le poursuivra dans ce qu'il appelle
son livre posthume : une rétrospective présentant un héros
principal, le colonel de Maumort qui déroule son passé devant
le lecteur. « J'écris l'aventure du colonel de Maumort pour
mon plaisir, me disait-il en avril 1948, sans songer à la

publication. Cela me donne une franchise et une liberté de plume que je n'avais encore jamais connues. »

En approfondissant son sujet, il a rencontré de grandes difficultés. Successivement journal intime, album de souvenirs, essai, roman, recueil de nouvelles, le colonel de Maumort a eu de nombreux avatars, sans pouvoir être mené à son terme. Nous devons cependant à M. André Daspre d'avoir pu en permettre la publication en 1983, après qu'il en eut patiemment reconstitué la substance pour en donner une excellente présentation dans un volume de la Pléiade.

En 1948 R.M.G. tint encore la gageure de traduire en français, sans connaître un mot d'anglais, la confession de jeune fille d'une des vieilles amies britanniques, Madame Bussy, découvrant Paris en 1895. L'auteur traduisait son texte en français, au mot à mot, et R.M.G. se chargeait de le transcrire en belle prose. Cette œuvre, qui s'intitule *Olivia,* a beaucoup de charme.

Citons encore le *Journal* qu'il a tenu épisodiquement depuis 1919 jusqu'en 1949. Ce *Journal,* où il s'exprime très librement sur ses contemporains a, selon ses dernières volontés, été consigné avec ses autres textes inédits, à la Bibliothèque nationale. Afin de ne froisser personne, ce qui, soit dit en passant, est encore un trait de sa délicatesse, R.M.G. a demandé qu'on ne le livre pas au public avant les trente années qui suivraient sa mort. Ce délai est maintenant accompli et il faut espérer une prochaine publication de cette œuvre qui serait, paraît-il, le meilleur cru du maître.

J'ai déjà dit que R.M.G. avait toujours eu la hantise de la mort. Ce thème est d'ailleurs un de ceux qu'il a le mieux exprimés dans *Jean Barois* comme dans *Les Thibault.* L'agonie de sa mère, atteinte d'un cancer, avait duré huit mois, et il s'en souvenait avec terreur. À notre dernière rencontre il m'avait demandé avec insistance comment était mort mon père, dont je lui avais appris le décès par infarctus. Je lui avais précisé que ça avait été très rapide : un matin, en voulant s'asseoir sur son lit, mon père était tombé à la renverse, et c'était fini...

« Je voudrais bien mourir ainsi moi-même », m'a dit lentement R.M.G.

Un vendredi d'août 1958, comme je me promenais dans un bois de la Haute-Loire, sa pensée m'a soudain envahi. J'étais sans nouvelles de lui depuis sa lettre de fin d'année dans laquelle il accusait les misères du vieil âge, sans rien toutefois de très alarmant. Et tout à coup, sans raison apparente, j'étais pris d'angoisse à son sujet : il me semblait qu'il souffrait, qu'il était en danger. Et voilà que le lundi suivant, un court entrefilet paru dans les quotidiens de la région me frappa au cœur :

« L'écrivain Roger Martin du Gard, prix Nobel de littérature, est décédé vendredi soir d'un infarctus du myocarde, dans sa propriété de Bellême. » En le lisant j'ai réalisé l'extraordinaire prémonition que j'avais eue de ses derniers moments.

J'ai suivi avec émotion dans les journaux littéraires tous les témoignages des écrivains qui, l'ayant bien connu, avaient comme moi apprécié son intelligence, sa droiture, sa simplicité et sa bonté. Certains regrettaient qu'il ne fût pas venu à leur rencontre avant de mourir, comme ils l'avaient envisagé d'un commun accord.

Pourquoi m'avait-il privilégié? Voulait-il faire appel à ma foi pour l'accompagner dans un au-delà auquel il n'avait pas voulu croire? Je ne sais. Mais qu'importe! Sa mort n'a été pour moi qu'un au revoir pareil à celui qu'il m'adressait de sa belle voix chantante quand nous nous séparions.

Et comme je le lui avais souvent répété, je continue à penser que, pour avoir si bien exprimé, dans sa diversité, la vie de ses contemporains, son œuvre gardera toute sa valeur pour les hommes de demain.

Henri Chaperon
(Montbrison)

PROBLÈMES DE L'ÉDUCATION
DANS « LES THIBAULT »

En un premier temps je présenterai quelques remarques destinées à cerner et définir les problèmes de l'éducation dans *Les Thibault*; puis, dans cette perspective, j'examinerai les données mêmes du roman; enfin, j'essaierai de discerner quelle réponse pourrait être donnée par le roman à la question caractéristique de Martin du Gard, et décisive : « Au nom de quoi » éduquer?

I

Il est toujours conjectural de prétendre tirer d'une création imaginaire des leçons qui seraient valables dans la réalité : des personnages ne sont pas des personnes, un roman n'est pas la vie. Certes, toute la construction des *Thibault* repose sur la présentation de deux familles, de deux éducations, aux contrastes évidents : catholicisme des Thibault, protestantisme des Fontanin, prédominance masculine d'un côté puisque Oscar Thibault est veuf, féminine de l'autre puisque Jérôme Fontanin s'éloigne volontiers du foyer familial. Quant à l'action romanesque, le romancier détermine de telle sorte son personnage, Oscar Thibault, spécialiste de l'éducation (surveillée), « *Vice-président de la Ligue morale de puéricul-*

ture » (I, 596 [1]), qu'il va mener sûrement l'un de ses fils à la révolte et l'autre à une émancipation fort contraire au catholicisme enseigné, tandis que, parallèlement, l'éducation protestante amènera Jenny à une révolte passagère, puis à l'adoption des idées révolutionnaires de Jacques, et Daniel à une émancipation rapide, sous les signes conjoints des *Nourritures terrestres* (I, 830), des femmes et de l'art. S'agirait-il alors d'un double ou quadruple échec ? La question n'a pas de sens : Martin du Gard n'a pas écrit un traité sur les diverses manières de rater une éducation; Jacques et Antoine, Daniel et Jenny vivent leurs destins fictifs et ces destins sont littéraires. Mais ces destins sont également instructifs, et l'écrivain oppose fermement deux atmosphères familiales : l'une autoritaire et toute de contrainte, l'autre de confiance et d'affection manifeste. Et tout est changé : le lecteur jugera l'éducation Thibault négative et l'éducation Fontanin, en comparaison, positive. C'est la volonté et la réussite du créateur de personnages et de vies romanesques que nous tirions ces conclusions. Mais si l'on cherche des indications sur les problèmes de l'éducation, on constate d'une part que les occurrences des mots éducation ou instruction ne sont pas très nombreuses, d'autre part et surtout que les personnages principaux étant les jeunes gens dont la vie sera narrée, Oscar Thibault et Thérèse de Fontanin sont là comme parents de ces jeunes gens. Il s'ensuit que les problèmes de l'éducation sont caractérisés principalement par leurs effets, qu'ils sont considérés, plutôt que du point de vue des éducateurs, du point de vue des enfants. Le plus important serait-il donc la réaction à l'éducation ? et serait-ce très étonnant de la part d'un romancier pour qui le souci de s'affranchir, de se libérer, a joué un si grand rôle ? Encore une fois – telle est la foi de la création littéraire – il nous faudra procéder de biais, indirectement, pour tenter de

---

1. Toutes les références renvoient à l'édition des *Œuvres complètes*, Bibliothèque de la Pléiade, en deux volumes, 1955.

discerner les idées du romancier. J'ajoute d'ailleurs aussitôt
que l'*Épilogue,* sous la forme d'un Journal, nous présentera,
cette fois-ci directement, des vues sur l'éducation, qui réca-
pitulent le passé et ouvrent sur l'avenir, celui de Jean-Paul
et celui de la société.

Ma deuxième remarque portera sur des questions plus
techniques : la part à faire à l'éducation familiale et à
l'éducation collective, scolaire, la distinction entre éducation
et instruction.

Si dans *Les Thibault* la famille est fondamentale, l'éducation
collective apparaît aussi, à plusieurs reprises, surtout par les
expériences et jugements de Jacques et d'Antoine, qui sont
évidemment conformes à leurs caractères : l'un se révolte et
l'autre s'adapte supérieurement. L'école est socialisation,
comme on dit aujourd'hui, et, naturellement, Jacques regimbe
et condamne, fait exploser rancunes et ressentiment si bien
que son succès à l'ENS déclenche son angoisse devant la
perspective qui s'offre : devenir professeur. ... « *Mes professeurs! Mes camarades! Leurs engouements, leurs livres de
prédilection!... [...] ... Sortir des rails* » (I, 819) et encore... « *ce
prolongement déguisé du collège! [...] ces cours, ces leçons, ces
gloses à l'infini! ce respect de tout!... Et cette promiscuité! toutes
les idées mises en commun, piétinées par le troupeau* »... etc.
(I, 1231), un troupeau que font paître des professeurs « *tou-
chants, bien sûr, à cause de leur dignité, de leur effort spirituel,
de cette fidélité si mal rétribuée* » (*ibid.*). Voilà de bien belles
paroles, mais, de fait, en général, et à l'exception de Philip,
les figures de professeurs sont peu flattées dans *Les Thibault* :
songez au « *prestigieux* » Jalicourt, à Goiran (II, 966), à Ernst,
émouvant, mais pour de tout autres motifs que pédago-
giques (II, 1001-1002).

Au contraire Antoine, enfant « *appliqué et docile, naturellement discipliné* » (I, 1382), a su écouter et apprendre, ne
pas retenir ce qui ne lui convenait pas (l'enseignement
religieux) et finalement triompher. Il rêve de devenir professeur de médecine (II, 121), à l'instar de Philip son maître,

cet « *initiateur* » (I, 1063), et de faire des recherches et des découvertes. C'est un cas exceptionnel où le professeur ouvre des champs nouveaux à la science; mais l'enseignant se borne généralement à transmettre une science faite, il instruit simplement et son rôle est plus modeste. Certes l'instruction importe beaucoup et Martin du Gard n'est assurément pas de ceux qui s'imaginent qu'une tête bien vide pourrait jamais être une tête bien faite : que par exemple Antoine estime « *médiocre* » (I, 1084) l'instruction de Rumelles, et son premier jugement sur l'homme sera défavorable. Mais si l'instruction est nécessaire, si elle représente un *avoir,* un acquis indispensable, elle ne peut suffire à faire *être,* et dans l'*Épilogue* Antoine, spécialiste convaincu, reconnaîtra que « *les grands, les* vrais grands, *ne sont pas limités à leur spécialisation* », mais s'évadent « *au-delà des connaissances particulières* » (II, 990).

Ces quelques aperçus divers, trouvés dans le cadre du roman, peuvent-ils être reliés à la personnalité et à l'expérience de Martin du Gard? Ce sera l'objet de ma troisième et dernière remarque.

Certains faits vécus peuvent éclairer les réflexions de l'écrivain. On pourrait signaler d'abord qu'à onze ans le passage de l'éducation familiale au collège lui fut désagréable et qu'il ne brilla guère au lycée; noter surtout ceux de ses professeurs qui lui laissèrent de grands souvenirs. Laissons à part l'abbé Dabry « *dont la nature bouillante et généreuse a été l'admiration enthousiaste de mes quinze ans,* [...] *son ardeur pour le mieux se communiquait excellemment par sa parole chantante et ses gestes d'apôtre* [1] » et considérons Marcel Hébert et Louis Mellerio. Marcel Hébert – je cite *In memoriam* (I, p. 567) : « *Ses entretiens étaient comme des percées largement ouvertes sur les plus hautes préoccupations*

---

1. Cf. in Claude Sicard, *Roger Martin du Gard. Les années d'apprentissage littéraire (1881-1910),* Lille, Paris, 1976, p. 63, la lettre du 2 juin 1910 à Marcel Hébert.

*humaines; et le contact d'une intelligence et d'un cœur de
cette trempe, ne peut se comparer à aucun autre ensemence-
ment* [...] *en l'approchant, l'on était comme illuminé par l'éclat
de sa vie intérieure* », car c'est par sa personnalité exemplaire,
plus encore que par son intelligence qu'il incitait ces
adolescents à se « *hausser* » (I, 568) vers lui. Louis Mellerio
– je cite *Souvenirs* : « *était un maître remarquable, parce
qu'il était doué d'une très fine intuition psychologique* » [...]
« *j'étais en confiance* [...] *je me sentais pris au sérieux, écouté,
avec sympathie* » (I, XLIV); il savait inculquer le goût des
connaissances précises et solidement ancrées, il apprit à son
jeune pensionnaire l'art de « *triompher par la volonté, des
refus, des écarts de l'esprit qui se dérobe* », et la technique
de la composition.

De ces textes nous pouvons retenir, sous la diversité des
évocations, quelques points communs et significatifs. Sans
aller jusqu'à reprendre en son sens strict la distinction que
fait Jacques dans *L'été 1914,* à propos de la révolution, entre
les apôtres et les techniciens, pour l'appliquer à l'enseignement, je noterai que l'abbé Dabry l'enthousiasma, qu'au
contact de Marcel Hébert il se sentait « *allégé, grandi* »
(I, 567), tandis que Louis Mellerio se montra capable à la
fois de lester et stimuler son esprit, et lui fit aimer et améliorer
son travail. Plus importants me paraissent les motifs pour
lesquels l'écrivain, âgé et célèbre, se rappelant son enfance
et sa jeunesse, exprime son insigne reconnaissance à ces
éducateurs remarquables : ils surent l'éveiller, l'initier à un
monde nouveau de valeurs, le pousser à vouloir s'élever, se
dépasser lui-même; leur exemple, leur confiance, leur intuition psychologique le firent naître à une vie plus haute, lui
donnèrent en quelque sorte un supplément d'âme et d'esprit
qui permit à l'adolescent de devenir lui-même, c'est-à-dire
l'illustre écrivain qui témoigne pour ses anciens maîtres.
Telle fut leur œuvre, telle peut être la responsabilité de
l'éducateur; et j'ajouterai que Martin du Gard eut lui-même

une conscience aiguë, anxieuse, de cette responsabilité lorsqu'il devint père [1].

Ces expériences de l'adolescence, si forts et durables qu'en aient été les effets, ne doivent pas, au moment où nous allons nous tourner vers l'œuvre, nous faire oublier ceci : que le monde et la vision romanesques de Martin du Gard sont foncièrement pessimistes; que dans ce monde surabondent les preuves de la non-communication entre individus; que dans cette vision « *l'étanchéité de l'animal humain* [...] *chacun faisant cavalier seul* » (II, 969) est de règle. Voilà ce qui dans la vie de l'homme Martin du Gard met en relief les expériences de contact et d'influence, mais, aussi bien, ce qui, dans son œuvre, ne peut guère favoriser la transcription littéraire d'éducations réussies.

II

Dans *Les Thibault* je considérerai successivement Oscar Thibault et ses fils (avec, en contrepoint, les Fontanin), Jacques au pénitencier, Antoine éducateur de son frère, et enfin les idées d'Antoine sur la formation future de Jean-Paul. Sur tous ces points je suivrai simplement l'exemplaire démonstration de l'auteur. Car *Les Thibault* sont un roman aux profondeurs transparentes et dont les mystères, classiquement, sont mis en lumière. Martin du Gard a dit, admirablement, ce qu'il voulait dire; mais il l'a dit en romancier, et mon analyse n'aura pour objet que les pensées sous-jacentes à la création littéraire, dans le domaine éducatif.

En Oscar Thibault, l'écrivain est parvenu tout à la fois à dénoncer et à lier étroitement une éclatante réussite sociale et le terrible échec paternel. D'abord apparaît la figure sociale du grand bourgeois catholique, représentant glorieux d'une

1. Cf. *in* R. Martin du Gard, *Correspondance générale*, t. I, p. 161, la lettre du 22 juin 1910 à Marcel Hébert.

idéologie autoritaire où la religion sanctionne ou sanctifie et, mieux encore, sanctifie la sanction. D'où, pour ses enfants, l'autre figure, celle du despote non éclairé, symbole d'une autorité paternelle de droit divin (I, 1343). C'est cet aspect-là, seul, qui s'impose à ses enfants. Dogmatisme spirituel, refus de compromettre son autorité par un mouvement de sensibilité, produisent leurs effets négatifs : aucun entretien intime, aucune confiance mutuelle... à la table de famille la parole paternelle assène les discours péremptoires qui résonnent dans le vide, le silence des enfants. Père et fils sont devenus des « *étrangers* » (I, 1344) malgré les liens si forts.

Car – et c'est tout un arrière-fond mystérieux et subtil qu'a composé le romancier – s'ils deviennent des étrangers, ils sont de la même lignée, du même sang. L'orgueil et la violence des Thibault se retrouvent semblables en eux tous; les deux frères s'accordent pour estimer chacun que l'autre ressemble au père, les affrontements de Jacques et d'Oscar tiennent sans doute à des similitudes de tempérament (I, 1338, 1343-1344), et Antoine, à mesure qu'il approfondira sa connaissance de lui-même, se trouvera plus proche de son père qu'il ne l'avait cru, pour conclure enfin : « *On n'échappe pas à son père* » (II, 921). Mais c'est précisément l'éducation, donnée et reçue, qui a creusé ces abîmes d'incompréhension. Pourquoi alors cette éducation-là? Parce qu'elle a été systématiquement voulue, théorisée par celui qui avait projeté d'écrire une *Histoire de l'autorité paternelle* (I, 1334). Or, s'il s'est voulu tel qu'il parut à ses fils, c'est parce qu'il était au fond assez différent et qu'il a vécu, s'est développé dans un « *enroidissement* » (I, 1337) progressif, conscient. Par sa faute, par ses choix il a étouffé, éteint sa sensibilité première, construit ce mur qui le séparait de ses enfants; et quand, sur son lit de mort (I, 1153), il déclare : « *Dieu ne m'a jamais accordé la confiance de mes enfants* », le lecteur sait que Dieu n'y est pour rien et que le seul Oscar Thibault a empêché toute confiance filiale.

En contraste avec ce drame, Martin du Gard a présenté

une autre atmosphère familiale, un autre type d'éducation, les Fontanin. Certes Daniel s'associera à la fugue de Jacques, Jenny se montrera capable d'une soudaine révolte contre sa mère, et tous deux se dégageront de l'emprise maternelle. Mais leur émancipation, religieuse en particulier (II, 859), cette liberté qu'ils conquièrent pour agir chacun dans son sens, ne signifient pas rupture avec Mme de Fontanin. Daniel, lecteur enthousiaste des *Nourritures terrestres* (I, 828 et sq.), ne célébrerait pas la formule fameuse, « Familles, je vous hais ! » (que Jacques, lui, connaît bien [I, 819]) parce qu'il adore sa mère, et Jenny aussitôt après sa révolte se repent et implore son pardon (II, 671-672). C'est que les liens affectifs de compréhension, de reconnaissance, de confiance ont été si fortement tissés que l'amour maternel et l'amour filial doivent l'emporter et l'emportent malgré tout.

Il conviendrait cependant d'ajouter que, par un effet mineur de contraste, Martin du Gard a donné à Oscar Thibault, dans sa vie de famille, en dépit ou à cause de sa passion d'imposer son autorité aux enfants, un succès indéniable, et discutable. Il a élevé comme sa fille la petite Gise, à qui d'ailleurs et de même qu'à ses fils, il n'a pas su dévoiler sa tendresse secrète. Or, d'une certaine façon, son enseignement, son catholicisme dictatorial, triomphent : Gise se soumet, naturellement (on se rappelle comment Martin du Gard le suggère : « *l'esclave-née* » [II, 842]) et vivra toute sa pauvre vie de dévouement dans la stricte observance de ses devoirs religieux.

Ce contre-exemple n'est guère significatif. Pour l'essentiel Martin du Gard démontre l'échec du père auprès de ses fils. Il le fait en romancier : les raisons apparaissent en actes, les personnages expliquent l'action en s'expliquant. En particulier l'antagonisme virulent qui s'est développé entre Oscar Thibault et Jacques connaîtra son paroxysme avec la révolte et le départ que Jacques commentera dans *La Sorellina*. La scène de l'affrontement n'apparaît qu'indirectement, par fragments, dans les propos d'Oscar agonisant (I, 1153), transposée dans *La Sorellina* (I, 1190), et dans une conversation entre les deux frères (I, 1239). Un mot revient, qui me semble révélateur : « *Je te briserai* » (I, 1153 ; cf. I, 1190). C'est bien ainsi que sous l'effet de la colère et dans l'éclat d'une tragédie familiale se découvre la visée et culmine l'effort de toute une éducation. L'enfant a été soumis à un modèle éducatif d'enfermement, qui exclut toute compréhension de sa nature propre, toute indépendance par rapport à cette volonté de mise en conformité, et où l'idée de liberté paraîtrait démoniaque : n'est-ce pas un parfait anti-modèle ?

Non, car justement Martin du Gard l'a perfectionné en passant, dans *Le pénitencier*, à l'enfermement réel. Et là, maintenant, un organisme administratif est chargé de la besogne. Qu'Antoine mène son enquête, presque rien, extérieurement, ne le choquera, alors que tout suscitera en lui la gêne, et le soupçon d'être joué. Mais la certitude du résultat s'impose : Jacques est brisé, il n'est plus lui-même. Et l'affreux succès des procédés purement disciplinaires, d'un système d'autorité absolue, de cette anti-éducation, nous présente une réussite achevée : pour résoudre le problème il suffit de le supprimer, voilà la solution. Une mécanique implacable et perverse a si magnifiquement opéré qu'une personnalité ardente et richement douée a été anéantie – mieux même : que Jacques aime sa prison, est heureux de son sort. « *Ici c'était la solitude, l'engourdissement, le bonheur dans la paix... ici c'était la paix, le bonheur* » (I, 719), pensera-t-il quand il lui faudra quitter le pénitencier.

Il va réapprendre à vivre et, comme il est jeune [1], il connaîtra une nouvelle forme d'éducation, la troisième, dont Antoine assume la charge et la responsabilité. Dans notre optique très spéciale, il y a changement d'horizon et nous trouvons après le négatif le positif : non pas certes ce que l'on doit obligatoirement faire, mais simplement ce qu'un

---

1. Il a quinze ans. Cf. sur ce point René Garguilo, *La genèse des Thibault de Roger Martin du Gard*, Paris, 1974, p. 384.

éducateur peut faire, dans les limites étroites que déterminent la vie ou plutôt, dans ce cas, les exigences romanesques d'un caractère bien défini et d'un destin à accomplir. Car, pour prendre un exemple dans la vie réelle, un Fénelon a su, presque trop bien semble-t-il, révolutionner le caractère de son élève le duc de Bourgogne; mais Antoine ne transformera pas le caractère de Jacques, qui continuera à se développer selon la ligne fixée par le romancier.

Au principe de cette nouvelle expérience pédagogique, une méthode très contraire à celle d'Oscar Thibault. Théoriquement, c'est simple, quand Antoine expose à l'abbé Vécard son idée : « Ah... [...] *j'ai tellement la conviction que ce petit a besoin d'une très grande liberté! Qu'il ne se développera jamais dans la contrainte!* » (I, 727). Pratiquement ce sera plus compliqué. Antoine confie à quelques professeurs, « *tous des jeunes gens, des amis* », le soin « *de rééduquer progressivement l'intelligence de l'enfant* ». Tout va bien : « *Jacques profitait, sans en abuser, de l'indépendance qui lui était accordée. D'ailleurs Antoine* [...] *ne redoutait guère les inconvénients de la liberté. Il avait conscience que la nature de Jacques était riche, et qu'il y avait fort à gagner à le laisser se développer à sa guise et dans son propre sens* » (I, 765-766), et les progrès intellectuels seront certifiés par le succès de Jacques à l'ENS. Mais construire une éducation qui fasse confiance à l'individu, courir consciemment les risques vivifiants de la liberté, amène à se heurter aux faits, c'est-à-dire en l'occurrence au tempérament de Jacques, à la constance de sa nature. Une fois convenablement instruit, et l'esprit formé selon des techniques d'enseignement efficaces, Jacques va se révolter encore, précisément lorsque s'ouvriront devant lui les portes d'un avenir bourgeois. Mais déjà son frère, cet éducateur aux excellents principes, s'était aperçu, au vif de sa sensibilité, que le métier n'était pas simple. Il a constaté, lors du départ de Lisbeth, que Jacques restait toujours le même : « *une fois de plus il* [Antoine] *avait la révélation de ce feu caché sous la cendre, toujours prêt à s'embraser; et il mesurait la vanité de*

ses prétentions éducatrices » (I, 775); il a subi l'agressivité de
Jacques et a dû lui faire face : « *Antoine, pour la première
fois, se voyait contraint d'endosser un rôle de parent; le temps
n'était pas éloigné où il eût pu avoir devant M. Thibault
l'attitude que Jacques avait en ce moment devant lui. L'aspect
des choses s'en trouvait renversé* » (I, 777). Et même, après
une querelle où Jacques l'a méchamment traité de « *Pion!* »,
voici qu'Antoine se prend à adopter les idées de son père,
s'imagine penser qu'« *il y a des natures contre lesquelles on
ne peut rien. La société n'a qu'un moyen de s'en garantir, c'est
en les empêchant de nuire. Ce n'est pas sans raison que les
pénitenciers s'intitulent Œuvres de Préservation sociale* » (I, 778-
779)! Injuste retour des choses d'ici-bas! Jacques vient vite
lui demander pardon et tous deux se réconcilient.

Après ces expériences diverses et fictives que le roman a
fait se succéder, ce sont des réflexions sur l'éducation que
j'examinerai : celles que contient le Journal d'Antoine. Le
personnage atteint alors son plus haut point d'humanité et
l'on sait de reste que, dans cet *Épilogue* où l'écrivain achève
le récit d'une mort en une leçon de vie, les idées d'Antoine
peuvent parfois se confondre avec celles de son créateur.
D'où leur intérêt particulier.

Ces réflexions sont étroitement reliées à l'action générale.
Antoine se soucie beaucoup de la lignée Thibault; il a vu
Jean-Paul, il a été ému par sa ressemblance avec Jacques, et
il se préoccupe de l'avenir de cet unique représentant de la
famille. Mais d'autre part il s'inquiète de l'avenir de la société,
de l'Europe, et ses méditations prennent une ampleur nouvelle. Au-delà du cas de Jean-Paul, c'est de l'homme en
général et de son éducation qu'il nous entretient.

Dans un premier et assez long passage (8 août 1918 – II,
949-951) il s'adresse à l'enfant qu'il imagine à seize ans et le
met en garde contre les illusions de l'adolescence : il ne faut
pas se tromper sur soi, ne pas se mettre « *à la remorque de
goûts factices* » (en d'autres termes pas de bovarysme); ne
rejette « *pas trop impatiemment les avis de tes maîtres, de ceux*

qui *t'entourent, qui t'aiment; qui te paraissent ne pas te
comprendre, et qui, peut-être, te connaissent mieux que tu ne
te connais toi-même »* (on voit ici l'équilibre atteint entre les
points de vue de l'éducateur et de l'éduqué), c'est pourquoi :
« *cherche patiemment quel est l'essentiel de ta nature. Tâche de
découvrir, peu à peu, ta personnalité réelle...* [...] *Accepte-toi,
avec tes bornes et tes manques. Et applique-toi à te développer...*
[...] *Élargir ses frontières, le plus qu'on peut. Mais ses frontières
naturelles...* » Dans un deuxième passage (29 août 1918 – II,
973), à partir du thème familial de l'orgueil des Thibault,
Antoine réitère son « *Accepte-toi. Sois orgueilleux, délibérément* », il condamne l'humilité et exalte l'énergie; enfin, le
7 septembre (II, 980-982), dans une méditation sur l'avenir
d'une Europe dévastée, en fièvre, où « *chacun aura sa panacée
à offrir, comme toujours* » il annonce que « *l'avenir sera
probablement plus plastique qu'il n'a jamais été. L'individu
aura plus d'importance. L'homme de valeur aura, plus que
dans le passé, des chances de pouvoir faire entendre et
prévaloir son avis* ». Mais comment devenir un « *homme de
valeur* »? Antoine avoue qu'il n'a pas de recette à offrir à
Jean-Paul; au moins lui donne-t-il un conseil négatif :
« *Développer en soi une personnalité qui s'impose. Se défier
des théories en cours... Résiste, refuse les mots d'ordre!* Ne te
laisse pas affilier! *Plutôt les angoisses de l'incertitude, que le
paresseux bien-être moral offert à tout " adhérent " par les
doctrinaires!* »

En ces pages ultimes des Thibault, par les conseils de
« l'oncle Antoine » à Jean-Paul, le romancier, me semble-
t-il, s'adresse presque directement à ses lecteurs. Par-delà la
relation romanesque qui lie Antoine à Jean-Paul, il nous
propose ses propres réflexions morales : c'est à chacun qu'il
appartient d'installer en soi un éducateur et de s'éduquer
pour la vie, de développer sa nature profonde et véritable,
pour être, pour devenir authentiquement soi-même.

III

Essayons maintenant de résumer en quelques mots les principes directeurs et inspirateurs de cette pensée sur l'homme-à-éduquer, telle qu'elle s'exprime à la fois dans l'invention romanesque et dans la philosophie morale de l'*Épilogue*. Au risque de schématiser, je dirai que cette pensée me semble reposer, fondamentalement, sur la distinction ou plutôt sur la relation entre nature et culture. Cette relation peut prendre une forme antagoniste, presque caricaturale, comme entre Oscar Thibault et ses fils, ou dans *Le pénitencier*; mais elle peut aussi et doit, dans la mesure du possible, trouver un accord, comme le souhaite et le demande Antoine dans son Journal.

Martin du Gard affirme nettement qu'il existe une nature individuelle et même, au-delà de l'individu, familiale, héréditaire (les emplois du mot nature et de mots apparentés ou proches me paraissent nombreux et significatifs – cela dit uniquement à titre d'hypothèse). Contre cette nature on ne peut rien; un caractère est donné, comme un corps a son squelette. Ainsi que le dit Mme de Fontanin : « *Jenny n'est pas née pour le bonheur* [...] *personne n'y pouvait rien* » (II, 859) et tout le roman est constitué autour des caractères permanents d'Oscar, d'Antoine, de Jacques... Mais ce donné humain primitif n'exclut pas du tout le perfectionnement. Il s'agit d'abord, pour l'éducateur comme pour soi-même, d'être clairvoyant, ou plus crûment – je reprends une formule de Flaubert – de ne pas demander des oranges à un pommier (j'ajoute : ou inversement). Ce thème, Antoine le développe dans son Journal quand il se retourne sur son passé, en opposant son « *caractère fabriqué* » de jadis et les décisions graves et spontanées qu'il a pu prendre et qui démasquaient « *brusquement le fond réel de ma nature* », tandis, pense-t-il, que chez Jacques « *ce devrait être la nature profonde* (l'authentique), *qui commandait la plupart du temps la conduite de sa vie* » (II, 948). À prolonger sur cette ligne nous rejoindrions un motif qui court à travers tous *Les Thibault.* Quant aux méthodes d'éducation, une telle position du problème implique et explique les conclusions que nous avons vues : refus radical d'une « culture » dogmatique (Oscar Thibault) ou – pire – du culte de l'autorité pour l'autorité *(Le pénitencier),* car la liberté doit être première et il faut respecter la liberté de l'enfant pour en faire un être libre. Le dogmatisme peut être imposé par le milieu (chez les Thibault), comme plus tard il peut être désiré (c'est la tentation de s'affilier). Dans tous les cas il est mauvais. Cela ne signifie pas que la liberté ne fait pas problème, ne crée pas de problèmes : ils valent mieux que leur absence, de même que valent mieux *« la vie solitaire, la pensée inquiète, jamais fixée »* (II, 982) de Jacques que le refuge d'une pensée préfabriquée. Pensée solitaire, recherche personnelle, c'est l'aventure de la liberté et ses périls, sans garantie extérieure.

C'est aussi, en d'autres termes et selon un autre point de vue, l'affirmation d'une pensée et d'une doctrine typiquement individualistes, puisque l'individu y paraît le principe et le terme, l'alpha et l'oméga, de l'éducation. Cet individualisme est évidemment et éminemment bourgeois; c'était bien celui dont Jacques a senti la puissance invincible parmi ses compagnons révolutionnaires de Suisse : « *Il songeait à son éducation. Culture classique... Formation bourgeoise... Ça donne à l'intelligence un pli qui ne s'efface pas...* [...] *se dit-il non sans angoisse »* (II, 78) et, trois pages plus loin, Meynestrel formulera le diagnostic, définitif, d'une pertinence aiguë : « *Curieux petit Jacques... Si bien désembourgeoisé, c'est vrai... L'esprit purgé des habitudes, oui! – sauf de la plus foncièrement bourgeoise de toutes! l'habitude de mettre l'esprit lui-même à la base de tout!* » (II, 81).

On pourrait aussi rapprocher sur ce point Martin du Gard de son contemporain et ami André Gide, songer aux *Nourritures terrestres* et à leur libération de l'individu, ou plus précisément à une formule des *Faux-Monnayeurs*, le « suivre sa pente, pourvu que ce soit en montant... ». L'originalité de Martin du Gard, je la verrais dans sa prudence, dans l'insistance avec laquelle il recommande la nécessaire lucidité sur l'autre ou sur soi, dans son souci de la mesure qu'il faut prendre de l'individu à éduquer, dans son aspiration à cultiver une nature en fonction de ses propres virtualités.

Cependant, si l'individu est unique, toute vie individuelle est sociale puisqu'elle se joue dans une société. Dans un passage (II, 988-989) dont Martin du Gard a lui-même attesté la signification personnelle [1], Antoine s'interroge sur la vie, se répond qu'elle ne rime à rien, évoque alors les jeux d'un groupe d'enfants dans une salle de récréation : ils forment une espèce de *« microcosme.* [...] *L'humanité vue par le gros bout de la lorgnette »*, ils s'amusent avec des cubes, les alignant, les composant en dessins, en constructions, *« à la fin de la récréation, tout s'effondrait. Il ne restait sur le lino qu'un amas de cubes éparpillés, tout prêts pour la récréation du lendemain »;* voilà *« une image assez ressemblante de la vie. Chacun de nous, sans autre but que de jouer (quels que soient les beaux prétextes qu'il se donne), assemble, selon son caprice, selon ses capacités, les éléments que lui fournit l'existence, les cubes multicolores qu'il trouve autour de lui en naissant ».* Et puis Antoine est pris d'un remords et complète sa réflexion (de fait la métaphore peut être discutée : si l'individu meurt, la société continue et, pour elle, la récréation ne finit pas); il repose alors, à l'intention de Jean-Paul, la question qui plus d'une fois l'a déjà tourmenté : *« Au nom de quoi vivre, travailler, donner son maximum ?*

Au nom de quoi ? Au nom du passé et de l'avenir. Au nom de ton père et de tes fils, au nom du maillon que tu es dans la chaîne... Assurer la continuité... Transmettre ce qu'on a reçu, — le transmettre amélioré, enrichi.

Et c'est peut-être ça, notre raison d'être ? »

---

1. Cf. sur ce point R. Garguilo, *op. cit.*, p. 737-738.

Ne peut-on tirer de ce texte une pensée implicite – qui sera ma conclusion ? Dans ces quelques lignes le mot éducation n'apparaît pas; mais il est sous-entendu. Car le mot « transmettre », les expressions « père et... fils », « maillon... dans la chaîne », évoquent ou impliquent la suite des générations, entre lesquelles nécessairement l'éducation exerce sa fonction essentielle de relais. Elle seule peut, ou devrait, assurer la continuité et préparer les conditions humaines d'un avenir meilleur. Alors au nom de quoi éduquer ? Il me semble que les réponses fournies par *Les Thibault* concernent tout ensemble l'individu et la société. Au nom de l'individu d'abord : que l'enseignant soit au service de l'enseigné, de sa liberté d'être soi, de sa capacité de s'élever autant qu'il le peut. Au nom de la société ensuite : que l'éducation transmette un acquis et permette des progrès, qu'elle incarne la tradition et signifie son renouvellement.

Oui, en effet, c'est peut-être ça, ses raisons d'être.

Claude Digeon
(Nice)

Dans une lettre du 3 février 1928 à Robert de Traz, directeur de la *Revue de Genève*, Roger Martin du Gard propose à celui-ci de publier un fragment de *La Sorellina* avant la publication de ce livre en volume. Il s'agit de la description de la rencontre des frères Thibault à Lausanne, d'où Antoine ramène Jacques à Paris, au chevet de leur père mourant. Voici comment l'auteur des *Thibault* résume (entre autres) le contenu de ce fragment de son roman dans la lettre en question :

> *Un hasard finit par donner à Antoine (l'aîné) l'adresse de Jacques, qui se cache, sous un pseudonyme, à Lausanne. Le père Thibault est mourant. Antoine décide d'aller lui-même en Suisse, de tomber à l'improviste chez son frère et de le reconquérir. Le chapitre en question est tout entier fait de cette rencontre : Antoine débarque à Lausanne, reparaît brusquement aux yeux de ce frère disparu depuis trois ans, passe une journée entière avec lui, et le décide à l'accompagner à Paris. Je crois que cette rencontre; la révolte de Jacques; le malaise qui va et vient, pendant toute une journée, entre les deux frères; tout ce qu'on entrevoit de la vie étrange que Jacques a menée en Europe; leur tendresse aussi, malgré tout; je crois que cela fait un ensemble qui, quoique long, est assez vivant et peut*

émouvoir. (*Une sorte de pendant à la première moitié du Pénitencier* [1].)

Dans la première moitié du *Pénitencier*, on le sait, l'auteur des *Thibault* décrit la visite inopinée qu'Antoine fait à son frère cadet incarcéré depuis neuf mois à Crouy, où il se dégrade, comme Antoine le découvre (non sans difficulté), ce qui lui fait concevoir le plan d'arracher son frère coûte que coûte au milieu pourri du pénitencier et de le faire rentrer à la maison paternelle à Paris. En comparant les deux épisodes, on peut en effet relever certains parallèles entre la description en question du *Pénitencier* et celle de la visite d'Antoine à Lausanne.

Dans l'un et l'autre cas, l'action d'Antoine est déclenchée par une communication épistolaire de Jacques à un tiers (lettre de Jacques à Daniel de Fontanin; billet de Jacques à Jalicourt, qui permet à Antoine de retrouver le fugitif). Après s'être procuré l'adresse de son frère à Lausanne, Antoine se décide à « *agir par surprise – et personnellement* [2] », comme dans le cas de sa visite inopinée à Crouy. Dans l'un et l'autre cas, Antoine doit prendre le train pour rejoindre son frère.

Ahuri par l'apparition subite et complètement imprévue de son frère, Jacques profère : « *" Mais qu'est-ce qu'on me veut? Qu'est-ce qu'on me veut? "* » (I, 1201 [3]), réaction qui rappelle l'épisode en question du *Pénitencier*, où Jacques se demande : « *" Mais qu'est-ce qu'ils me veulent, qu'est-ce qu'ils me veulent tous? "* » (I, 719). Dans la scène à Lausanne, Antoine « *eut l'intuition qu'il fallait répondre tout de suite* » à la question de son cadet « *et frapper droit* » (I, 1201) en l'informant de l'état désespéré de leur père. Dans *Le péni-*

---

1. *Correspondance générale*, t. IV (*1926-1929*), Paris, Gallimard, 1987, p. 265.

2. *Œuvres complètes*, Bibliothèque de la Pléiade, Paris, 1955, t. I, p. 1194.

3. Toutes les références renvoient à l'édition des *Œuvres complètes*, Bibliothèque de la Pléiade.

tencier, Antoine est de même d'avis qu'il « *fallait frapper un coup droit* » (I, 680) [en se rendant à Crouy].

Quand Antoine revoit son frère à Crouy, celui-ci, qui est en pleine période de croissance, a « *tellement changé, tellement grandi, qu'Antoine le regard*[e], *presque sans le reconnaître* » (I, 689). Lors de leur rencontre à Lausanne, Antoine trouve son cadet, qu'il n'a pas revu depuis trois ans, également fort changé (I, 1201, 1205).

Dans la description du *Pénitencier,* Antoine, qui a manqué le train de midi pour retourner à Paris, passe également « *une journée entière* » en compagnie de son frère. Lors de sa visite à Crouy, Antoine essaie de même de « *reconquérir* » son frère, de « *ressaisir sa confiance* » (I, 709) et « *d'obtenir son consentement* » (I, 715) quant au retour de son cadet à Paris (à la seule différence que le retour, dans ce cas, ne peut pas être réalisé tout de suite).

Jacques, craignant les contraintes de la vie familiale auprès de son père autoritaire, va jusqu'à affirmer à son frère qu'il est « *heureux* » (I, 715) au pénitencier. Dans la description de la rencontre des deux frères à Lausanne, Jacques affirme d'une manière semblable qu'il a été « *pleinement heureux* » (I, 1213) dans son exil suisse « *sans paraître remarquer la contradiction* » (I, 1213) qui existe entre cette affirmation et une remarque précédente.

Antoine, désireux de ramener son frère fugitif à Paris, auprès de leur père mourant, se heurte d'abord contre « *le mutisme de Jacques* » et sa « *morne résolution d'indifférence* » (I, 1210), attitude qui rappelle le comportement de Jacques dans la scène du *Pénitencier,* où il est dit d'Antoine qu'il « *éprouvait une délivrance à voir fondre enfin cette indifférence contre laquelle il se heurtait, depuis le matin* » (I, 708). « *L'émotion* » de Jacques excédant « *ses forces* », l'adolescent « *éclat*[e] [alors] *en sanglots* » (I, 708). Lors de la scène à Lausanne, Jacques, dont le sentiment de son « *impuissance* » le fait « *suffoquer de douleur et de dépit* » (I, 1202), est également saisi par un « *accès de larmes* » (I, 709). Antoine, qui alors est envahi par « *un flot de tendresse* », « *un grand élan d'amour, de pitié* » pour son cadet, « *eût voulu serrer* [le] *malheureux dans ses bras* » (I, 1203), réaction qui rappelle la promenade des deux frères dans le voisinage du pénitencier de Crouy, où Antoine « *entour*[e] » son frère sanglotant « *de son bras* », le soutenant et l'asseyant « *contre lui sur le talus* » (I, 708) de la rive de l'Oise.

Le jeune Jacques, dont le moral a été momentanément remonté par la promesse de son aîné de le sortir du pénitencier, « *se serr*[e] *contre Antoine, avec un appétit soudain de tendresse* » (I, 717). Lors de la rencontre des deux frères à Lausanne, Jacques saisit « *soudain* » « *le bras* » de son frère, « *s'accroch*[ant] *à lui de toutes ses forces : pression passionnée, absolument inattendue, étreinte convulsive, fraternelle* » (I, 1221), autre détail qui permet de rapprocher les deux descriptions.

Antoine, debout à la fenêtre de la chambre de Jacques à Lausanne, contemple le panorama qui se présente à ses yeux. Les montagnes des Alpes, partiellement recouvertes de neige, ressemblent à « *de sombres volcans de lait, bavant leur crème* » (I, 1211). La « *ville étagée masqu*[e] *la rive la plus proche* » (I, 1211). Jacques, qui s'est « *approché* » de son frère, « *s'attard*[e] » *à la fenêtre*, « *immobile, sans pouvoir détacher les yeux* » du « *rivage* » (I, 1211) du lac. Cette description paraît propre à rappeler encore la promenade de Jacques et d'Antoine, dans *Le pénitencier*, qui les mène de Crouy à Compiègne, où ils goûtent dans une pâtisserie. Jacques, affamé par le maigre régime du pénitencier, s'arrête devant la pâtisserie, ce qui est décrit ainsi : « *Jacques, arrêté sur le trottoir, s'immobilisait devant les cinq étages de gâteaux vernissés de sucre, bavant de crème* » (I, 707). Les deux frères s'installent alors dans la pâtisserie, « *devant une pyramide de gâteaux choisis* » (I, 707), expression qui peut faire vaguement penser à une montagne.

La vie de Jacques au pénitencier comporte certains « *ténébreux secrets* » (I, 708), qui sont progressivement révélés à Antoine au cours des confidences que lui fait son cadet. Il semble pourtant que Jacques ne dise pas tout à son aîné, car l'écrivain dit de lui :

> *Il éprouvait un malaise étrange : il lui semblait mentir malgré lui, et que, plus il cherchait à dire la vérité, moins il y parvenait. Pourtant, rien de ce qu'il racontait n'était inexact; mais, par le ton, par l'exagération de son trouble, par le choix des aveux, il avait conscience qu'il présentait de sa vie une image un peu falsifiée – et qu'il ne pouvait pas faire autrement* (I, 715).

Les aveux que Jacques fait à son frère lors de leur rencontre à Lausanne restent également incomplets. « *À plusieurs reprises* », Antoine a l'impression que Jacques « *éprouv*[e] *le besoin d'expulser de lui quelque harassant secret* » mais que « *les paroles se bloqu*[ent] *dans sa gorge* » (I, 1226). Les aveux qui échappent à Jacques font entrevoir une vie très mouvementée et une conscience tourmentée. Lors de leur voyage en train de Lausanne à Paris, Jacques, saisi par un « *irrésistible besoin d'aveu* », voudrait crier à son frère : « *J'ai mené une vie inavouable... Je me suis avili...* » (I, 1248). Il est dit alors du personnage : « *Mais plus les aveux se pressaient à ses lèvres, et se levaient, nombreux et troubles, les souvenirs, plus cet inavouable passé lui apparaissait effectivement* inavouable – *impossible à faire tenir dans des phrases* » (I, 1248).

Les parallèles relevés ci-dessus donnent l'impression que l'auteur des *Thibault*, dans la description de la rencontre de Jacques et d'Antoine à Lausanne, s'est inspiré de la rencontre précédente des deux frères au pénitencier de Crouy. On comprend l'avantage que cette méthode a présenté à l'écrivain : la scène du *Pénitencier* lui a fourni un modèle qui, en guidant son imagination, lui a facilité l'élaboration de l'épisode en question de *La Sorellina*.

En appuyant sur la similitude des réactions de Jacques et d'Antoine, à des années d'intervalle, l'écrivain renforce en outre le réalisme et la consistance psychologique de son portrait des deux frères.

Les parallèles indiqués entre les deux scènes éloignées des *Thibault* (qui appartiennent à des volumes publiés à six ans d'intervalle) contribuent en plus à structurer la longue trame du roman, soulignant l'unité du récit.

Le substantif « *pendant* », employé par Roger Martin du Gard dans la lettre citée ci-dessus, peut être considéré comme une manifestation du « *sens de la* composition » (I, xlvii) de l'écrivain, de son souci de la construction architecturale de ses écrits, qui lui a fait affirmer devant André Gide, en se servant d'« *un mot de Bourdelle* » (II, 1386) : « *Construction d'abord!* » « " *Bâtir harmonieusement, tout est là :* on ne sauve pas des disproportions par des détails " » (II, 1386).

Dans le chapitre VIII du *Cahier gris* et dans le chapitre II de *La belle saison*, on peut relever un autre parallèle. La scène en question du premier volume des *Thibault* traite des rapports conjugaux de Thérèse et de Jérôme de Fontanin. L'auteur y décrit comment Mme de Fontanin, décidée de divorcer, éconduit son mari volage, qui est rentré momentanément après une autre de ses nombreuses fugues. Dans la scène de *La belle saison,* il s'agit de Daniel de Fontanin et de Rinette qui se trouvent dans la rue après leur rencontre chez Packmell, où Daniel a soufflé la jeune femme à Ludwigson.

Dans l'un et l'autre cas, il s'agit d'une scène nocturne. Daniel, comme son père, a la surprise désagréable de se voir éconduit (à la différence près que Rinette se ravise par la suite). Au lieu de la délicieuse nuit d'amour escomptée, Daniel, déçu et perplexe, se trouve devant la perspective déplaisante de rentrer seul. Il semble que le père du jeune homme, qui « *entour*[e] *la taille de sa femme* » (I, 659) de son bras et qui lorgne « *le grand lit* » (I, 663) conjugal, ne soit pas non plus exempt de tout dessein amoureux.

Mme de Fontanin, qui fait sortir son mari de la maison à deux heures du matin, lui dit de revenir le lendemain

(« *Demain* » [I, 663]) pour discuter leurs problèmes. Rinette, de même, prend rendez-vous avec Daniel le lendemain (« *demain* » [I, 859]) (afin de lui expliquer son comportement étrange).

Jérôme éconduit prend « *le parti de s'en aller galamment* », « *gardant l'allure d'un ami qui prend congé* » (I, 664). En quittant sa femme, il « *saisit le bout de ses doigts et y appos*[e] *ses lèvres* » (I, 664). Dans la scène de *La belle saison*, Daniel éconduit par Rinette prend également « *le parti d'agir galamment* » (I, 859), s'appliquant « *à garder l'allure d'un ami qui prend congé* » (I, 859), effleurant « *de ses lèvres* » « *le bout des doigts gantés* » (I, 859) de la jeune femme. Le parallèle, on le voit, est bien net.

Au moment où Jérôme baise la main de sa femme en prenant congé, il y a « *entre eux une seconde d'indécision* » (I, 664). « *Mais elle retir*[e] *sa main et ouvr*[e] *la porte du palier* » (I, 664), forçant ainsi son mari à partir. Rinette, tiraillée par des sentiments contradictoires, connaît également un moment d'indécision. Elle ouvre aussi une porte pour faire passer Daniel, mais, dans ce cas, c'est la portière du taxi dans lequel elle fait monter le jeune homme redouté et désiré à la fois. Lorsque Daniel « *la saisit dans ses bras* » « *dans l'ombre* » du taxi, « *elle écras*[e] *ses lèvres sur les siennes* » (I, 859). Mme de Fontanin, dans la scène du *Cahier gris*, éprouve aussi des sentiments contradictoires au moment de la séparation nocturne d'avec son mari. La manière passionnée dont elle saisit le gant de cuir oublié par celui-ci, le respirant et le pressant « *sur sa bouche* » (I, 664), montre bien qu'elle n'a pas encore échappé au sortilège sensuel de son mari volage.

Aux parallèles indiqués ci-dessus on peut sans doute également appliquer les explications données déjà plus haut. En plus, ces parallèles contribuent à faire ressortir les « *ressemblances du fils avec le père* » (II, 288) sur lesquelles l'écrivain appuie encore à d'autres endroits de son roman (I, 803, 982-983, 1013; II, 288, 271). Les ressemblances marquées entre Jérôme et son fils, qui se manifestent dans leur physique, leur comportement sexuel et jusque dans leurs moindres gestes, et qui s'expliquent évidemment par les lois de l'hérédité, contribuent au réalisme psychologique de la caractérisation des personnages.

La scène nocturne entre Rinette et Daniel, dans *La belle saison*, présente encore des parallèles avec une autre scène des *Thibault*, à savoir la description de « *la poursuite de Jenny* » (II, 1429) par Jacques, dans le chapitre XXXVII de *L'été 1914*. Il semble bien que l'écrivain, là encore, se soit inspiré de la scène précédente, élaborée plusieurs années auparavant, contribuant en même temps à la cohésion de son roman, ce qui a dû lui paraître particulièrement important après l'amputation de son plan initial des *Thibault* et la greffe de *L'été 1914* pratiquée par lui « *sur le tronc des six parties déjà publiées* » (I, xcviii) jusqu'alors.

Dans le chapitre en question de *L'été 1914*, il s'agit également d'une scène nocturne. Lorsque Jenny aperçoit Jacques à la gare de l'Est, celui-ci voit les « *traits* » de la jeune fille « *se crisper sous le choc* » et « *une brève lueur d'effroi dilater ses prunelles* » (II, 312). Rinette subit un choc semblable lorsqu'elle apprend le nom de Daniel et sur son visage apparaît « *une expression d'effroi* » (I, 858) quand elle se voit acculée dans un coin par le fils de Jérôme.

Jenny passe devant Jacques, « *trébuchant un peu* » (II, 312), piquant « *droit vers la sortie* » (II, 312) de la gare. Rinette, en apprenant le nom de Daniel, a « *un haut-le-corps* », ce qui fait croire au jeune homme qu'elle a « *bronché* » (I, 858). Mais quand il veut « *la soutenir* », elle fait « *un mouvement pour l'éviter* » (I, 858). Jenny, en fuyant devant Jacques, est également animée par le désir « *d'éviter* » (II, 312) celui-ci.

Jenny marche vite, se retenant avec peine « *de courir* » (II, 312) – comme Rinette, dont il est dit qu'elle « *accél*[ère] *l'allure* », ce qui fait que Daniel a « *du mal* » à la suivre « *sans courir* » (I, 858). À un moment donné de la « *chasse* » (I, 858) nocturne, Rinette se met « *tout à coup* » « *à courir* »

(I, 858). On a l'impression que Jenny, qui part *« comme une flèche »*, *« éperonn[ée] »* par la *« terreur »*, et qui se *« ru[e] »* dans un escalier du métro *« sans s'occuper de la direction »* (II, 313), court alors également.

Lorsque Jenny menace d'échapper à Jacques dans les couloirs du métro, le jeune homme prend *« son élan »*, la rejoint, *« pass[e] devant elle, et, se retournant, lui barr[e] brutalement le passage »* (II, 313), description qui rappelle le comportement correspondant de Daniel, dont il est dit : *« En quelques enjambées, il fut à sa hauteur et la bloqua dans l'embrasure d'une porte »* (I, 858).

Jenny, acculée par Jacques, fait alors *« un brusque demi-tour »*, remontant *« précipitamment les marches »* (II, 314) et sortant de la gare. Jacques se dit alors : *« Qu'elle arrête un taxi, ou qu'elle saute dans un tram, j'y monte avec elle »* (II, 314). Ce détail rappelle encore la scène de *La belle saison*, où Daniel saute dans le taxi auprès de Rinette.

Hors de la gare, Jenny continue à fuir devant Jacques. Elle s'engage *« au hasard »* dans un *« boulevard »* *« grouillant »* (II, 314), ce qui fait penser à Jacques : *« "Où va-t-elle ?" [...] "C'est idiot..." »* (II, 314). Daniel, dans la scène correspondante de *La belle saison*, veut arrêter Rinette qui va *« s'enfoncer dans une rue obscure qui, par un détour, les eût ramenés sur leurs pas »* (I, 858). Mais elle lui échappe de nouveau, ce qui lui fait proférer, *« agacé »* : *« "C'est stupide", [...] "Arrêtez-vous maintenant" »* (I, 858). On le voit : les jugements formulés par Jacques et par Daniel (*« C'est idiot »* ; *« C'est stupide »*) se valent.

Rinette, en fuyant devant Daniel, cherche *« l'ombre »* (I, 858) des rues obscures, – tout comme Jenny, qui, finalement, se jette délibérément dans une *« rue étroite, déserte, que la masse d'un édifice empl[it] d'ombre »* (II, 314).

Vers la fin de la poursuite de Jenny, les *« sentiments »* de Jacques ont *« changé »* : *« à la mauvaise excitation qui le possédait tout à l'heure, se substitu[ent] la confusion et la pitié »* (II, 314). Daniel éprouve également de la *« pitié »* (I, 858) pour Rinette, bien qu'il ne comprenne pas son comportement bizarre. Poussé par cette pitié, Daniel demande à la jeune fille : « *Préférez-vous que je vous laisse ?* » (I, 858). Lorsque celle-ci fait « *signe que oui* » (I, 858), il demande de nouveau, incrédule : « *" C'est vrai ? Vous voulez que je m'en aille ? "* », [...] *mettant autant de douceur dans sa voix que s'il eût essayé d'apprivoiser un enfant perdu* » (I, 858). L'« *inflexion* »« *douce* » et « *compatissante* » (II, 315) avec laquelle Jacques prononce le nom de Jenny paraît également propre à « *apprivoiser un enfant perdu* ». Comme Daniel, Jacques offre à la jeune fille pourchassée de la laisser si elle l'exige. Il demande à Jenny : « *" Voulez-vous que je m'en aille ? "* » (II, 315), et de nouveau : « *" Voulez-vous que je vous laisse ? "* » (II, 315). On le voit, le parallèle avec le comportement de Daniel, dans la scène en question de *La belle saison,* est bien net.

La petite analyse ci-dessus apporte, on l'espère, une preuve supplémentaire de la manière précise et concertée dont l'auteur des *Thibault* a composé son grand roman.

Harald Emeis
(Meldorf)

ROGER MARTIN DU GARD,
FRANÇOIS MAURIAC :
« NOUS APPARTENIONS
À LA MÊME FAMILLE »

Roger Martin du Gard, François Mauriac... Malgré les différences profondes qui les séparaient, ce catholique fervent et cet athée non moins fervent ont eu beaucoup de points communs dans leur attitude envers les problèmes clés de l'époque, dans leur conception du monde, dans leur position sociale. Ceci s'explique, dans une grande mesure, par leur appartenance à la même lignée spirituelle, à la même classe sociale. Fils de leur siècle, bien sûr, mais aussi et surtout fils de leur classe. Sans aucun doute, l'attitude à l'égard de la bourgeoisie a influencé et a déterminé leur vision du monde ainsi que leur credo d'écrivain. Écoutons ce que dit Mauriac à propos de sa parenté spirituelle avec Martin du Gard : « Nous appartenions à la même famille, nous usions du même vocabulaire. Le répertoire de ses connaissances rejoignait le mien. Et sans presque jamais nous rencontrer, nous savions bien des choses l'un de l'autre [1]. »

Dans son article « François Mauriac et Roger Martin du Gard adversaires fraternels », paru en 1983, Jean Malavié [2] analyse scrupuleusement et, probablement, sous tous les aspects possibles le côté dit « adversaire » du problème qui

1. François Mauriac, *Le nouveau bloc-notes, 1958-1960,* Flammarion 1961, p. 96.
2. Jean Malavié, « François Mauriac et Roger Martin du Gard adversaires fraternels », *Cahiers François Mauriac,* n° X, 1981, p. 199-219.

est formulé dans le titre même de son étude. En reprenant à notre tour ce sujet « Martin du Gard – Mauriac », nous voudrions insister sur le côté « fraternel » dudit problème et parler de certaines choses qui, à notre connaissance, n'ont pas encore été abordées par les critiques littéraires. Ajoutons également que depuis 1983 on a publié de nombreux textes, auparavant inédits, permettant d'avoir un tableau plus complet et plus détaillé des liens fonciers qui unissaient deux grands écrivains français. Adressons-nous aux documents littéraires qui nous sont fournis en abondance par les mémoires et les blocs-notes de Mauriac, par « Les Dossiers de la Boîte noire » de Martin du Gard, mais surtout par de nombreuses lettres de cet épistolier incomparable.

Dans son Discours de réception à l'Académie de Bordeaux, Mauriac parle de la période où Jacques Rivière avait dirigé *La Nouvelle Revue Française* [1] – période qui, selon lui, avait été la plus féconde pour la revue – et cite les noms des écrivains, ses contemporains, qu'il considère comme membres de la même famille spirituelle : « Ce fut une brillante époque de nos lettres que celle où Jacques Rivière orchestrait, si j'ose dire, tous les motifs de la littérature, où les éblouissants sommaires de la revue unissaient aux noms glorieux des aînés : Claudel, Gide, Proust, Valéry, tous ceux de notre génération et de celle qui a suivi, de Martin du Gard à Malraux, Montherlant, Giono, Breton et tant d'autres d'un égal prestige [2]. » Quel est le critère dont se sert Mauriac pour pouvoir reconnaître « le sien » ? Surtout, pas le seul et même point de vue sur toutes les questions, pas la ressemblance. Bien au contraire. Les membres de cette communauté imaginaire d'hommes de lettres, si chère à Mauriac, étaient très différents les uns des autres, voire antagonistes dans bien des cas. Pourtant, l'important ce n'était pas ces différences,

1. J. Rivière est mort en 1925.
2. François Mauriac, *Paroles perdues et retrouvées*, Textes présentés par Keith Goesch, Grasset, 1986, p. 335.

mais ce qu'ils avaient de commun. Comme le prétend
Mauriac, ce « commun » constituant leur parenté spirituelle
était déterminé par un certain « ton » inconnu aux « gens du
monde », par un certain art de relation; bref, c'était « un
monde sans mufles ». Qui donc faisait partie de cette race
d'esprits toute particulière? « Des bourgeois certes, de grands
bourgeois, des fils de famille, comme on disait autrefois [1]. »
Mais quel était le trait distinctif de ces fils de la bourgeoisie
– hommes de lettres, écrivains, artistes par excellence? Qu'est-
ce qui rapprochait les représentants de ce milieu d'intellectuels, assez étroit et dont l'accès n'était pas facile? Tous, ils
portaient en eux l'alliance de la culture de l'esprit et de
l'éducation de l'âme, affirme Mauriac. Ils aimaient et savaient
réfléchir, ils avaient le goût de la pensée pure, la raison était
leur dieu. La réflexion, donc, l'âme, la vie de l'âme, et la
vie très intense, d'où le culte de l'individu – voilà des qualités
qu'on trouvait indispensables pour un vrai intellectuel. « Non
que je me sente étranger aux "poètes damnés" – disait
Mauriac – Mais c'est à d'autres écrivains que je me suis
accordé [2]... »
Dans les années 1920-1930 la question des destins de la
bourgeoisie et, dans ce courant d'idées, du rôle de l'écrivain
et de la mission de la littérature a été à l'ordre du jour. Être
né et éduqué dans tel ou tel milieu cela sous-entend être
formé par ce milieu et par les influences que vous y subissez.
Martin du Gard aurait bien pu répéter après Mauriac : « C'est
votre classe qui vous détermine [3] »; votre origine vous marque
et laisse en vous des traces ineffaçables, soient-elles bonnes
ou mauvaises... En 1938, après avoir lu un livre de son fils
Claude, Mauriac fit savoir à ce dernier : « Je n'ai jamais eu
[...] la honte de ma classe! J'en connais les défauts. [...] Mais

1. François Mauriac, *Le nouveau bloc-notes, 1965-1967,* Flammarion, 1970,
p. 362.
2. *Ibid.*
3. François Mauriac, *Les paroles restent,* Interviews recueillies et présentées
par Keith Goesch, Grasset, 1985, p. 194.

la lecture d'un livre comme celui-là mobilise en moi un profond attachement pour cette classe bourgeoise que je croyais ne pas aimer [1]...» Qu'est-ce que signifie cet esprit bourgeois pour l'un et l'autre des écrivains? Écoutons d'abord ce qu'en dit Martin du Gard.

La position sociale et littéraire du créateur des *Thibault* a été marquée par une certaine disposition de sa pensée que l'écrivain lui-même désignait tantôt comme « *sagesse* » accumulée au cours des siècles laquelle ne doit aucunement être négligée, tantôt comme « *atavisme* » qui l'empêche de progresser avec son siècle. En mars 1931 il écrivait à A. Gide : « *Il y a peut-être en moi une lourde hérédité bourgeoise. Non pas " peut-être " : sûrement* [2]. » Bien souvent – et nous essaierons de le montrer ci-après – Martin du Gard se montrait fier de continuer la tradition bourgeoise. Alors, pourquoi cette hérédité lui semblait-elle « *lourde* »? Le fardeau bourgeois est considéré par Martin du Gard comme une marque innée, comme une empreinte ineffaçable et acquiert un sens très général, sinon philosophique. Si on la considère sous cet aspect, on peut affirmer que cette notion a influencé profondément l'ensemble des idées de Martin du Gard sur le monde et l'homme dans ce monde ainsi que sur sa conception littéraire.

Caractéristique fondamentale de la pensée de Martin du Gard : chaque instant vécu est senti par lui comme aboutissement et commencement à la fois, comme fin et point de départ – point dans lequel se rencontrent le passé et le présent pour donner naissance au futur. La vie de l'individu ne présente plus alors une existence fermée, une durée finie, mais devient une marche, une étape dans la suite ininterrompue des générations qui ont existé et qui existeront toujours : « *Ma lignée se poursuit, à travers moi, d'un même jet, irrésistible*

---

1. Claude Mauriac, *Les espaces imaginaires*, Grasset, 1975, p. 160.
2. André Gide-Roger Martin du Gard, *Correspondance*, t. I, Gallimard, 1968, p. 464.

et sans discontinuité. J'ai beau vouloir d'être d'abord moi, ce n'est pas vrai ni possible : je suis d'abord le fils de mon père, et le petit-fils de mon aïeul. Mes soubresauts personnels et mes ruades n'y changeront rien, ou fort peu. Je suis un aboutissement, tantôt consentant et tantôt rétif, mais on a beau vouloir être de son temps, on ne s'émancipe pas vraiment de la race dont on est né [1]. » Et c'est justement cette « *sagesse* », souligne maintes fois Martin du Gard, qui se transmet entre les générations et assure la continuité de la chaîne de l'évolution; c'est elle qui devient le pivot de l'existence pour celui qui l'a fait sienne. Cette « *sagesse* » a été acceptée par Martin du Gard comme principe de conduite. Le sens qu'il donnait à cette notion ne peut être compris qu'en tenant compte de son attitude à l'égard de « *l'esprit bourgeois* » et « *le libéralisme* ». Pour lui ces trois notions – « *sagesse* », « *esprit bourgeois* », « *libéralisme* » – sont très liées entre elles parce qu'elles renferment un élément commun. C'est la modération, la tendance à trouver le compromis, le milieu étant à distances égales entre les deux extrêmes. Ce n'est que sur ce « *juste milieu* », « *juste mesure* », croit Martin du Gard, que doit se baser l'ensemble des regards sur le monde et sur le progrès. Le garant de l'équilibre est l'absence des contradictions, sa suite inévitable – une existence tranquille, assurée, la paix de chacun, la stabilité. On comprend alors le refus obstiné par Martin du Gard du progrès obtenu par la révolution. Il avertissait : il ne faut jamais brûler les étapes, c'est extrêmement nocif et dangereux – et donnait ses préférences à ce qui est traditionnel, à la voie évolutive. Il croyait à la force de la tradition, de la continuité qui avaient à ses yeux une autorité indiscutable et puissante.

Les sympathies politiques de Martin du Gard sont du côté du libéralisme bourgeois modéré qui lui semblait la seule atmosphère respirable. Le libéralisme signifiait pour lui la

---

1. Roger Martin du Gard, *Le lieutenant-colonel de Maumort*, Gallimard, 1983, p. 1007.

protection, la tolérance, le stimulant vers les réformes, les expériences. Il refusait toute modification sociale obtenue par l'insurrection révolutionnaire et pensait qu'une vraie révolution, totale, ne pouvait se faire que lentement, par la réalisation de ses étapes successives – « *des révolutions partielles* » dans divers domaines. À son avis, la pondération et la juste mesure pouvaient seules garantir cette stabilité sans laquelle il ne croyait pas possible l'accès du monde civilisé au degré supérieur de la civilisation. La voie des réformes (et des réformes lentes, allant pas à pas) lui semblait indiscutablement préférable aux chambardements sociaux radicaux et violents. C'est pourquoi il était sûr d'être vacciné pour toujours contre la fièvre révolutionnaire, quelque contagieuse qu'elle soit. Pour Martin du Gard la Grande Révolution d'Octobre en Russie n'était rien d'autre qu'un coup d'expérience de couleur locale ayant des conséquences pour un seul pays. Il a été persuadé qu'une telle expérience sociale, bien qu'elle soit grandiose, resterait tout à fait étrangère pour la France et pour les Français puisque l'essence même de la Révolution d'Octobre ne pourrait jamais être acceptée à l'Occident. La révolution socialiste détruit la bourgeoisie en tant que classe sociale, et c'est justement cette classe-là avec toutes les particularités qui lui sont propres, c'est justement la vision bourgeoise du monde qui sont considérées par Martin du Gard comme stimulant essentiel du progrès non seulement en France, mais dans tous les pays occidentaux. Dans une lettre de Martin du Gard à J. Copeau datée du 18 juillet 1919 nous lisons : « *Je ne crois pas au bolchévisme. Chez nous (où il n'y a que des bourgeois, à bien considérer) le bolchévisme serait quelque chose d'assez incompatible avec l'atavisme de la race* [1]. »

Pour Mauriac le monde bourgeois – c'est le monde des « possibilités » apportées par la Révolution française. C'est le

---

1. Jacques Copeau-Roger Martin du Gard, *Correspondance*, t. I, Gallimard, 1972, p. 305.

monde où l'on respecte la hiérarchie et où chacun, en travaillant, peut espérer (tout au moins!) monter l'échelle sociale et accéder à la bourgeoisie. Mauriac se rendait bien compte qu'après être arrivé on devenait égoïste, rapace, mais c'était déjà le revers de la médaille. Oui, on peut dénoncer les vices et les injustices de cette classe – on n'en reste pas moins une partie intégrante, un bourgeois, un homme de droite acceptant le prix Nobel. D'après l'avis de Mauriac, accepter le prix Nobel – «...c'est accepter un certain ordre. Moi, – dit-il –, je ne renie pas cet ordre, l'ordre de la bourgeoisie à laquelle j'appartiens [1]». Notons qu'en parlant de sa réputation d'écrivain de gauche Mauriac mettait l'accent sur l'insuffisance d'une telle définition : chaque individu est un être complexe d'où la complexité de sa position sociale. C'est un fait évident qu'à partir de la guerre d'Espagne Mauriac a eu des positions de gauche, mais il n'était de gauche que devant « certains » problèmes et sur un « certain » plan. Il méprise la réaction, mais qu'y a-t-il à l'autre pôle ? Comme Martin du Gard il n'aurait jamais admis le bolche-visme, « les rouges » qu'il considérait comme le symbole de l'anti-France. « Il est surtout un poète-lauréat du monde bourgeois, – écrit Jean Lacouture, – qu'il démasque comme malgré lui, avec un mélange d'effroi et de jubilation spontanée, mais avec lequel il a partie liée [2]. » Mauriac – témoin capital de son temps, romancier qui dénonce les tares de sa classe sociale – et Mauriac optant pour l'ordre, pour qui une vraie révolution n'est pas le désordre, mais l'ordre, un certain « ordre vivant », Mauriac qui « d'instinct déteste le risque [3] ». N'oublions pas qu'il conservait toujours son hostilité envers le désordre et qu'il avait le plus grand respect de l'État dans lequel il voyait le gage de stabilité sociale, de quelque chose

---

1. François Mauriac, *Les paroles restent,* p. 195.
2. Jean Lacouture, « Un Girondin dans le siècle », in *François Mauriac,* coll. « Génies et Réalités », Hachette, 1977, p. 15.
3. François Mauriac, *Nouveaux mémoires intérieurs,* Flammarion, 1965, p. 186.

de noble et de grand. C'est ce qui explique l'appui de Mauriac aux efforts de De Gaulle pour établir en France un régime stable.

Martin du Gard, lui aussi, niait tout ce qui trouble la tranquillité publique. Voici son credo social formulé par le romancier même : « *Cohérence, continuité dans l'évolution. L'écrivain de gauche, socialisant et pacifiste* [1]. » Il prétendait que sa position politique était celle d'un « *anti* » : anti-capitaliste, anti-communiste, anti-étatiste. Il n'accepte pas et refuse les lois régissant le fonctionnement du monde capitaliste contemporain. Telle a été l'orientation des idées « gauches » de l'écrivain. Mais son refus du capitalisme ne touchait jamais ses fondements. Ce qui le préoccupait en premier lieu c'était l'effondrement des critères éthiques, la crise de la morale, la nécessité de conserver des valeurs humanitaires dont l'artiste est le principal, sinon le seul gardien. En évitant les passions politiques – ces éphémères passions d'un jour, selon Martin du Gard, en restant l'arbitre impartial qui se tient au-dessus de la mêlée, l'écrivain-témoin saura accomplir sa vraie mission et transmettre aux générations qui viendront des vérités éternelles.

Le conflit entre les penchants intellectuels de gauche et les racines bourgeoises profondes et jamais refusées a été commun à Mauriac aussi bien qu'à Martin du Gard. Pourtant le déchirement intérieur qu'en éprouvait Martin du Gard a été, peut-être, plus douloureux que la réaction de son « adversaire fraternel ». Dans l'entre-deux-guerres Martin du Gard a été presque hanté par la sensation du dédoublement, de la rupture entre les deux pôles opposés. Estimant que l'héritage de la « *Vieille France* » envahit tenacement chaque représentant de la tradition intellectuelle occidentale, il distinguait deux parties de cet héritage. D'un côté, c'est tout le médiocre qu'il renferme, tout ce qui est trop près de la terre, tout ce qui est « *sans ailes* ». Mais le même esprit bourgeois

---

1. Roger Martin du Gard, *Le lieutenant-colonel de Maumort*, p. 967.

garde en lui une source bien saine qui ne doit pas être négligée. Martin du Gard ne voulait ni accuser ni défendre la bourgeoisie – cette classe qui était la sienne. Mais il tenait à comprendre et à faire savoir aux autres ce qu'il y avait en elle de tonique et de progressif. On ne le nie pas : Martin du Gard et Mauriac appartenaient, tous les deux, à la grande bourgeoisie par leur origine et par toute leur vie. On ne niera pas non plus qu'un grand écrivain voit plus perspicacement que les autres les défauts et les vices de sa classe. Cependant Martin du Gard et Mauriac savent aussi être fiers de leurs racines bourgeoises. Et si nous abordons cet autre côté de la question, c'est pour dire que nous sommes loin d'oublier le rôle progressif qu'a joué la bourgeoisie dans l'histoire ni tout ce qu'il y a en elle de sain, d'ascendant et de vivifiant. C'est ce qu'on ne doit pas oublier ou faire semblant d'oublier.

Un petit exemple, par parenthèse, nous paraît très opportun à ce propos. Nous voudrions évoquer un épisode du roman de Graham Greene « *Monsignor Quichotte* » dont les deux personnages principaux sont le prêtre – le père Quichotte – et l'ex-maire communiste qui, naturellement, s'appelle Sancho. Au cours de leur pèlerinage plein d'aventures à travers l'Espagne leur conversation touche souvent le credo de l'un et de l'autre : la religion et le marxisme. Le père Quichotte lit avec la plus grande attention le « *Manifeste du parti communiste* » y trouvant bien des idées dignes d'être rappelées. À sa suite, nous nous permettons aussi de citer ici un passage de Marx qu'on trouve dans le roman de Graham Greene : « La bourgeoisie, au cours de sa domination de classe à peine séculaire, a créé des forces productives plus nombreuses et plus colossales que l'avaient fait toutes les générations passées prises ensemble. La mise sous le joug des forces de la nature, les machines, l'application de la chimie à l'industrie et à l'agriculture, la navigation à vapeur, les chemins de fer, les télégraphes électriques, le défrichement de continents entiers, la régularisation des fleuves, des populations entières jaillies du sol, – quel siècle antérieur aurait soupçonné que de pareilles forces productives dorment au sein du travail social [1] ? »

Durant toute sa vie, maintes fois, Martin du Gard se posait la même question : Faut-il accepter l'empreinte bourgeoise ou bien tâcher de s'en débarrasser à tout prix ? Et en faisant son choix lui, comme Mauriac, a opté pour la première solution. Avec les années il tenait de plus en plus ferme à cet héritage bourgeois enraciné dans le plus profond de son être comme à une base indispensable qui, seule, pouvait rendre son œuvre solide et durable. En rendant hommage à sa classe Martin du Gard écrivait : *« Et si j'avais à plaider sa cause, j'insisterais sur cette fidélité qu'elle porte aux principes d'ordre, sans lesquels aucune société ne peut tenir en équilibre et éviter le chaos* [2]. »

Mauriac et Martin du Gard, issus d'une lignée bourgeoise et conservatrice, ont dans bien des cas pareillement réagi sur le plan social et politique, quoique Martin du Gard, fidèle à son principe de « *sagesse* », se montre toujours beaucoup plus prudent. Garder la juste mesure – c'était un des principaux préceptes qu'il s'était donné une fois pour toutes et qu'il suivait si obstinément non seulement dans la vie courante, quotidienne, mais aussi devant les problèmes politiques et sociaux. Mais le même « *fardeau bourgeois* » qui par moments pesait si lourd se métamorphosait en critique sociale perçante et perspicace dans les pages de leurs livres. Ayant choisi les formes romanesques diamétralement opposées, les deux écrivains tendaient à montrer ce qui est éternel pour l'homme. En même temps, tous les deux ont été peintres du monde bourgeois – peintres objectifs, montrant impitoyablement toute la laideur de leur classe – sclérosée, égoïste et bornée. Le monde des romans de Mauriac c'est le monde où règne la propriété et où l'on a oublié depuis longtemps le sens du

1. Karl Marx, Friedrich Engels, *Manifeste du Parti communiste.*
2. Roger Martin du Gard, *Le lieutenant-colonel de Maumort,* p. 1008.

mot « âme ». On y voit se heurter pas seulement « l'esprit »
et « la chair » – ce sont des lois humaines et des lois cruelles
de la société bourgeoise qui entrent en lutte. *Le nœud de
vipères*, reconnu par Martin du Gard comme un des meilleurs
romans de Mauriac (et peut-être le meilleur) est une satire
puissante de la famille bourgeoise : l'argent tue tous les
sentiments humains. Martin du Gard a établi le dossier contre
sa classe dans ses *Thibault* et dans son petit livre de *Vieille
France* – un cri de dégoût et de désespoir. Il conseillait à
E. Dabit de n'être pas dupe du fait que, dans *Vieille France*,
il s'agissait de villageois comme dans ses farces, *Le testament
du père Leleu* et *La gonfle* : « *Les personnages de* Vieille France
sont beaucoup plus près des bourgeois de Devenir! *ou du père
Thibault que de Leleu ou d'Andoche* [1]*!* »

Dénoncer les vices et les tares de la bourgeoisie dans les
romans tout en acceptant un lien indissoluble avec cette
classe – contradiction ? Probablement pas. Plutôt – c'est ainsi
que va la vie où chacun est fils de sa classe, de son siècle
plein de tendances contradictoires, de sa condition humaine.

Savoir tenir l'équilibre – en tout et toujours – ce n'est que
ça, insistait Martin du Gard, qui permettrait à chaque écrivain,
penseur ou artiste (« *cerveau* » de la nation) de rester impartial,
de ne prendre aucun parti, de garder son sang-froid pendant
que sévissent les tempêtes des passions politiques désignées
par le romancier comme « *guerres de religion* ». Mauriac entre
dans l'arène politique, il devient un polémiste acharné, la
mêlée des événements politiques, pour bien des années, lui
semble non moins intéressante que le roman le plus passionnant. Martin du Gard n'approuve pas son nouvel emploi. Au
moment où Mauriac entre dans la polémique concernant la
campagne de répressions contre les collaborateurs et proteste
contre l'épuration demandant la grâce de ceux qu'on veut
mettre en jugement, Martin du Gard avoue dans une lettre

1. Eugène Dabit-Roger Martin du Gard, *Correspondance*, t. II, Éditions
du Centre national de la Recherche scientifique, 1986, p. 574.

à Gide : « *Mauriac ne connaît pas ses limites, et je crois qu'il a eu tort d'entrer dans la voie militante, et de vouloir parler de tout* [...] *Mais ses élans, sa foncière générosité, me touchent toujours, et il m'est sympathique jusque dans ses maladresses* [1]. » Qui des deux écrivains avait raison ? Mauriac qui ayant choisi la voie du journalisme militant a renoncé presque à écrire des romans ? Ou bien Martin du Gard ? Dans les années qui suivirent la Deuxième Guerre mondiale il tenait de plus en plus ferme à sa position d'écrivain restant toujours au-dessus de l'actualité et évitant « *le temporel* » au profit de « *l'éternel* ». Mais son *Maumort* qui, d'après le dessein, devait accumuler tout ce qu'il avait à dire aux générations futures est resté inachevé...

Est-ce par hasard que dans les dernières années de leur vie Martin du Gard et Mauriac, l'un aussi bien que l'autre, se sentaient comme en « marge » de leur temps, ne croyant presque plus possible d'entrer en dialogue avec leurs contemporains par l'intermédiaire de leur œuvre littéraire ? Les aveux de Martin du Gard dans la dernière période de sa vie – aveux qu'il fait dans ses nombreuses lettres et dans les pages des « Dossiers de la Boîte noire » – pourraient difficilement laisser quelqu'un indifférent. Il répète avec amertume qu'il est un vieux rétrograde, un fossile inexorablement dépassé par le temps où « [...] *ce paysage bourgeois et familier qui a le charme de la patrie, et où tout est mesuré, rassurant, à l'échelle de l'homme* [2] » n'existe plus.

Et voilà ce qu'a écrit Mauriac dans ses *Mémoires* : « [...] La coupure de la guerre a marqué brutalement le passage d'une génération à l'autre. Une autre idée du roman, un autre public, cela ne se traduit pas dans le chiffre de l'édition. Un vieil auteur continue de vivre sur sa lancée. Mais il y a comme un état de grâce perdu [...] qui nous amène au

---

1. André Gide-Roger Martin du Gard, *Correspondance*, t. II, p. 308.
2. Roger Martin du Gard, *Le lieutenant-colonel de Maumort*, p. 967.

silence [1].» Il croyait qu'il mourrait non de vieillesse, mais étouffé par le monde déshumanisé.

Curieux destins de deux grands romanciers français qui, ne se voyant presque pas, avaient tant de points communs dans leur façon d'interpréter le monde, le siècle, les hommes et leurs aspirations éternelles.

Galina Filatova
(Leningrad)

1. François Mauriac, *Nouveaux mémoires intérieurs*, p. 242.

ROGER MARTIN DU GARD
ET GEORGES DUHAMEL

Ballottée entre miel et fiel, et vouée à l'échec par ses démons capricieux, telle est l'amitié qu'inflige à la loyale affection d'Édouard, dans *Deux hommes*, le douloureux Salavin. La lecture de cette « lamentable histoire » suscita en R.M.G. des sentiments mêlés : « *impatience, émotion, passion souvent, irritation parfois* », surtout pour la « *tendance à la verbosité* » qui lui faisait regretter que son ami n'utilisât pas davantage la corbeille à papiers [1]. « *Tu as écrit sur l'amitié des pages qui prouvent une incontestable compétence* », lui rappelle-t-il beaucoup plus tard [2], faisant référence à cette exploration ancienne d'effrois imaginaires...

Qu'en est-il de l'amitié qui lia durant près de quarante-cinq ans R. Martin du Gard et G. Duhamel? Leur correspondance récemment publiée [3] montre comment se noua, au fil des rencontres, des épreuves et des œuvres, un dialogue animé, dont A. Lafay, dans son introduction, marque les étapes et les points d'inflexion. Pour donner toute leur valeur à ces traces épistolaires d'une si longue aventure, il importe

---

1. Lettre du 17 juin 1924 (95), p. 111-112. Cf. lettre du 20 février 1920 (2), p. 4. (On trouvera les lettres citées dans la *Correspondance générale*.)
2. Lettre du 17 juillet 1949 (341), p. 394.
3. Arlette Lafay, *Témoins d'un temps troublé, Roger Martin du Gard et Georges Duhamel, correspondance 1919-1958*, Paris, Lettres modernes, Minard, 1987.

de recourir aux ombres portées bien souvent par d'autres textes, comme les Mémoires, les Souvenirs, les Journaux, les Lettres de la *Correspondance générale.* Car, « témoins d'un temps troublé », R.M.G. et G. Duhamel connaissent aussi, outre les vicissitudes privées de chacun, cette alternance féconde d'orages et d'embellies qui caractérise tout lien humain sincère et sans complaisance.

Maintes affinités les rapprochent, qui s'expriment tout au long de leurs vies fraternelles par des protestations de fidélité, des marques de sollicitude et des échanges de services multiples; mais, querelles de famille, ils se séparent et s'affrontent parfois, désireux comme des frères toujours nécessairement attachés et rivaux de se stimuler mutuellement en inventant leur voie propre, pour n'être pas confondus.

Cher Monsieur,
[...] je tiens à vous écrire combien cette lecture m'a remué, quelle grande et pure émotion elle me laisse.

Ainsi l'admiration de R.M.G. pour *Vie des martyrs* et pour *Civilisation* [1] inaugure-t-elle, le 4 février 1919, la correspondance entre deux hommes qui s'étaient rencontrés déjà avant la guerre sans s'être liés davantage que par une estime réciproque mêlée d'une sympathie assez placide [2]. G. Duhamel évoque, en février 1920, l'ébranlement que lui a causé la lecture de *Jean Barois,* et les deux écrivains, qui eurent tôt fait de se mesurer à l'aune de leur art, se prirent d'abord d'une « amitié de tête », toute littéraire, avant que de connaître la libre familiarité où leur personne devait ensuite se trouver intéressée. L'on peut aisément suivre dans les premiers échanges épistolaires les rapides progrès d'une telle relation : le « *Cher Monsieur* » initial cède bien vite à « *Mon cher*

---

1. Lettre du 26 février 1928 (129), p. 149.
2. Une tournée de Copeau en Angleterre les avait réunis avant guerre. Voir *Le temps de la recherche,* p. 232-233.

Duhamel [1] » ; l'on se donne, avec une satisfaction toute juvénile du « mon ami », chaque fois qu'il est permis au sentiment tout neuf de se confirmer en s'épanchant un peu. Puis cet engouement se rassied et voici que R.M.G. essaie de ses taquineries sur « *frère Duhamel* » l'invétéré sermonneur [2], sur « *le cher ami à la loupe* », l'implacable traqueur d'incorrections linguistiques [3], l'homme trop (?) public et l'académicien auront un jour aussi leur lot de boutades [4]. Avec l'ironie sereine qui lui est propre, G. Duhamel ne manque pas à son tour l'occasion d'une comparaison facétieuse : « Vous êtes installé dans votre sujet comme un hippopotame dans le Niger », le complimentait-il à propos du *Pénitencier* : leurs entretiens dès longtemps avaient fait quelque place sans doute aux plaisanteries complices sur l'embonpoint de R.M.G. [5]. Et ses lettres s'émaillent de temps à autre de quelque apostrophe assassine : « Tâche d'expliquer cela, ô philosophe ! » répond-il à son ami pour couper court à une dispute sur les vertus de l'introspection, qui lui pèse visiblement [6]. Un séjour de G. Duhamel au Tertre impose tout naturellement le tutoiement, qui imprime aux lettres, à partir de 1928, un tour plus intime. L'on signe et s'interpelle d'un « ton vieux » ou d'un « mon vieux [7] », comme on se quitte d'une cordiale accolade; la correspondance atteint peu à peu sa vitesse de croisière, avec, de loin en loin, des protestations de fidélité pour baliser une si longue et parfois tumultueuse aventure.

« Quel que soit l'intervalle écoulé depuis la dernière rencontre,

1. Lettre du 20 février 1920 (2), p. 2.
2. Cf. « Révérend Père », lettre du 31 août 1933 (230), p. 261.
3. Lettre du 23 mai 1923 (63), p. 84.
4. « Grand homme », dans la lettre du 7 avril 1930, p. 195, « Mon cher vieux immortel », « perpétuel ami », dans les lettres des 1er juillet 1936 et 12 juillet 1945.
5. Lettre du 30 juin 1922 (45), p. 63. Cf. lettre du 6 juin 1923 (70), p. 90 : « J'ai peur que vous ne projetiez de vestrumiter vos routes avec ma graisse fondue. »
6. Lettre du 3 juin 1945 (318), p. 367.
7. Voir les lettres des 10 décembre, 7 janvier 1931, 26 janvier 1931, p. 209, 212, 217...

quel que soit le silence qui s'est épaissi entre nous, dès le premier
sourire échangé, je te retrouve, comme je reviens moi-même,
pareil, solide, inchangé et fidèle. Notre amitié a ceci de particulier
qu'elle est née tard, entre deux quadragénaires je crois bien, et
qu'elle a eu, tout de suite, la fraîcheur, la liberté, la chaleur
des amitiés de l'adolescence. Comme à cet âge privilégié, nous
oublions nos défauts, et même nos travers, dès que nous sommes
ensemble : nous sommes tout au plaisir d'être amis, de parler à
cœur entr'ouvert [1]. » Le lien tardif où se manifeste sans cesse,
selon R.M.G., la jeunesse des cœurs, s'enracine assurément
dans des affinités réelles : mêmes options fondamentales quant
à la foi en l'homme, même dégoût incurable contracté dans
l'épreuve de la guerre, même dévotion portée à l'art et à
l'œuvre. « *Si différents que nous puissions être par certains*
bouts, il y a d'autres extrémités de nous qui se peuvent bien
accoler, nous en avons l'expérience et je me réjouis qu'il en soit
ainsi », déclare lucidement R.M.G. [2]. Mais jamais ni l'un ni
l'autre ne renoncera rien de son tempérament propre et c'est
ainsi que l'on verra s'opposer souvent la douloureuse inquiétude de G. Duhamel et la tranquille confiance de R.M.G. :
le premier adresse maintes fois des reproches sur les longs
silences de son ami; R.M.G. pour sa part ne craint nulle
désaffection. « Il faut ce livre pour que je sois assuré que tu
es encore en vie. Tu ne réponds plus à rien. Nos appels –
discrets – tombent dans un puits de silence », déplore
G. Duhamel le 1er juillet 1949, après un an sans nouvelles de
son ami. Et R.M.G. de répondre aussitôt pour rassurer le
« *vieux cœur trop sensible* » et pour « [*l'*]*enguirlander un peu,*
comme il [*le*] *mérite, de douter de la stabilité de* [*ses*] *sentiments* ».
« *Je suis un statique, un sédentaire* [...] », rappelle-t-il; « *je*
m'installe aussi dans l'amitié, et mes sentiments se modifient
très difficilement : ils ont de la pesanteur, ils sont calmes et
stagnants; on les retrouve à la même place et tels qu'on les a

---

1. Lettre du 15 février 1932 (210), p. 235.
2. Lettre du 3 février 1927 (118), p. 140.

quittés [1]. » De tels déphasages se renouvelleront, de plus en plus nombreux, à mesure que s'assombrissent les dernières années de R.M.G., mais il faut en croire sa solide confiance, et garder présentes à la mémoire toute l'émotion et la tendresse dont se chargeait le cadre désespérément étroit des cartes préimprimées échangées contre vents et marées pendant l'Occupation [2].

La correspondance à tous moments atteste une intimité qui excède largement l'intérêt d'entretiens purement littéraires, c'est la vie familiale de chacun qu'elle nous restitue partiellement, avec ses bulletins de santé et ses menus événements quotidiens où bat le « cœur d'une maison [3] ». Des personnalités s'y incarnent, des voix multiples s'y font entendre, Hélène Martin du Gard, « toujours parfaite » et si fragile, s'associe aux gestes amicaux de l'hospitalité, Blanche Albane, la mère attentive et l'actrice rayonnante n'est jamais oubliée [4], les aventures et mésaventures du Cuib, du Tioup et du jeune Antoine hantent furtivement telle ou telle lettre du « père hibou [5] », tandis que les silences pesants de R.M.G. sur Christiane au moment de son mariage en disent long sur son malaise profond. Les grands deuils qui frappent chacune des deux familles suscitent des mots de sympathie le plus souvent brefs mais qui frappent par leurs accents personnels d'une sincérité et d'une délicatesse évidentes [6]. Et comme l'amitié se fortifie dans le service rendu autant que dans les marques de la sollicitude, l'on voit souvent R.M.G. en

---

1. Lettre du 17 juillet 1949 (341), p. 394.

2. Rappelons aussi que G. Duhamel conservera toujours dans son bureau un portrait de R.M.G. Voir la lettre du 1er janvier 1956 (362), p. 418.

3. Le thème domestique hante les œuvres de G. Duhamel, comme la demeure de Valmondois accueillit ses bruissants enchantements.

4. Les deux femmes, rapprochées après la guerre par le travail d'Hélène pour les costumes du Vieux Colombier, s'entretinrent, plus tard, lors de la conversion de Blanche à la foi catholique.

5. *Les plaisirs et les jeux* consacrèrent ces surnoms inspirés par les fils de Duhamel. Voir lettre du 22 décembre 1922 (36), p. 76.

6. Voir les lettres des 14 avril 1924, 26 janvier 1925, 9 juin 1928, p. 109, 120, 168.

appeler au Dr Duhamel pour se faire confirmer un diagnostic, pour demander un conseil, pour s'affranchir en les
exprimant à un interlocuteur compétent des inquiétudes
qui, sa vie durant, le rendirent excessivement attentif aux
multiples caprices de sa santé et de celle des siens [1]. Gide
raconte ainsi, en 1939, dans son *Journal* comment R.M.G.
jeté un soir dans de très étranges alarmes et croyant sa fin
imminente lui demanda d'aller quérir Duhamel. Cette liberté
de R.M.G. à consulter le médecin Duhamel [2] n'a d'égale
que le dévouement de celui-ci dans toutes les circonstances
où il put porter secours et réconfort au malade. Ce colloque
très singulier bascule parfois dans quelques excès, et R.M.G.,
pour contenir un zèle à son gré intempestif, recourt aux
petits mensonges qu'il juge indispensables à la sauvegarde
de son isolement. Duhamel fut certes parmi les premiers
avisés de l'accident de janvier 1931 [3], mais sans cesse
R.M.G réitère l'interdiction de le visiter à quelque titre
que ce soit, et il se gardera bien ensuite de lui communiquer l'adresse de son séjour de convalescence dans le
Midi [4]. Des amitiés, des relations communes élargissent
l'exercice de ces « bons offices » : l'on ne saurait les énumérer
ici et l'on se contentera donc de rappeler les nombreuses
et pressantes interventions de R.M.G. auprès de G. Duhamel
en faveur de son ami Boulan [5], ou l'action communé-
ment menée pour venir en aide à la veuve de Le Dan-

---

1. Voir l'ensemble de la *C. G.* « Je ne t'ai parlé que de moi, comme font
les malades. Surtout les malades qui écrivent au médecin » (lettre du 12 mai
1930 [179], p. 199). Duhamel s'amuse : « Tu as fait une de ces affaires
exceptionnelles qui en général ne surviennent que dans les familles de
médecins » (lettre du 10 mai 1930, p. 190).
2. Mais rappelons que R.M.G. s'est entouré de maints autres médecins,
parmi lesquels les Dr Lamy, Dr Neveu, R. Froment et al.
3. Lettre du 7 janvier 1931 (193), p. 212.
4. Lettre du 9 avril 1931 (204), p. 227. R.M.G. ajournait *sine die* une
rencontre avec Duhamel : « Quand nous reverrons-nous ? Dans plusieurs
mois, pas avant » (lettre 202, p. 224). Il ne renoua les relations qu'en septembre
1931.
5. Voir lettres (189), (192) et (200), p. 209, 211, 218.

tec [1]. L'œuvre de « La lecture au sana » rapproche encore ponctuellement les deux hommes, qui s'engagent si volontiers, quoique par des voies souvent différentes, dans le souci du prochain.

Mais c'est dans leur collaboration littéraire que se manifeste le plus sensiblement l'entente étonnante des deux amis : *Les Thibault* surtout témoignent du généreux concours de G. Duhamel sollicité tout à la fois pour son incomparable efficacité de puriste et pour ses lumières médicales. « *Je vais avoir dans ma 3ᵉ partie un chapitre que je ne puis faire sans vous et j'ai froidement compté sur vous comme sur moi-même* », déclare R.M.G. au sujet de *La belle saison* [2]. Et c'est l'opération magistralement improvisée par le jeune chef de clinique pour la petite Dédette, vrai morceau de bravoure, qui porte la première trace concrète d'une précieuse contribution. R.M.G. entonne l'action de grâces avec un enthousiasme sans mélange : « *Je vous dois plus qu'un élan, quelque chose d'unique, d'irremplaçable* [...]. *Béni soit le jour où nos chemins se sont croisés* [3] *!* » Le doigt du praticien se montrera encore dans *La mort du père*, lorsque R.M.G. doit trouver quelque prétexte d'une « *urgence et d'une gravité particulières* » pour retenir Jacques au téléphone quand Gise lui apparaît. « *Va pour le ballon (d'oxygène), et mort au vieux!* » conclut-il allégrement pour accuser réception d'un avis qui malheureusement n'a pas été conservé [4]. Duhamel avait été associé à la gestation de l'œuvre, dès les grands plans de 1920 [5], il entendit la lecture de *La Sorellina* au Tertre en avril 1928, de *La mort du père*, chaque soir, en décembre 1928 [6]; et s'il ne fut pas convié à l'accou-

---

1. Voir lettres du 15 mars 1944 au 10 août 1944, (298) à (304), p. 339 à 348.
2. Lettre du 29 novembre 1922 (54), p. 73. Cf. lettre du 5 février 1923 (38), p. 78.
3. Lettre du 26 février 1923 (59), p. 79. Cf. lettre du 5 mars 1923 (60), p. 80.
4. Lettre du 5 mai 1928 (140), p. 163 et du 8 mai 1928 (141), p. 164.
5. Lettre du 27 janvier 1948 (330), p. 381.
6. *Livre de l'amertume*, 12 décembre 1928.

chement du nouveau plan en février 1932 [1], il fournit à son ami pour l'*Épilogue* une importante documentation sur les maladies des gazés, qui devait nourrir les observations d'Antoine [2]. « *Jusqu'ici c'est toujours vous qui m'avez aidé, et* [...] *je n'ai jamais pu vous rendre aucun service,* [...] *vous n'avez jamais tiré le moindre avantage de mon voisinage en ce monde. Peut-être viendra-t-il un jour où vous ferez appel à moi ? Je vous promets que ce ne sera pas en vain, et que vous jugerez ce jour-là des racines profondes de mon affection* », proclamait R.M.G. le 23 décembre 1926. L'on sait aussi que G. Duhamel fit à son ami quelques lectures de ses propres textes [3], mais il est vrai que la collaboration littéraire que nous avons évoquée apparaît trop souvent unilatérale dans la correspondance. Si R.M.G. rendit quelques services à l'écrivain, c'est sans aucun doute par d'autres voies, qu'il nous faut désormais chercher.

« *Je ne vous ferai grâce qu'au chef d'œuvre* », avertit R.M.G. dès février 1920 [4], et il se pose comme l'aiguillon nécessaire à l'excitation du génie. « *Le lion, piqué enfin, se remue un peu et rugit. C'est ce que je voulais. Tu sais, mon cher vieux, "on a quelquefois besoin d'un plus petit que soi* [5]"... » Il se veut sans complaisance, et ses critiques, d'une sévérité salutaire, n'épargnent pas le tempérament plus réservé de G. Duhamel. Sa « franchise bourrue » s'exprime toute dans le dialogue épistolaire, accuse les différences entre les deux écrivains et dessine les contours d'une stimulante rivalité littéraire, cultivée comme entre deux frères le souci passionné de se distinguer. « *Je poursuis sans cesse avec toi le dialogue interrompu; je cherche ton approbation secrète, et tantôt aussi*

1. Il s'empressait en revanche d'annoncer à Gide sa délivrance dès le 15 février 1932.
2. Voir les lettres (244) à (246), d'avril 1936, p. 279-282.
3. Voir par exemple la lettre du 29 mars 1931 (202), p. 223.
4. Lettre du 22 février 1920 (4), p. 10. G. Duhamel avait accepté cette règle du jeu édictée par le « cœur terriblement sincère » de son ami. Voir les lettres (13), (14), (20).
5. Lettre du 15 janvier 1933 (221), p. 249.

ta désapprobation, j'ai besoin de notre accord et de nos désaccords!... Je m'affirme tantôt avec, et tantôt contre toi [1] *»*, confesse R.M.G. L'on peut penser que les entretiens, sans rien perdre du dynamisme de telles disputes, présentaient plus de souplesse et de mesure, et que cette « erreur de principe [2] » que regrettait amèrement Duhamel comme la source de leurs différends épistolaires s'y trouvait réduite. G. Duhamel les chérissait [3], R.M.G. y « forçait peut-être moins la note » : *« Je n'aurais pas pu vous le dire de vive-voix peut-être. Car dans la discussion vous avez toujours raison et je ne trouve rien à vous opposer, même lorsque je reste d'un autre avis que vous* [4]. *»* R.M.G. n'aime guère à s'appesantir sur les éloges [5] : « *Tout ce que j'en pense de bon, par instant de très bon, je vous le dirai en causant, si l'occasion s'en présente; c'est un aliment sans calories, comme on dit, je crois. Une critique, même mauvaise, a de la valeur nutritive. Ouvrez donc le bec* [6]*!* » Quelques mots significatifs suffisent, et parmi eux surtout ce « *je t'envie d'avoir écrit ce livre* [7] » qui figure le compliment suprême et l'aveu le plus sincère. L'on remarquera que son entière adhésion va de préférence aux œuvres qui développent des thèmes et des sujets le plus souvent exclus de sa production propre, depuis les souvenirs de guerre tout vibrants d'émotion et dénués d'afféterie jusqu'au petit « *chef d'œuvre d'authenticité* » qu'il salua en *Les plaisirs et les jeux*. « *Je ne crois pas que vous écriviez jamais un livre où vous vous reflétiez si exactement* [...] *C'est tout vous* [...] *Voilà par quoi ce livre est unique et voilà pourquoi vous étiez le seul*

---

1. Lettre du 15 mars 1934 (232), p. 264.
2. Lettre du 14 novembre 1920 (13), p. 24.
3. « Mais quoi, une journée au Tertre vaut mieux qu'une lettre de cent pages » (lettre du 26 septembre 1928 [147], p. 170).
4. Lettre du 22 décembre 1922 (56), p. 76.
5. Voir néanmoins la lettre de compliments chaleureux qu'il écrivit sur *La pierre d'Horeb*, le 14 février 1926 (111), p. 231-232.
6. Lettre du 22 décembre 1922 (56), p. 75. Cf. celle du 30 octobre 1921 (35), p. 51.
7. Lettre du 13 juin 1930 (182), p. 201, à propos de *Scènes de la vie future*.

à pouvoir l'écrire. Jamais vos dons ne vous ont mieux servi [1]. »
Nul ne peut en effet se soustraire à la magie de cette tendresse
paternelle à l'écoute de l'enfance, et R.M.G. tout le premier
pouvait se réjouir de retrouver tel qu'en lui-même cet ami
en lequel il avouait préférer l'homme à l'écrivain [2].
« *J'envie ton équilibre et ta méthodique ascension* [3] », confiait
R.M.G. en une période de doute et de stérilité. Pourtant ses
avertissements vigilants jalonnent la carrière littéraire de
G. Duhamel, et à mesure que celui-ci s'engage dans les
honneurs et les périls de la notoriété, donnent au spectre
sans cesse brandi trois avatars : celui du grammairien, celui
du sentencieux, celui enfin de l'académicien, cible par
excellence des ironies ordinaires. Premier portrait, première
étiquette amicale : R.M.G. parle de G. Duhamel comme d'un
« *Littré à lunettes* », et cette admiration sans mélange qu'il
professe pour la « *conscience de correcteur d'imprimerie* » et
la « *science de puriste* [4] » du « *maître* [5] » ne le destine pas
pourtant, on le sent bien, au premier rôle. G. Duhamel le
comprit bien, qui se défendit d'abord d'hommages aussi
réducteurs : « N'allez pas me faire une réputation de grammairien », répéta-t-il aussitôt à son ami quand celui-ci lui
confia : « *Le plus souvent, vous m'apparaissez sous la forme
d'un juge impitoyable, pour lequel déjà d'avance je tourne une
demi-heure autour d'un qualificatif impropre* [6] ».
Il proteste de son intérêt pour les personnages, mais le
moyen de disputer à Gide le prestigieux apanage des consul-
tations fondamentales? « *J'en ai fait une lecture à Gide qui
ne s'occupe jamais que du fond* [...] *et à qui je puis me permettre
de lire un texte surchargé d'épithètes et d'impropriétés parce*

1. Lettre du 26 juillet 1922 (47), p. 65-66.
2. Lettre à Jean Paulhan, du 29 mai 1932, *C.G.*, t. V, p. 418.
3. Lettre du 3 juillet 1929 (164), p. 183.
4. Lettre à Gide du 4 avril 1928, *Correspondance* t. I, p. 338-339. Cf. lettre
du 6 décembre 1928 (150), p. 173 : « À toi de me donner ton "imprimatur". »
5. « Duhamel est un merveilleux maître », notait R.M.G. dans son *Journal*
le 4 juillet 1923.
6. Voir les lettres des 13 mai 1923 (62), p. 82, et 30 avril 1923 (61), p. 81.

qu'il ne s'intéresse qu'aux bonshommes. Mais pour vous promener dans mon jardin [...], *il faut que je ratisse un tant soit peu le chemin* [1]. » Les rôles, une fois distribués, n'ont plus qu'à être joués : à Duhamel d'assumer la fonction de « tamis » et les deux parties alternées du médecin et du dictionnaire [2]. Peu soucieux de quereller, il finit par s'incliner, en toute lucidité : « Votre lettre me désole [...] Tant pis! Je n'ai pas choisi ce rôle. Je le jouerai jusqu'au bout [3]. » En abdiquant dans ce premier malentendu, aussi pernicieux que dénué de perfidie, l'intégrité de ses compétences critiques, G. Duhamel s'exposait à voir ensuite dénier à son art d'écrivain les qualités essentielles, tant il est vrai que presque immanquablement la perfection formelle vient à désigner à l'esprit les carences du fond.

Ainsi le glissement s'opéra-t-il très naturellement de l'aisance avec laquelle G. Duhamel évoluait dans la langue à certaine « facilité » de telle ou telle de ses œuvres. *« Tu parles d'" habileté " : en connaissance de cause, vieux renard! C'est d'un art consommé »*, dit R.M.G. à propos du *Notaire du Havre*. *« Le plat est trop bien monté pour qu'on y sente des parties creuses; mais on a un peu l'impression que la matière comestible y est servie dans un récipient un peu plus vaste qu'il n'était nécessaire. La langue est admirable, presque irritante de perfection!* [...] *Tu as pris presque seul la succession de France* [4]. » Et il poursuit le propos en développant le thème constant de ses critiques, ce ton « *bonhomme* », cette « *manière* [5] » qui le gênent tant dans beaucoup d'œuvres de son ami, dont *La possession du Monde* posa dès longtemps le prototype. Cet « *accent Jérôme Coignard* [6] » devient vite à ses yeux exaspérant, et dès 1922 il met en garde son ami : « *Je me suis imaginé*

---

1. Lettre du 23 mai 1923 (63), p. 84.
2. Rappelons que le Littré est dans la famille Pasquier le livre sacro-saint. Voir par exemple *La nuit de la Saint-Jean*, chap. IV.
3. Lettre du 25 mai 1923 (64), p. 85.
4. Lettre du 23 mai 1933 (228), p. 257.
5. Lettre du 10 juin 1926 (113), p. 134, à propos des *Lettres au Patagon*.
6. Lettre du 13 juin 1930 (182), p. 201.

*tout à coup que vous pourriez, en vieillissant, rééditer une
espèce de réplique populaire à la Bergeret ou à la Sylvestre
Bonnard* [1]. » Il ne se lassera pas de stigmatiser vigoureusement
cette propension au bavardage « *dodelinant* », cette sagesse
indulgente à l'usage des gens simples, qui furent peut-être
en effet le démon tantôt triomphant, tantôt réprimé de
G. Duhamel. Il se montre alors sans complaisance aucune,
et il n'est que de lire pour se convaincre de sa terrible
franchise la lettre adressée à propos de *Tel qu'en lui-même* [2]
qui devait couronner l'histoire de Salavin et libérer son auteur
du triste personnage.

Autorité en matière de langue française, moraliste « *édifiant* » et souriant, que manquait-il à Duhamel sinon la
consécration officielle d'une élection à l'Académie ? R.M.G.
dès longtemps avait envisagé ce destin de l'homme public
qui multipliait, contre ses avis, les conférences en France et
à l'étranger. Il y contractait en effet selon lui la fâcheuse
habitude de « *parler avec poids* », « *de rendre des oracles* », et
l'« *augure européen* [3] » risquait fort, se répandant de la sorte,
de se perdre en représentation, de pontifier en oubliant ses
qualités authentiques. G. Duhamel à nouveau rejette pareils
reproches : « Je pense, cher Roger, que tu te trompes encore
sur mon personnage et sur mon genre de vie [...] Enfin,
passons! Tu te fais, à mon sujet, plusieurs chimères que je
désespère de tuer [4]. » Aussi les deux hommes ne pouvaient-
ils guère concevoir de même façon la Vieille Dame : « *Ne te
laisse pas asseoir à l'Académie, ça ne ferait qu'intimider tes
amis, et qu'y gagnerais-tu ?* » interroge R.M.G. « *Je ne crois
même pas qu'Elle y gagnerait vraiment quelque chose* [...] *Quand
tu penses au titre d'académicien, il ne faut pas le confronter*

---

1. Lettre du 22 décembre 1922 (55), p. 75.
2. Lettre du 28 décembre 1932 (217), p. 242-243.
3. Lettre du 26 février 1928 (129), p. 149-150.
4. Lettre du 17 septembre 1929 (167), p. 187, en réponse à la lettre (166)
de R.M.G. qui prétendait que G. Duhamel en voyage sacrifiait trop à la
fréquentation des « hautes sphères ».

*avec le souvenir du petit étudiant en médecine que tu as été;
cela ne pourrait que te troubler, t'éblouir; il faut le confronter
avec l'écrivain français que tu seras, " post mortem " [...] Tu
auras le prix Nobel, avant peu. Et ça, c'est une belle consécration;
digne de toi et de ceux qui t'aiment* [1].* »* Ironie du sort, c'est à
R.M.G. que devait échoir le Nobel, en 1937, et si G. Duhamel
put assurément en éprouver une vive déception, l'accueil
reçu sous la coupole était de nature à le dédommager. Vanité
ou ambition légitime ? Le télégramme de félicitations envoyé
par R.M.G. tranchait franchement l'équivoque : « *Ça me
paraît plus Joseph que Laurent. Félicitations affectueuses tout
de même* [2]. » Il sut pourtant saluer dans le discours de son
ami la réussite d'un « *numéro acrobatique* » respectueux du
« *ton de la maison* », mais aussi remarquable par son courage :
« *Ton courage à toi est toujours assez habile pour ne blesser
personne, et forcer la reconnaissance de tous* [3]. » G. Duhamel
nourrissait le rêve d'attirer avec lui tous les écrivains de
premier plan : R.M.G. s'y refusa toujours, marquant ainsi
que son sentiment sur ce chapitre était invariable et rebelle
aux plus instantes invitations. Il restait à G. Duhamel, entré
en la demeure, de rendre les menus services que sa position
le mettait en état de rendre, et son ami ne se fit pas faute
d'utiliser son crédit en faveur de telle ou telle relation
commune. Il lui restait surtout à investir de sa dignité
personnelle l'honneur menacé de la vieille maison pendant
l'Occupation, et l'on sait qu'il ne faillit pas à cette mission
difficile.

« Ça va, je te reprendrai au prochain tour [4] », répliquait
G. Duhamel, en bon joueur, à son ami qui venait de lui
assener de rudes coups. Pourtant, à lire seulement la corres-

1. Lettre du 29 mars 1931 (202), p. 224.
2. Lettre du 22 novembre 1935 (242), p. 277. Les félicitations adressées
par G. Duhamel à R.M.G. pour le Nobel n'ont malheureusement pas été
retrouvées.
3. Lettre du 1er juillet 1936 (247), p. 283.
4. Lettre du 8 janvier 1933 (218), p. 245.

pondance, l'on incline à penser que le « *doux obstiné* [1] », s'il ne donnait prise à nulle influence, ne lançait pas non plus toutes ses forces dans la joute. Avait-il fait sienne cette haute exigence au nom de laquelle R.M.G. parfois l'accablait de semonces? L'on trouve assurément dans ses lettres des termes élogieux, de-ci, de-là, mais de critiques, point ou peu. « Tout en toi me semble bon, solide, respectable. Même si j'ose dire, même tes erreurs me sembleraient telles, si tu t'avisais d'en commettre [2] », professe-t-il. Seule *Vieille France* le tira de sa réserve coutumière; encore est-ce avec modération qu'il y dénonça « l'arbitraire excessif » et cette « habileté » par laquelle R.M.G. lui semblait ménager le curé et l'instituteur [3]. Mais pareilles remarques ne pouvaient que toucher au vif R.M.G., et il se dit « *fort irrité* » par le plaidoyer pour Jacques Bonhomme que son ami entreprit de publier contre lui dans *Marianne*. « *Je n'ai pas un goût naturel pour la polémique en public.* [...] *Ce n'est nullement, grâce à Dieu, une querelle de personnes* [...] *C'est assez perfide* [...] *Mais je n'en finirai pas de vider mon sac. Ces quelques lignes m'ont suffisamment dégorgé le foie* [4]. » L'on voit comme R.M.G. se montra sensible à ce qui fut la seule attaque déclarée de son ami contre son art. Est-ce à dire que G. Duhamel admira toujours sans restriction l'œuvre de son correspondant? Assurément non, le point de vue exprimé apparaît constant dans ses notes personnelles, dans ce *Livre de l'amertume* où il consignait ses réflexions, ses exaspérations, comme autant de blessures qu'il s'interdisait d'infliger à ses proches mais qu'il devait bien « débrider [5] » en son particulier. « Je crois lui avoir produit depuis longtemps toutes les critiques utiles et maintenant j'attends [...] j'ai la presque certitude qu'il se trompe, et que cet effort gigantesque, n'exagérons rien, ce grand effort, ne fera pas avancer d'un

1. Selon l'expression de R.M.G. dans sa lettre du 23 mai 1923 (63), p. 84.
2. Lettre du 25 février 1932 (212), p. 237.
3. Lettre du 21 mars 1933 (255), p. 253.
4. Lettre du 28 mars 1934 (235), p. 267-269.
5. Selon le terme chirurgical qui lui est familier. Cf. lettre (20), p. 35.

pas notre connaissance du cœur humain, seule chose qui m'intéresse », note-t-il en novembre 1928 dans son journal [1]. Il condamnait sans appel cette résurgence tardive du propos naturaliste qu'il décelait dans le projet des *Thibault*. « Je crois que c'est un immense effort sur une forme d'art épuisée [...] je ne puis m'empêcher de penser que, ni dans la technique, ni dans la psychologie, ni dans aucun des procédés d'art mis en jeu, cela n'ajoute quoi que ce soit aux grands romans naturalistes de la fin du siècle dernier [2]. » Mieux valait en effet que G. Duhamel ne partageât pas à son ami une réticence intime aussi générale! C'est pourquoi il se contenta d'user à l'occasion d'une légère ironie : à l'homme qu'il jugeait trop prompt à s'inventer de romanesques tourments, il enjoignait de ne pas chercher à être « un personnage de son livre [3] », au farouche ennemi des dignités officielles, il adresse des félicitations revanchardes pour sa nomination au grade d'officier de la Légion d'honneur : « Cela marque chez toi, me semble-t-il, une disposition à prendre moins au tragique ces choses sans importance. Je m'en réjouis donc. » Et d'annoncer derechef sa démission de Secrétaire perpétuel [4]...

Mais ces échanges de bonne guerre et de bonne amitié ne nous doivent pas arrêter, et ce sont les œuvres mêmes des deux écrivains qui nous permettent finalement d'estimer les fruits de leur collaboration et de leur constante émulation. Elles ne se rencontrent guère et pourtant s'éclairent l'une l'autre, parfois, chemin faisant. Tel notera les ressemblances de Salavin et de Chasles, à la suite de Duhamel lui-même [5], tel rapprochera de la bannière d'Antoine (« Stabo ») la maxime de Laurent Pasquier (« Miracle n'est pas œuvre »), tel encore sera tenté de voir dans le diagnostic et le traitement à Berck

1. *Livre de l'amertume*, p. 92 (à propos de *La mort du père*).
2. *Id.*, p. 73.
3. Lettre du 17 septembre 1929 (67), p. 187. Cf. *Livre* p. 119 : « J'ai bien ri [...] Le brave homme casanier, méticuleux, déjà obèse, se plaît à croire volontiers qu'il est le vase de tous les vices... »
4. Lettre du 10 février 1946 (323), p. 372.
5. Voir dans la *Correspondance André Gide-R.M.G.*, t. I, p. 666.

de la petite Huguette de Battaincourt un souvenir de
G. Duhamel qui y séjourna lui-même enfant et y envoie le
fils de Salavin dans *Deux hommes* [1], tel enfin retrouvera dans
la composition de *La consultation* le procédé de juxtaposition
d'actes et de cas qui présidait à la *Vie des martyrs*. L'on
pourra aisément, au rebours, souligner combien diffèrent
leurs esthétiques [2], leur conception de l'histoire [3], ou envisager
cette inquiétude mystique qui, absente chez R.M.G., s'exprime
volontiers chez Duhamel et hante ses personnages majeurs,
comme la titrologie romanesque elle-même. Mais nous voudrions jeter ici les linéaments d'une comparaison [4] à établir
sous un autre angle, à la fois particulier et révélateur.
Rappelons que la composition des *Thibault* s'étala de 1920 à
la Seconde Guerre mondiale et que l'histoire des Pasquier,
publiée plus tardivement, se dessina dans l'esprit de
G. Duhamel dès les années 20 : et ces deux cycles, presque
concurrents dans le temps, font une place centrale aux figures
de médecins. Raymond Pasquier, dans sa foi naïve en une
science salvatrice, appartient à la génération scientiste, comme
Jean Barois dont il constitue une caricature haute en couleur;
par son entêtement « d'animal anti-politique », il rappelle
aussi les refus longtemps opposés à l'Histoire par le docteur
Thibault, au nom de la compétence. Laurent Pasquier, fort
d'une sensibilité et d'interrogations dont nous suivons la
genèse, vient briser les idoles périmées et faire éclater l'image
du « médecin type » : point de reniement de la littérature en
lui; il est un héros ambivalent pour qui d'emblée le laboratoire
n'est jamais qu'un moyen d'observation, et non une fin en
soi. C'est de la même façon que G. Duhamel sut fondre le

1. *La consultation* (1928), *Deux hommes* (1924), ch. XXI, *Inventaire de
l'abîme*, ch. III, publié clandestinement en 1942, Mercure de France, p. 43.
2. Sur la composition : voir lettres de G. Duhamel du 14 novembre 1920
(13), p. 22-23, et de R.M.G. du 30 octobre 1921 (35), p. 51.
3. Voir la longue lettre de G. Duhamel du 25 décembre 1935 (256), p. 294-
295, sur l'histoire et l'usage du document.
4. Elle est l'un des objets que se propose notre thèse sur *Le médecin, ce
héros du roman moderne, de R.M.G. à A. Camus.*

matériel médical dont l'avait fourni son expérience de biologiste et de praticien dans une œuvre ouverte à toutes les inspirations : il était naturel que l'intérêt marqué de R.M.G. pour la médecine lui apparût un peu comme l'engouement d'un néophyte dont il repérait, non sans quelque satisfaction intime, les empreintes, dans l'*Épilogue* : «... Deux remarques. L'une sur l'art du narrateur. Un peu trop de détails techniques. Ils sont exacts et bien choisis, mais il y en a un peu trop tout de même. Des choses que l'on connaît, depuis longtemps, par l'intérieur, on parle toujours avec moins de complaisance. Mais personne ne s'en apercevra. Celui qui t'écrit cela, ce n'est certes pas le médecin, c'est le romancier [1].» De cet avantage envié il n'abusa pas, au demeurant, dans ses critiques, non plus qu'il n'en réserva les ressources à son œuvre propre [2]. Et qu'importe au fond ce petit triomphe de l'amour-propre? G. Duhamel sut saluer plaisamment le sûr métier de R.M.G., le 25 décembre 1936 : « Si les romanciers avaient un Saint, tu serais leur patron. »

Passant en revue dans sa mémoire les moments d'émotions communs, R.M.G., en 1948, dresse un bilan entièrement positif : « *C'est une chance rare, mon vieux, que notre amitié n'ait que de bons souvenirs à repêcher dans les brumes du passé* [3]. » C'est dire que les faits confirmèrent cette communauté de pensée que l'auteur des *Thibault* lançait comme un défi à la postérité : « *Qu'importent les idées et les thèses, si nous sommes, chacun avec le son de sa voix et la ligne de son caractère, du même côté de la grande barricade morale. D'une part, ceux qui ont espoir et foi; de l'autre, les palotins* [4]. » Cette singulière entente fut capable d'élever les deux hommes au-dessus de clivages qui, « à chaud », pouvaient paraître

---

1. Lettre du 21 mars 1940 (281), p. 318-319.
2. Parmi les nombreux thèmes abordés, seule l'« invidia medicorum » semble appartenir exclusivement à G. Duhamel. Voir *Les maîtres, Le combat contre les ombres.*
3. Lettre du 27 janvier 1948 (330), p. 387.
4. Lettre du 9 avril 1931 (204), p. 227.

rédhibitoires (éloignement de G. Duhamel pour Gide, pour la *NRF* [1] et le ton de Pontigny, aversion de R.M.G. pour les fréquentations mondaines et académiques), et c'est ainsi que se dessine une relation riche et complexe, à nulle autre pareille. Faisant allusion à des articles dont on n'a pu retrouver trace, R.M.G. marquait ainsi sa défiance à l'endroit de toute comparaison : « *En principe je redoute – mon amitié redoute toujours – ce jeu d'esprit qui permet au critique de torcher hâtivement un article en blanc et noir.* » Si notre article a su cerner un peu la qualité exceptionnelle de cette amitié, sans sacrifier l'un ou l'autre de ces deux écrivains majeurs, il aura touché son but et respecté l'injonction formelle de R.M.G. : « *Espérons que nos seigneurs les critiques ne se sont pas, cette fois, servis de l'un contre l'autre, de l'autre contre l'un, et nous vont laisser en paix nous aimer et travailler* [2]. »

Marie-Laure Leroy-Bédier
(Paris)

---

1. Voir lettre de R.M.G. à Jean Paulhan du 29 mai 1932, *C. G.*, t. V, p. 418, sur ce point névralgique : « Quant aux 10 ans de malveillance, et même de malveillance un peu "sournoise", pourquoi nier ? J'ai toujours entendu attaquer Duhamel à la *NRF* [...] Incompatibilités profondes, et que je conçois assez bien, de part et d'autre, puisque mes amitiés m'ont placé entre deux. »

2. Lettre du 9 avril 1931 (204), p. 227.

LE PHÉNOMÈNE DE LA LECTURE
DANS « LES THIBAULT [1] »

Sans commettre l'erreur de vouloir identifier absolument
Maumort à Roger Martin du Gard, on doit bien admettre
que le lieutenant-colonel possède la réponse à bon nombre
des questions qui se posent lorsqu'on tente de pénétrer dans
l'intimité intellectuelle du romancier. *Les dossiers de la boîte
noire* en particulier abondent en confidences majeures. L'auteur insiste sur un trait qu'il considère comme tout à fait
révélateur : la passion de la lecture, qui fait la joie quotidienne
de son existence méditative. Le titre « Lectures de Maumort
– Citations de lectures » ne trompe pas (p. 1025). Maumort
possède « une grande bibliothèque » et il a « *énormément
lu* [...]. *Il faut qu'on sente que c'est à lire qu'il passe la plus
grande partie de ses journées. Et il cite les passages* [...]. *Je n'ai
qu'à puiser copieusement dans la multitude de mes " citations ".
Une excellente façon de les utiliser.* » Aubaine, donc, que cette
occasion de mettre à profit des richesses voluptueusement
accumulées. Mais il y a plus : « *Par le choix de ces textes, je*

---

1. Les abréviations suivantes sont employées dans les références :
Corr. Gide-R.M.G. pour *Correspondance André Gide-Roger Martin du Gard,*
2 volumes, Gallimard, 1968.
Corr. Copeau-R.M.G. pour *Correspondance Jacques Copeau-Roger Martin du
Gard,* 2 volumes, Gallimard, 1972 :
Cahier pour *Le cahier gris* – *Pénit.* pour *Le pénitencier.* – *B.S.* pour *La
belle saison.* – *Consult.* pour *La consultation.* – *Mort* pour *La mort du père.*
– *Été* pour *L'été 1914* – *Épil.* pour *Épilogue.*

donnerai de l'esprit, du goût, des tendances de Maumort, un portrait bien plus poussé et bien plus nuancé... » Dis-moi qui tu lis, et je te dirai qui tu es : le psychologue a senti tout le parti qu'il tirerait pour la révélation de son personnage d'une telle lumière ; et le procédé, pour lui d'un usage aussi aisé qu'agréable, pouvait s'élever à la dignité d'une technique romanesque. Fort de cette constatation, il nous paraît naturel et peut-être fécond de nous demander si ce principe ne serait pas applicable aussi aux *Thibault*. L'enthousiasme proclamé par le créateur de Maumort pour cette méthode permettrait de le supposer, mais la conception si différente des deux œuvres, dont la seconde est, d'autre part, encore assez loin de son total achèvement, interdit toute conclusion hâtive. Seul un examen minutieux et sans a priori du rôle de la lecture dans le cas de chaque personnage des *Thibault* est susceptible de donner à cette présomption une solide autorité, ou un démenti : c'est cette enquête que nous nous proposons de présenter ici [1].

Plus que tous, Jacques, avide de littérature et futur normalien, justifie notre interrogation. Aussi bien, seul Antoine, l'autre protagoniste, mériterait-il ce traitement privilégié, mais il est peu probable, comme nous aurons à nous en assurer, que son pragmatisme et sa vocation médicale exigeante lui laissent beaucoup de loisirs culturels. L'amour des livres se mesure peut-être d'abord à l'exaspération de ne pouvoir en user à son gré : avec quelle impatience le nouveau lauréat ne jette-t-il pas « *au bas d'un placard* » les indispensables outils d'une ingrate préparation, « *des dictionnaires, un traité*

---

1. On regrette fort de ne pas connaître la réaction du correspondant de Gide à la demande que lui adressait l'ami, le 17 octobre 1928 (*Corr.* I, 360) : « Quelle est la lecture édifiante que peut faire en 1914, immédiatement avant-guerre, l'époux de mon infortunée héroïne [...] ? Ce doit être plutôt un livre de morale que des romans [...], ce que serait l'abbé Sertillanges aujourd'hui... » L'intérêt plus ou moins vif que R.M.G. aurait manifesté pour ce problème typique d'adaptation d'un livre à un personnage romanesque et à son temps serait, dans la perspective que nous adoptons, un indice des plus précieux.

de philologie », pour se délecter à l'avance des joies qui
s'offrent enfin : « *Il* [...] *flaira sur l'étagère le rayon des livres
qu'il accumulait – quelques-uns depuis l'an dernier – pour le
moment où il serait libre, chercha mentalement quel serait
d'entre eux tous le premier élu »* (*B.S., V*). Garçonnet, c'est à
une censure paternelle impitoyable qu'il s'était heurté avec
rage, selon sa confidence à Daniel, durant leur fugue : « *C'est
comme pour les livres : toi, on te laisse tout lire : chez toi, la
bibliothèque est ouverte. Moi, on ne me donne jamais que les
gros bouquins rouge et or, à images, genre Jules Verne, des
imbécillités »* (*Cahier*, VII). De là le recours aux prêts clan-
destins de l'ami Daniel, dont la découverte scandalise tant
l'abbé Binet : Dissimulé derrière un dictionnaire, « *nous
saisissons le volume suspect : un roman traduit de l'italien,
d'un auteur dont nous avons oublié le nom (D'Annunzio!)* :
Les vierges aux rochers ». Un peu plus tard, mis en goût par
cette infernale trouvaille, le censeur procède à une fouille
complète : « *Nous levons le pupitre de Jacques : deux autres
volumes :* Les Confessions *de Jean-Jacques Rousseau; et, ce
qui est plus déshonnête encore, excusez-moi, Monsieur, un ignoble
roman de Zola :* La Faute de l'abbé Mouret » (*ibid.*, I). Au
contraire, la nature saine du petit lui inspirera honte et
horreur devant les ouvrages infâmes que lui prodigue le père
Léon au Pénitencier : « *Et il m'a prêté des livres... je ne
croyais pas que ça existait! » (Pénit.*, III). Ses préférences à
lui sont bien innocentes, même si elles ne peuvent se satisfaire
que dans le secret, grâce à Daniel, toujours : des poètes, et
les moins sulfureux, possèdent tout son cœur encore frais,
selon ses naïfs aveux au grand frère, après la fugue : « *Je
donnerais tout pour les beaux vers que j'aime... »* Fontanin
« *m'a fait lire Laprade, Sully Prudhomme, et Lamartine, et
Victor Hugo, et Musset... Ah! Musset! Tu connais ça, dis :
"Pâle étoile du soir, messagère lointaine (etc.)" et ça : "Voilà
longtemps que celle avec qui j'ai dormi / Ô Seigneur, a quitté
ma couche pour la vôtre (etc.)". Et " Le Crucifix " de Lamartine, tu le connais, dis : "Toi que j'ai recueilli sur sa bouche*

expirante (etc.) ”. C'est beau, hein. C'est fluide! Chaque fois, ça me rend malade » (*Cahier,* IX). « L'Étoile du soir », « Booz endormi », « Le Crucifix »... Ô curiosités scélérates [1]! Elles sont, en tout cas, dans l'ingénuité de son enthousiasme, celles d'un jeune être sincèrement épris de beauté harmonieuse : le besoin de citer, avec délectation, ne permet pas de s'y tromper; et, malgré la teinte de tendre ridicule qui affecte ce genre de citations, on y reconnaît bien l'habitude même de R.M.G. [2].

Mais, au-delà de ces premières amours lyriques, Jacques nous réserve un témoignage de plus de portée et de plus riche suggestion sur ce que fut pour lui la lecture à un moment décisif de son adolescence. C'est pour Jenny qu'il évoque ses proches souvenirs : « *Je lisais, je lisais comme un forcené, tout ce qu'il y avait dans la bibliothèque d'Antoine, tout ce que Daniel pouvait m'apporter. Presque tous les romans modernes, français, anglais, russes y ont passé. Si vous saviez les élans que ça me donnait!* » (*B.S.,* VIII). Appétit gargantuesque, où tout familier de R.M.G. aura bientôt reconnu celui du rhétoricien de Mellério, dont les irremplaçables *souvenirs autobiographiques* offrent une liste impressionnante de romanciers engloutis par sa boulimie. Mais chez Jacques, la succession de ces influences massives entraîne ici, semble-t-il, encore davantage de bouleversements; ils prennent la forme de crises contradictoires, d'un jeu d'actions et de réactions, « *mais jamais d'affection chronique* ». À ce point interviennent des précisions qui révèlent la diversité des mouvements intérieurs, des lames de fond, dirait-on : « *Crise*

1. Peut-on à ce propos rappeler le pastiche sans prétention risqué par R.M.G. dans une lettre à Gide, le 14 octobre 1920 : « Pâle étoile du soir, messagère lointaine, / Dont le rond sort fumant des ombres du fourneau... »
2. Avant cette confidence, Antoine savait déjà l'essentiel. Il déclare à son père et à l'abbé Binot, au début du *Cahier gris* : « Plusieurs fois cet hiver [...] j'ai surpris Jacques lisant des livres de vers que lui avait prêtés Fontanin [...]. Ça ne me semblait pas bien dangereux [...], du Victor Hugo, du Lamartine » (*Cahier,* I). Jacques est un peu le frère cadet de cet abbé Adry qui « savait par cœur tous les poètes qu'il aimait [...]. Tel passage de Virgile [...] lui rappelait un quatrain d'Horace, un poème de Ronsard, des vers de Leconte de Lisle, une strophe de Lamartine ou de Hugo » (*Maumort,* p. 67).

*religieuse, parce que je venais de me jeter à corps perdu dans
les Évangiles, ou bien dans l'Ancien Testament! Ah! ma lettre
[à Daniel], après une lecture d'Emerson* [1].» Cet éclectisme
ardent nourrit bien des fièvres : « *J'ai eu toutes les maladies
de l'adolescence :* une *vincite aiguë, une* baudelairite *exaspérée!* »
Élans de foi et accès de reniement alternent : « *Un matin,
j'étais classique; le soir, romantique et je faisais flamber en
cachette dans le laboratoire d'Antoine mon Malherbe ou mon
Boileau.* » (*Ibid.*, même section [2].) On conçoit tout le parti
que le créateur de Jacques eût pu tirer d'esquisses aussi
inspirantes : mais il a tenu à éviter toute surcharge, en
particulier dans l'anthologie des lettres à Daniel qu'il jugeait
suffisante pour marquer la nature de ces troubles d'adolescence intimement mêlés à la littérature. Son but atteint, il
s'est interdit d'aller au-delà. Décidément, le cas de Jacques
n'est pas celui de Maumort et le plus vorace lecteur des
Thibault n'a pas été détaché longuement des autres personnages, comme devait l'être bien plus tard le vieux solitaire,
en vue d'une monographie de consommateur insatiable de
littérature.

Il convient cependant de nous attarder encore un peu sur
cette scène de *La belle saison* où le jeune homme renfermé
laisse entrevoir à une âme peut-être sœur, Jenny, quelques-

---

1. Pour Maumort, comme pour l'oncle Éric, Emerson est une figure
dominante. On lit dans les *Dossiers de la boîte noire*, p. 1027 : « Non seulement
ma bibliothèque m'a instruit, mais elle m'a rendu meilleur », et le glorieux
palmarès qui rassemble Montaigne, Goethe, Tolstoï, Shakespeare, etc., s'ouvre
sur le nom d'Emerson! De même, on note, p. 912 : «... des grands penseurs,
Emerson, Nietzsche, Jésus-Christ, Confucius, Platon. » Et ceci, qui s'applique
bien à l'adolescent Jacques, à propos de la « formation de l'oncle Éric » : « À
vingt ans, Emerson : recherche de soi-même » (p. 1025). Nous apprenons de
même que l'idéal d'Éric « était de ressembler au sage Emerson » (p. 324).
Relevons enfin, dans une lettre à Gévresin, p. 836 : «... les appels de ceux
que mon vieil oncle Éric appelait " les grands médiateurs ", les Emerson,
les Érasme, etc. »
2. Relevons aussi, à propos des ardents entretiens avec Lisbeth : « Il [...]
glissa dans son récit toutes sortes de réminiscences littéraires, car, depuis
deux mois, le plus clair de son travail consistait à dévorer les romans de la
bibliothèque d'Antoine. » (*Pénit.*, IX.)

uns de ses secrets farouchement défendus d'ordinaire. Les
brefs échanges entre elle et Jacques sur des sujets littéraires
ne sont en rien des digressions culturelles ou des prétextes à
exposés critiques. On peut y voir le simple aveu de goûts
personnels, mais plus exactement les tiendrait-on pour les
tests mutuels tentés par deux êtres timides qu'effleure la
tendresse, avides de reconnaître leurs accords, émus quand
se manifestent des affinités : pour Jacques surtout, si littéraire
alors, elles sont précieuses, et c'est en presque amoureux
plutôt qu'en grand frère qu'il cherche à comprendre, à
deviner ce qui n'est que suggéré. La référence aux choix de
Daniel est entre eux un lien de plus : elle aide à mesurer les
écarts et à saisir les raisons profondes des réserves de la jeune
fille ou de ses préférences. Moments délicieux de balbutiante
intimité, où chacun s'émerveille de se sentir soudain proche
de l'autre, grâce à quelques jugements sincères, sans prétention, prononcés sur un poète ou un romancier qui servira de
révélateur à leurs âmes pudiques. Mais c'est par les poètes
surtout, sans doute, qu'elles ont le plus de chances de se
rejoindre : les noms de Mallarmé, Baudelaire, Verlaine viennent
d'abord aux lèvres de Jacques, qui voudrait aussi faire en
sorte que son amie en découvre bien d'autres. « *"Et Mallarmé ? [...] J'ai un recueil de poèmes modernes qui n'est pas
mal fait. Je vous l'apporterai, voulez-vous " – " Oui "* » (*B.S.*,
VIII). Ce laconique acquiescement suffit : la promesse sera
tenue avec empressement par le prêteur, saisissant ce prétexte
commode pour retrouver Jenny. Nos désirs nous guident à
notre insu : Jacques avait, sans intention précise, glissé dans
sa poche un volume de poètes contemporains qu'il avait
proposé à Jenny et [...] il était sorti pour flâner dans le parc.
« *Or, le voici bientôt auprès de son amie : " Je vous apportais
ces morceaux choisis dont je vous ai parlé tantôt. " Il sortit
gauchement le livre de sa poche* » (*ibid.*, même section). Mais
la sécheresse d'une lecture méthodique manquerait trop de...
poésie. Des fleurs champêtres, aperçues ensemble, conduisent
au tendre Verlaine avec plus de naturel : « *Des branches*

d'églantines, dont l'une portait déjà de petites baies, fleurissaient un buisson en travers du sentier. Jacques fut sur le point de les lui offrir : *" Voici des fleurs, des fruits, des feuilles et des branches / Et puis voici... "* Il s'arrêterait, la regarderait... Il n'osa pas. Et, lorsque le buisson fut dépassé, il se dit : *" Ce que je suis littéraire ! "* » R.M.G. ne le sait pas moins que lui et s'interdit la banalité romanesque de le laisser « *oser* », si bien que ce garçon pétri de littérature s'en tient à la plate question : « *Vous aimez Verlaine ?* », sans que le cheminement de sa pensée soit perceptible à son interlocutrice. « *Oui, surtout Sagesse, que Daniel aimait tant autrefois.* » Édifiante prédilection, qui reste sans commentaire. Jacques seulement se prend à murmurer, pour lui surtout : « *Beauté des femmes, leur faiblesse, et ces mains pâles / Qui font souvent le bien et peuvent tout le mal...* » (*ibid.*, même section). Aucune lourde insistance, dût même cette discrétion extrême nous décevoir. Aussitôt, une autre question bien vaste également, et pourtant vite épuisée : « *Aimez-vous Baudelaire ?* » – « *Moins. C'est comme Whitman. D'ailleurs, Baudelaire, je le connais peu.* » Puisque Jenny, si réservée, a pris l'initiative d'avancer un nom, à vrai dire assez inattendu de sa part, Jacques tente d'en savoir davantage : « *Et Whitman, vous l'avez lu ?* » Ici l'indigence apparente du dialogue s'enrichit de suggestions qui se développent délicieusement dans le silence : telle est la divination des cœurs qui se découvrent bien près d'être accordés. « *" Daniel m'en a fait des lectures cet hiver. Je sens bien pourquoi il aime tant Whitman, lui. Mais moi... "* (Ils pensèrent tous deux à ce mot d'*" impur "*, qu'ils avaient prononcé tout à l'heure. *" Comme elle me ressemble !"* se dit Jacques) – *" Mais vous ",* reprit-il, *" c'est justement pour ça que vous n'aimez pas Whitman autant que lui ? "* Elle inclina la tête, heureuse qu'il eût achevé sa pensée[1]. »

---

1. Quelques mots décisifs de Maumort situent Baudelaire au plus haut. Il mentionne « quelques défaillances » du goût chez Xavier, mais en revanche : « Il aimait Baudelaire, et le défendait avec chaleur et discernement ; ce qui, à l'époque, était tout de même la preuve d'un sens authentique de la poésie et de la beauté. » (*Maumort*, p. 405.)

On ne saurait échapper davantage au pédantisme universitaire, ou même au simple bavardage; Jacques n'est pas plus
disert que sa réticente amie, il ne songe en rien à se prévaloir
d'une culture pourtant très supérieure. À peine si sa pudeur
le cède à une pointe de coquetterie verbale... et littéraire,
lorsqu'il évoque Anne de Battaincourt : « *" L'ascension opi-
niâtre de cette femme ", reprit-il, répétant la formule qu'il avait
inscrite sur son carnet de poche. " Une sœur de Julien Sorel.
Vous aimez* Le Rouge et le Noir *? "* » Le rejet ne le rebute
pas : il a tôt fait de se l'expliquer, et s'amuse en silence de
sa signification : « *" Non, pas du tout. " – " Tiens ? " fit-il.
" Oui, je comprends bien ce que vous voulez dire. " Il réfléchit
un instant et sourit* [1]. » En une seule occasion nous voyons
Jacques blessé de constater un écart culturel profond entre
lui et Jenny : mais ce n'est pas de littérature proprement dite
qu'il s'agit, il y va de bien plus à ses yeux : l'ignorance de la
jeune fille atteint ici le militant dans ses convictions sacrées.
Au dernier jour de Jaurès, à l'heure où les espoirs de paix
se sont presque tous écroulés, Jacques cherche quelque
réconfort « *à* L'Huma » : « *" Par la grève générale, on peut
encore réussir [...]. Le patron est décidé à faire paraître, demain,
un article terrible... Un pendant au* J'accuse *de Zola. " Il vit,
à la vague interrogation du regard, que cette comparaison [...]
n'éveillait aucune notion précise dans l'esprit de Jenny; et,
pendant quelques secondes, il sentit cruellement tout ce qui la
séparait encore de lui* » (*Été*, LXII). La faille est indiquée,
sans dissimulation, mais sans complaisance : le pouvoir
qu'exercent les diverses formes de l'art pour façonner les
êtres, créer entre eux des affinités ou les tenir éloignés, quel
immense sujet pourtant! Les rapports de Jacques et de Jenny

---

1. Rappelons ici combien R.M.G. avait étudié la technique de Stendhal,
en particulier celle du monologue, « la seule façon de montrer un être à
nu, jusqu'au profond » : il s'en souviendra pour Antoine (*Dossiers de la boîte
noire*, p. 1049). Notons de même son intérêt pour le livre de Jean Prévost,
La création chez Stendhal (*ibid.*, p. 1057-1059). Bien entendu, les *Thibault*
ne contiennent aucune mention d'une telle connaissance : la démarche est
tout autre.

imposaient au romancier de ne pas s'y dérober, mais il a tenu à l'esquisser, non à le développer. L'esquisse, du moins, est sûre, aiguë même. – Telle est bien, du reste, l'impression dernière que laissent ces trop discrets entretiens entre les deux jeunes gens, où la littérature se glisse sans s'imposer : sûreté et acuité, par l'extrême sobriété. Et, plus généralement, c'est ainsi que nous apparaîtra la marque même de R.M.G. dans le traitement du thème qui nous occupe : économie des moyens, mais pertinence et efficacité.

Les bribes de secret abandonnées par Jacques à Daniel, à Antoine et à Jenny témoignent d'un goût violent pour la quête de la pensée, de la beauté et des différents aspects de la fiction à travers les plus grandes œuvres : indice infaillible d'une vocation personnelle. Comme le protégé de Mellério, le jeune Thibault entend très tôt l'appel enivrant. Délices et tourments, il envisage plusieurs voies. Envoyant à Daniel des fragments de poèmes, il ajoute, avec une naïveté qui s'allie à bien de la clairvoyance : « *Depuis hier soir, je crois que ma vraie vocation sera d'écrire non des poèmes, mais des nouvelles et, si j'en ai la patience, des romans.* » (*Cahier*, VI.) Mais un trouble lui vient : comment être sûr de sa sincérité de créateur exempt de toute forme d'imposture ? « *Mille fois, j'ai cru apercevoir en moi cette fausseté des faux artistes, des faux génies dont parle Maupassant dans* Sur l'eau. » Cependant un moment vient où le caractère factice de cet univers de papier – celui des livres de l'école, oppresseur entre tous, et celui de la libre culture, peut-être faussement émancipateur – provoque un mouvement de révolte. Gorgé jusqu'à l'écœurement, le normalien ne peut plus supporter ce régime : « " *Assez de livres, assez de raisonnements, assez de phrases !* ", songea-t-il. " *Words ! Words ! Words !* " » (*B.S.*, V). Son succès même au concours, mais aussi ce qu'il implique de renoncement à soi-même, confie-t-il à Jenny, sont ressentis comme des humiliations : « *J'en suis honteux. Oui, honteux ! non seulement honteux d'être reçu, mais honteux d'avoir accepté le... le jugement de tous ces...! Ah ! Si vous saviez ce qu'ils*

sont! Tous fabriqués par le même moule, par les mêmes livres!
Les livres, et toujours les livres! » (*ibid.*, VIII). Rapportant à
Antoine sa dramatique visite à son maître Jalicourt, Jacques
exprime fortement le pourquoi de ce rejet viscéral : « *Je lui*
ai expliqué... tout, enfin! Que je sentais en moi une force,
quelque chose d'intime, de central, qui est à moi, qui existe!
Que, depuis des années, tout effort de culture s'était presque
toujours exercé au détriment de cette valeur profonde! Que
j'avais pris en aversion les études, les écoles, l'érudition, le
commentaire, le bavardage, et que cette horreur avait la violence
d'un instrument de défense, de conservation! » (*Sorellina*, X).
Jalicourt lui-même est un lamentable exemple de ce fiasco
d'une vaine et envahissante ambition littéraire, Jacques l'a
enfin deviné : « *Depuis que j'étais entré, il ne pensait qu'à une*
chose, au fond : à ce livre qu'il était en train d'écrire : Mes
expériences [...]. *Dès qu'il apercevait un jeune, hanté par*
l'obsession de la faillite, il se demandait : "Qu'est-ce qu'il
pensera de mon livre, celui-là?" » (*ibid.*, même section). Et
le maître, soudain dépouillé de ses faux prestiges, confesse
l'échec de cette vie stérile de plumitif : « *Il répétait : Vidé!*
Fini! Et sans avoir rien fait! [...] Mes livres? Zéro! » C'est
donc sans inconséquence qu'il peut donner à Jacques ce
conseil paradoxal : « *Lâchez les livres, suivez votre instinct!* »
– Mais la littérature est assez vaste pour offrir toutes les
leçons, même celle de s'en affranchir hardiment. C'est chez
Whitman que Jacques trouve cet immense appel à la liberté,
loin des écoles : il adresse bientôt à Jalicourt, pour toute
réponse, la simple transcription, en anglais, d'un de ses
poèmes, que le vieux professeur traduira à Antoine : « *A foot*
and light hearted I take to the open road [...]. Finies les doléances
intérieures, les bibliothèques, les discussions critiques! [...]. Vigou-
reux et satisfait [...] je m'élance [...], j'arpente la grand-route »
(*ibid.*, IV).

Assurément, ce procès de la lecture ennemie de la vie ne
concerne pas les seuls intellectuels. Daniel aussi remarque
ses effets sur Jenny, si peu épanouie : « *Petite âme mal*

poussée [...], *trop mûrie par la réflexion, la solitude, les lectures... Et tellement ignorante de la vie!* » (*ibid.*, V). Antoine à son tour dénonce les limites de l'écrit dans son domaine propre, et participe à ce réquisitoire : « *En médecine, ce qu'on sait, ce qu'enseignent les livres, suffit bien rarement pour résoudre le problème nouveau que pose chaque cas particulier* » (*Épil.*, XVI); et il met en garde, bien à l'avance, le Jean-Paul de dix-sept ans qu'il ne connaîtra pas, contre le risque de confondre sa personnalité authentique avec le déguisement fallacieux inconsciemment emprunté aux livres : « *Pour les garçons de ton milieu – je veux dire : instruits, nourris de lectures* [...] *–, la notion de certaines choses, de certains sentiments, devance l'expérience* [...]. *Ils confondent savoir et éprouver* » (*ibid.*, même section). On suppose bien qu'une conviction aussi largement partagée, et par des personnages fort divers, n'est pas étrangère à l'auteur et, en dépit de sa pratique, nous l'avons vu, en somme très différente, on se rappelle comment, dès ses débuts, il enjoignait au romancier qu'il brûlait de devenir, de choisir résolument entre la méthode du « *cul sur chaise* » et celle du « *nez au vent* », manifestement sa préférée [1]!

Pour en revenir à Jacques, sa rupture définitive avec les siens et avec son mode de vie, après son admission à l'École, sera bien, pour une large part, une rupture d'ordre culturel : dans sa nouvelle existence, jamais plus nous ne le retrouverons livré sans défense aux livres, qui avaient envahi son adolescence. Sa bibliothèque de jeune homme, il l'a laissée pour toujours derrière lui et Gise a le cœur serré en constatant ce qu'elle est devenue : « *Léon avait empilé des livres sur les rayons d'en haut... Si le pauvre Jacques avait pu voir sa*

---

1. Malgré leur outrance qui ne trompera personne, on peut joindre à ce concert de protestations quelques lignes significatives adressées à Gide, en réponse à un conseil étourdi : « Il est plaisant de me dire, à moi : " C'est au spectacle de la vie que vous devez vous instruire, non dans les livres. " Les livres! Vous savez mieux que personne que je ne lis rien (!) [...] Les livres! Sans blague? Si votre lettre n'était d'un ton sérieux, je croirais à une subtile ironie! » (Le 10 septembre 1931.)

bibliothèque transformée en buffet! » (*Consult.*, VII); dans sa modeste chambre de Lausanne, au contraire, Antoine remarque seulement : « *Plusieurs tables, chargées de papiers, de journaux. Peu de livres : une cinquantaine peut-être, sur une étagère, au-dessus du lit...* » (*Sorellina*, VII). Les jeux de la culture bourgeoise ne tiennent plus, dans sa vie de militant pauvre, qu'une place secondaire. Pourtant, le créateur de fictions, s'il est relégué à l'arrière-plan, n'a pas renoncé : un peu plus tard, Antoine observe, pêle-mêle sur sa table, à côté de documents et d'articles d'actualité signés : *Jacques le Fataliste,* des poèmes parus dans une revue belge, et « *une série de courtes nouvelles intitulées* Pages du Cahier noir [...], *signées : Jack Baulthy* » dont le style, rappelant celui de la *Sorellina,* était « *dépouillé cette fois de tout lyrisme* » (*ibid.,* XI). Désormais, l'essentiel de son temps et de ses efforts est voué à son activité de pacifiste, qui oriente ses curiosités et sa plume. S'il lui arrive d'emprunter quelque chose à Lamartine, ce n'est plus au « *fluide* » poète du « Crucifix », mais au prosateur viril, en vue d'enrichir un article de combat : devant rendre compte, pour le *Fanal suisse,* d'un volume de Fritsch, il envisage de commencer par une citation d'un discours fameux de Lamartine, prononcé le 10 mars 1842, opposant admirablement les deux patriotismes, l'un « *qui se compose de toutes les haines, de tous les préjugés* » entretenus par des gouvernements avides de diviser, l'autre « *de toutes les vérités, de tous les droits que les peuples ont en commun...* » (*Été,* I). Une réflexion du cardinal de Retz s'offre-t-elle à sa mémoire, c'est, entre toutes, celle que le drame des nationalismes exacerbés rend douloureusement actuelle : « *Il n'est rien de si grande conséquence dans les peuples que de leur faire paroistre, même quand l'on attaque, que l'on ne songe qu'à se défendre* » (*ibid.,* LXX). Les strictes exigences universitaires de sa formation de normalien le possèdent jusqu'au bout, mais ce n'est plus pour une vaine érudition : lorsqu'il prépare le fameux tract à jeter sur les lignes ennemies, il s'inquiète de n'avoir pas à sa disposition, pour le citer exactement, le texte allemand, plus probant, mais seulement la traduction d'un discours du Kaiser attribuant aux manœuvres de quelques ministres criminels l'origine de la plupart des conflits (*ibid.*, LXXIX). Il est exceptionnel désormais que le jeune homme, durci par la lutte et le souci d'efficacité, s'abandonne à l'émotion esthétique d'un troublant souvenir : il faut que la mort du père l'arrache à ses perspectives habituelles pour qu'il entende murmurer en lui quelques mots de Tchekhov : « *Un jour, lui aussi, il serait délivré du tourment de penser* [...]. "Nous nous reposerons... " *C'était la fin d'une pièce russe* [Oncle Vania, 1899] *qu'il avait vu jouer à Genève* » (*Mort du père*, VII). Et de nouveau, seul, à Crouy, après les obsèques, cette lancinante promesse, alors ressentie comme une invite au suicide : « *Nous nous reposerons, oncle Vania. Nous nous reposerons...* » (*ibid.*, XIII [1]). On éprouve peut-être quelque tristesse nuancée d'admiration à voir Jacques, socialiste révolutionnaire et pacifiste, tout entier voué au service d'une cause, sacrifier presque toute littérature à un type de lectures bien différent, utile à son action : les journaux, au mieux les revues et les œuvres des théoriciens de la révolution, l'absorbent maintenant, comme tous ses compagnons. Amputation qui ne lui arrache jamais un soupir de nostalgie! C'est l'histoire des derniers mois de la paix qui se déroule sous nos yeux, par le moyen de cette interminable revue de presse que poursuivent Jacques et son entourage. Car parmi ses camarades la fiévreuse quête quotidienne des nouvelles dévore chacun, comme la volonté de parfaire sa formation de militant. Dans les trois salles de réunion du « *local* », sont installées

---

1. Cet envoûtement, R.M.G. l'avait personnellement ressenti. À Copeau qui lui a prêté « les pièces de Tchekhov », il donne son impression, le 5 janvier 1916 : « Elle a été très *forte*. Je me sens excessivement sensible à cet art-là » ; et, le 3 février 1916 : ces pièces, « je les possède à fond, elles me hantent, c'est une date importante dans ma vie ». Mais, d'après Copeau, le 16 février de la même année, la découverte de l'*Oncle Vania* fut un peu plus tardive. Dans un texte de 1934 encore, Tchekhov apparaît à R.M.G. comme le « grand Tchekhov, ce colosse ». (*Dossiers de la boîte noire*, p. 1053.) Cf. aussi lettre à Gide, le 14 décembre 1922.

« *quelques tables où l'on pouvait consulter des journaux ou des revues, car on* [y] *trouvait non seulement toute la presse socialiste d'Europe, mais aussi la plupart de ces intermittents périodiques révolutionnaires* », (etc.) (*Été*, V); et nous savons que chaque soir Charckowsky, le bouquiniste chargé des fonctions de bibliothécaire, renouvelait la table de presse. (*ibid.*, même section). L'itinéraire de Quilleuf est caractéristique : comment est-il venu au Parti ? Au service, « *j'ai commencé à lire, à me renseigner. D'autres aussi. On se prêtait des bouquins, on discutait* ». Et il n'a que mépris amusé pour les prétendus révolutionnaires qui se permettent de s'attarder sur leurs états d'âme, tel Émile Pouchard, auteur des *Souvenirs d'enfance d'un prolétaire :* « *Encore un camarade à la manque! Hé!... Un jean-foutre à "problèmes"?...* » (*ibid.*, même section). Les plus précieux dans le groupe sont les plus fortement armés : l'Autrichien Mithoerg « *doué d'une prodigieuse mémoire; avait tout lu, tout retenu* [...]. *On pouvait le consulter comme un manuel* » (*ibid.*, III). *Le vieil irréductible Mourlan, qui s'obstine à faire vivre un petit organe de combat,* L'Étendard, peut se réclamer d'une vie de lectures très engagées : « *j'avais que vingt ans, mais je lisais déjà* La Révolte, *la première, celle qui paraissait en Suisse...* » (*ibid.*, XXIV). Skada, plus ambitieusement éclectique, n'en garde pas moins le cap : son *Épictète* voisine avec les *Œuvres* de Bakounine, tome IV, et l'*Anarchie et l'Église* d'Élisée Reclus (*ibid.*, L). Dans ce milieu cosmopolite, l'obstacle des langues est souvent franchi par une volonté acharnée d'accéder à la bonne parole, d'où qu'elle vienne : Knipperdinck s'exprime dans une réunion au Café Garibaldi, à Paris : « *L'œuvre du vieux théoricien était écrite en suédois, mais son influence avait depuis longtemps franchi les frontières des pays nordiques; ses livres les plus marquants étaient traduits, et beaucoup d'assistants les avaient lus* » (*ibid.*, XLV). De même, Jacques publie dans *L'Élan rouge*, qu'édite le groupe de Vidal, l'admirateur de *L'Esprit de révolte* de Kropotkine, « *des comptes rendus de livres allemands et suisses* » (*ibid.*, LIX). Quant au mystérieux « *Pilote* », au début de son séjour à Genève, « *il passait ses journées dans les bibliothèques* [...] *à lire, à annoter les œuvres des doctrinaires de la Révolution, sans autre but, semblait-il, que de parfaire sa culture politique* », mais chacun reconnaît bien en lui un esprit tourné vers le concret et une « *compétence qui semblait le fruit de l'expérience plutôt que celui de la lecture ou de la compilation* » (*ibid.*, III). Nul plus que lui n'est conscient du pouvoir prodigieux de la presse par-delà les frontières. Son grand projet ? Combler enfin une lacune impardonnable, en donnant à l'Internationale « *son journal mensuel ou même hebdomadaire, un* Bulletin européen, *rédigé en toutes les langues et commun à toutes les organisations ouvrières de tous les pays* ». Ceci « *aurait une force éducative in-cal-cu-la-ble!* » (*ibid.*, VII). D'autres visent, par d'autres voies, un but analogue : Charpentier, professeur à Lausanne, affirme la nécessité « *d'un dialecte universel, de l'espéranto* » en s'appuyant très précisément sur « *l'auguste autorité de Descartes* » (*ibid.*, V). C'est dans le même esprit de libre communication des idées émancipatrices, mais avec un objectif plus personnel, que Jaurès, selon une anecdote rapportée à Jacques, « *se plonge dans la lecture d'une grammaire russe* » (*ibid.*, XXIV). Ainsi, les plus grands eux-mêmes donnent l'exemple : on lit désormais comme on s'arme pour le combat, et non plus pour cueillir les plaisirs aimables d'une culture élitiste.

Mais, comme nous le remarquions, le phénomène le plus saisissant est la priorité donnée à la presse, en cette période de crise où l'on est à l'affût pathétique des événements qui bouleversent l'Europe : Jacques surtout fait preuve d'une haletante curiosité; une revue exhaustive de ses intérêts serait lassante et vaine et conviendrait plutôt à l'étude de R.M.G. historien du quotidien dans l'extrême avant-guerre. Bornons-nous à quelques exemples. Dans cette anthologie s'imposent en particulier certains numéros révélateurs d'un état d'esprit. « *Ce jeudi-là, 23* (juillet 1914), [...] *Jacques se réfugia au* Café du Progrès *pour y lire les journaux.* » En première page de « *presque tous les quotidiens* », le procès de Madame Caillaux;

et des « *colonnes entières* » consacrées aux fêtes offertes par
le Tsar à Poincaré. Au contraire, « *en seconde ou en troisième
page, quelques journaux* » se décidaient à annoncer, en bref,
que des usines s'étaient mises en grève à Pétersbourg. « *Quant
au différend austro-serbe, la presse restait plutôt évasive* [...].
Seule L'Action française *manifestait son inquiétude.* » Et
répétant son habituelle accusation contre Jaurès « *traître à
la solde de l'Allemagne, Charles Maurras* [...] *semblait presque,
aujourd'hui,* [le] *désigner au poignard libérateur de quelque
Charlotte Corday* » (etc.) (*ibid.,* XXVIII). Peu après l'assassinat
du grand homme, prodigieuse volte-face de Gustave Hervé
lui-même, dans *La Guerre sociale* : Jacques découvre avec
stupeur, en première page, ces lignes : « *Jaurès* [...], *je vous
plains d'être parti sans avoir vu comment notre race nerveuse,
enthousiaste et idéaliste a accepté d'aller accomplir le douloureux
devoir! Vous auriez été fier de nos ouvriers socialistes...* » Et le
Manifeste aux cheminots, non moins explicite et incroyable :
« *Socialistes, Syndicalistes et Révolutionnaires,* [...], *vous serez
les premiers à répondre à l'appel, quand retentira la voix de
la République!...* » Seul, note Jacques, « *le dernier écho d'indépendance* » se faisait entendre « *dans un journal anglais, le*
Daily News » (*ibid.,* LXXIX). Le diplomate Rumelles, dans
sa suffisance, n'avait-il pas déclaré à Antoine : « *Mon cher,
avec un peu de poigne et un filtrage judicieux des informations,
il nous faut trois jours pour provoquer un revirement d'opinion
en n'importe quel sens...* » (*ibid.,* XLI). Revenons un peu en
arrière pour ébaucher une revue de presse typique. Le
25 juillet, Jacques « *acheta les journaux et courut les lire à la
terrasse d'un café des boulevards* ». Enfin, on sonnait l'alarme,
on parlait d'« *ultimatum* » et de « *provocation éhontée* ». Le
Figaro lui-même dénonçait « *la menace autrichienne* ». Le
lecteur enfiévré consulte encore *le Matin,* Clemenceau dans
son *Homme libre,* Jaurès bien sûr (*ibid.,* XXXIV). Et Jacques
déclarera lui-même à Antoine et au royaliste Manuel Roy,
l'intérêt qu'il porte à la lecture quotidienne de *L'Action
française* (*ibid.,* XXXV). Le 31 juillet, le jeune homme ne

peut s'empêcher de nourrir son désespoir par une large consultation des quotidiens : « [Il] *lisait et relisait, avec une écœurante et insatiable avidité, ces dépêches et ces commentaires, qui se répétaient à l'infini dans les divers journaux comme un jeu de miroirs* » (*ibid.*, LIX).

Autour de lui, la soif de nouvelles n'est pas moins impérieuse, celles de l'étranger en particulier : « *...les derniers numéros des journaux d'opposition autrichiens et allemands* [...] *circulaient de main en main, et Gallot les traduisait* [...]. *L'*Arbeiterzeitung *de Vienne* » donnait le texte d'un manifeste solennel lancé par le parti socialiste autrichien (*ibid.*, XXXIX). Plattner recherche outre-Manche des raisons de garder espoir : « *J'ai eu le dernier numéro de l'*Independent Labour Party... » (*ibid.*, LXXXI). Mourlan, plein de dégoût, tire « *une liasse de journaux de la poche de sa blouse noire* »... (*ibid.*, LXXXIV).

En dehors même du petit groupe des militants, une scène d'un réalisme très sûr nous montre l'accueil fait par les clients « *à l'édition spéciale d'un journal du soir* » qui donne une proclamation de Poincaré « *à la Nation française* ». [...] : « *La mobilisation n'est pas la guerre...* » (*ibid.*, LXX). À la paisible clinique d'Antoine, nous le verrons, l'ancien normalien Goiran, en historien à l'appétit d'informations sans mesure, « *lit huit ou dix journaux tous les jours, il reçoit chaque matin un colis de journaux et de revues suisses* ». (*Épil.*, XVI.) Quant à la réaction négative de Daniel de Fontanin, gravement mutilé, elle traduit un refoulement à l'opposé de l'incuriosité. Lit-il les journaux ? « *Non. Le moins possible.* [...] *Je ne peux plus penser à rien d'autre* » (*ibid.*, VII). Cependant, Jenny s'indigne des honteuses opinions qu'il tire de « *ses journaux nationalistes* », elle qui, « *en souvenir de Jacques* » doit, certes, faire confiance à *L'Humanité.* (*Ibid.*, VIII.) Si un homme s'élève au-dessus des mille voix du journalisme quotidien pour placer le drame à son altitude véritable sous l'invocation d'un nom dominateur, ce n'est pas même Jacques, mais Stefany, qui se réfère à Shakespeare : « *Je pense au* Roi Lear : *"Maudite soit l'époque où le troupeau*

des aveugles est sous la conduite d'une poignée de fous! "... »
(*Été*, XLV [1]).

Ainsi, sous la pression de catastrophes immenses qui vont
atteindre un continent entier, les habitudes de pensée sont
radicalement remises en cause : celles de Jacques, maintenant
plus fortement assimilé à son groupe, comme celles d'Antoine,
que nous devrons examiner bientôt. On vit désormais suspendu aux révélations de la presse, écho d'un monde où tout
bascule, et des lectures d'hier, il ne reste presque plus rien :
tant, dans ce domaine très particulier de la lecture aussi, le
retentissement de la crise se révèle prodigieux.

Auprès de Jacques, comment ne pas placer Daniel, le
confident des premiers émois de l'esprit et du cœur, le
complice pourvoyeur des délices interdites ? Pourtant, leurs
affinités sont moins profondes que ne le leur fait croire leur
fièvre juvénile et l'intérêt aigu du cas de Daniel est d'un
ordre différent, bien digne d'attention. En considérant a priori
la nature, le rôle et l'influence des lectures dans les *Thibault*,
on imaginerait volontiers que quelques maîtres se détachent,
et plus que tout autre, certes, Tolstoï. Or, il n'en est rien et
aucun privilégié ne se distinguerait, si ne se manifestait une
exception, unique et éclatante : Gide, découvert par Daniel,
puis Jacques. Le phénomène suscite à coup sûr une extrême
curiosité. Il nous est présenté en une véritable scène romanesque très élaborée : R.M.G. tient d'abord à faire sentir
combien elle marquera la vie des deux amis. Daniel se trouve
« *dans un train de banlieue avec celui qu'ils appelèrent par la
suite " l'homme du wagon " *», et qui ne se douta jamais du
retentissement que cette brève rencontre eut sur l'avenir des
jeunes gens (*B.S.*, I). Ce personnage et son livre intriguent

---

1. Comment ne pas mentionner ici, pour son caractère historique éclatant
et en même temps humblement romanesque, la page où est ainsi interrompue
une discussion entre Jacques et Mithoerg, devant le Pilote : « Trois vendeurs
de journaux [...] glapissaient à plein gosier : " Dernière édition! *Attentat
politique en Autriche!* " » (*Été*, IX).

singulièrement Daniel : ses mains « *à la fois nonchalantes et nerveuses, qui éveillaient une idée de spiritualité* » laissent à un moment le livre s'entrouvrir et l'observateur en distingue quelques mots : « *Nathanaël, je t'enseignerai la ferveur... Une existence pathétique, Nathanaël, plutôt que la tranquillité... Une vie palpitante et déréglée...* » (etc.). Enfin il a la chance de déchiffrer le titre mystérieux : *Les nourritures terrestres.* C'est alors la recherche ingrate du volume, avec lequel il pourra « *s'enfermer chez lui* ». Il faudrait tout citer des phases de sa lecture, fiévreuse, passionnée, inspiratrice d'une « *exaltation* [...] *glorieuse* ». Cette notation, du moins, doit absolument être retenue : « *Il sentait bien que l'heure était solennelle, qu'un travail, une germination mystérieuse, s'élaborait au plus intime de sa conscience.* » Et celle-ci, décisive : ayant achevé de tout relire, à l'aube « *il s'aperçut qu'il posait sur la vie un regard neuf* ». Quelques citations grisantes sur « *les désirs* » font culminer l'envoûtement et il comprend aussitôt la portée de la métamorphose subie. Pour lui qui, jusqu'ici, s'était soumis à une constante « *évaluation morale* [...] *le mot " faute " avait changé de sens* ». Libération joyeuse des sentiments jusqu'ici combattus, et même renversement complet « *de l'échelle des valeurs que, depuis son enfance, il croyait immuable* ». R.M.G. n'hésite pas à recourir ici au langage sacré : « *Le jour qui suivit fut comme un lendemain de baptême!* » Le bienheureux choc émancipateur est tel que Daniel en diffère longtemps la confidence à Jacques même; puis, elle devient un des plus grands « *secrets de leur amitié* » et « *ils y pensaient comme à un mystère quasi religieux* ». Mais il apparaît une opposition entre les deux amis; en peu de mots, elle est mise en pleine lumière et nous en éprouvons la signification profonde. Obstinément, Jacques se dérobe « *à la contagion de cette ferveur* » et refuse « *d'étancher sa propre soif à cette source trop capiteuse* », comme pour « *demeurer plus fort, se garder intact* »; mais dans sa résistance, admet le romancier, « *il y avait de l'envie et du désespoir* ». Et c'est bien ce qu'il laisse entendre à Antoine dans un moment de demi-abandon, un

jour où la solitude est plus lourde (*ibid.*, même section) :
« *Tout quitter d'un coup : ce serait merveilleux.* Chambres
quittées!... » Avec un regard malicieux en direction de l'aîné,
« *il récita :* Familles, je vous hais! Foyers clos » (etc.). À la
simple question d'Antoine « *De qui?* », Jacques cesse de
sourire et va au plus profond, pour Daniel comme pour lui :
« *C'est d'un livre qui est cause de tout! Un livre où Daniel a
trouvé* [...] *la glorification – de... de ses cynismes.* » Et d'une
voix tremblante : « *Non, je ne peux pas dire que je le déteste;
mais* [...] *c'est un livre qui brûle les mains pendant qu'on le
lit* », un livre « *redoutable* ». Et ce simple mot « *partir* »
résume alors pour lui un idéal de rupture peut-être inaccessible. – Cet évangile gidien est cependant assez familier à
chacun des deux amis pour établir entre eux une facile
connivence. À Jacques, mélancolique lauréat de Normale,
Daniel murmure en souriant : « *...car c'est différemment que
vaut chaque chose* », et c'en est assez pour « *rappeler à Jacques
le passage entier* » souvent cité par le gidien enthousiaste
(*ibid.*, même section). Le livre source de vie guidera Daniel
tant qu'elle pourra s'épanouir pour lui sans entraves, mais
s'engloutira avec tout le reste : quoi de plus navrant, par
contraste, que l'apathie du mutilé désespéré et le nouveau
choix de ses lectures dans *Épilogue* (VII)! Il surveille Jean-
Paul, un album sur les genoux, et explique à Antoine : « *Ça?*
[...] Le Tour du monde... *Un vieux périodique de voyages...*
L'année 1877. » Il avait repris le volume et le feuilletait d'un
doigt nonchalant : « *C'est plein de gravures... Nous avons toute
la collection là-haut.* » Nous retrouvons peu après le même
ouvrage aux mains de Daniel « *qui, penché sous l'abat-jour,
tournait les pages avec une application d'enfant sage* » (*ibid.*,
XII).

Dans cette section sur la découverte de Gide par deux
jeunes êtres également impatients d'échapper à tous les jougs,
il est manifeste que R.M.G. a mis beaucoup de lui-même et
de ses observations sur les adolescents de sa génération. Jean
Delay nous rappelle que *Les nourritures* exerçait sur bon

nombre d'entre eux « une sorte de fascination » et que le futur auteur de *Jean Barois* lui-même avait recopié dans ses cahiers « bien des pages de ce texte qu'il avait lu dans *L'Ermitage* » (*Introduction* de la *Corr. Gide-R.M.G.*, I, 12). Et l'intéressé confirme, dans une lettre à l'ami, le 6 janvier 1914 : « *Bien avant que je vous aie rencontré* [...], vous existiez *pour moi, et d'une façon très effective, très intense : il y avait, dans ma vie de jeune homme, un Gide, celui dont j'avais recopié combien de pages des* Nourritures. » Ce passage du *Journal* de R.M.G., surtout, fait écho aux pages des *Thibault* que nous venons d'évoquer : « *Merveilleuse influence de Gide* [...]. *Il exalte la fièvre de chacun, il fait merveilleusement monter la température, et cela, sans faire dévier autrui de sa direction propre* » (*Corr. Gide-R.M.G.*, I, 680; 2 avril 1927 [1]).

Ce brusque embrasement de Daniel au feu des *Nourritures* est d'autant plus saisissant qu'il ne touchait pas un cœur neuf et préservé. À la veille de ses quatorze ans, celui-ci, gavé de lectures mêlées, s'inquiétait non sans naïveté de la précoce usure de sa capacité d'émotion. Musset qui, jusqu'alors, dès les premiers vers, le trouvait frissonnant et en larmes, aurait-il perdu ses pouvoirs ? « *Hier, pendant de longues*

1. On songe à l'exemple du jeune Vallery-Radot, enthousiaste de Gide, dont le cœur s'affermit grâce aux *Nourritures* pendant les épreuves de la guerre de 1914 (R.M.G. à Gide, le 25 janvier 1915). – Et il est remarquable que Gide lui-même ait exprimé très exactement le sentiment de Daniel sur le pouvoir d'une rencontre avec un livre qui transfigure un être jeune au point de faire, de sa vie d'après, une autre vie : c'est une voix, c'est une parole, « elle est descendue en moi si avant que je ne la distingue plus de moi-même. Désormais je ne suis plus comme si je ne l'avais pas connue ». (Jean Delay, citant une étude de Gide sur *L'Influence en littérature*, dans *Corr. Gide-R.M.G.*, I, 84.) Et le professeur ajoute cette précision, qui semblerait commenter le cas même de Daniel : « Cette première rencontre ne peut être aussi décisive que si le lecteur y était prédestiné par un accord préalable [...]. Cette lecture agite comme une révélation, agit comme un révélateur. » – Cette loi s'applique, il va sans dire, à la fameuse découverte de Tolstoï par R.M.G., mais plus particulièrement au plan littéraire. Quant à l'influence de Gide sur R.M.G., il est curieux de voir Copeau le juger avec quelque sévérité dans son Journal, le 31 juillet 1941, rejoignant en quelque sorte les inquiétudes qu'exprime Jacques Thibault : « Immoralisme emprunté à Gide et qui ne correspond pas à sa nature... » (*Corr. Copeau-R.M.G.*, II, 633).

heures d'insomnie, je m'exaltais et ne sentais rien venir. [...]
Enfin, le sentiment poétique s'est réveillé en moi... [...]. *Ah!*
pourvu que mon cœur ne se dessèche pas! » (*Cahier*, VI). Et,
pêle-mêle, il confiait ses récentes découvertes : *La débâcle* de
Zola (« *c'est beau de puissance et de profondeur* »), *Werther*
aussi, « *le livre des livres* »... préféré à *Elles et Lui* de Gyp!
– Plus profonde parce que plus conforme à sa nature de
jouisseur et à l'émancipation gidienne, est une autre influence
qui, elle aussi, gênera souvent Jacques dans sa farouche
pudeur et son besoin de pureté morale : celle de Whitman.
Daniel le lui cite, avec un à-propos non exempt de malicieuse
provocation, au sujet de *Maman Juju*, fort à l'aise dans sa
double vie si... contrastée : « *Who am I that I should call you*
more obscene than myself ? » Et de murmurer comme justification, lorsqu'il jette un regard d'évidente convoitise sur
Rinette, sa nouvelle proie, des vers de *Children of Adam :* « *I*
am he that aches with amorous love. » [...] « *Does the earth*
gravitate ? » (*B.S.*, II [1]). Dans le même esprit, Daniel, cédant
de nouveau à sa « *manie de citer des textes anglais* », comme
le remarque Jacques malicieux, affirme : « *L'amour ?* [...]
J'accepte sans réserve la définition de Iago, tu te souviens ? It
is merely a lust of the blood and a permission of the will »
(*Été*, XXXI). La convergence des choix littéraires de Daniel
le révèle parfaitement : c'est bien à lui que s'appliquerait la
formule : « Dis-moi qui tu lis, et je te dirai qui tu es. » Ou,
mieux, celle de l'Évangile : « Là où est votre trésor, là aussi
est votre cœur. » R.M.G. a voulu marquer son personnage
de ces traits insistants, alors que l'éclectisme de Jacques ne
permettait pas de dégager avec autant de netteté un florilège
d'une égale signification.

---

1. Copeau, dans une lettre à R.M.G. du 30 avril 1919, appelle sans hésiter
le poète aimé de Daniel « le grand Walt ».

*

Avec Antoine, plus carré, plus aisément saisissable que son cadet et que Daniel, nous n'avons pas affaire à un sujet d'enquête littéraire aussi riche : il ne se montre pas grand lecteur et ignore les engouements de la culture et des arts. Ses curiosités témoignent, au sein de sa famille, d'une franche originalité. Tout d'abord, et très tôt, il inquiète son père qui le sent s'échapper des voies de la saine tradition catholique et bien-pensante. Oscar Thibault n'hésite pas à imputer la première rébellion ouverte de son aîné à ces influences dont il devinait l'action souterraine : *« Ah! ça devait arriver!* [...] *Certains mots qui t'échappaient à table, tes livres, tes journaux... » (Pénit.,* IV). Nulle précision, mais l'origine des germes de rationalisme et d'irréligion est, en tout cas, rageusement dénoncée. Roger Martin du Gard ne nous présentera pas le docteur Thibault, dans ses années débordantes d'activité, plongé dans les ouvrages formateurs qu'il s'est choisis; du reste, il doit y consacrer une faible part de son précieux temps et d'autre part, nous le verrons, il lui manque le goût de la philosophie, sinon de la réflexion occasionnelle sur les valeurs. Et il faudra attendre les longs loisirs forcés du gazé pour trouver quelques noms d'auteurs ou quelques titres. Relevons seulement, pour la première période, celui de Nietzsche que mentionne, dans un sourire, l'abbé Vécard, après les obsèques d'Oscar Thibault : *« Dans une cérémonie de ce genre* [...], *il est inévitable qu'il y ait un côté – disons, avec votre ami Nietzsche : humain, trop humain » (Mort.,* XIV). « *Votre ami...* » : ces mots donnent à penser. Antoine lui-même, lors d'une de ses rares crises aiguës de conscience, se réfère à Nietzsche, pour lui demander le secours d'une citation : *« Il lui semblait tourner en rond les yeux bandés. Il cherchait à retrouver les termes d'une phrase, souvent citée, de Nietzsche : qu'un homme ne doit pas être un problème, mais une solution » (Consult.,* XIII). On ne saurait conclure à la familiarité avec un maître à penser, mais à un intérêt marqué pour certains de ses aphorismes éclairants. Cependant l'occasion était belle, pour le romancier, d'étudier avec quelque ampleur une influence littéraire intéressante, dont il aurait sans doute aimé, pour sa part, traiter de façon moins allusive : sa connaissance de Nietzsche et le rang qu'il lui assigne en particulier dans les *Dossiers de la boîte noire* le montrent bien [1]. Selon sa pratique courante, il se prive de l'avantage et du plaisir de s'attacher à un sujet aisé qui se présente à lui, se bornant à respecter la vie intérieure de son personnage qui, lui, n'a pas dû aller, en fait, au-delà de quelques pensées furtives. Nous pouvons donc lui accorder tout crédit lorsqu'il fait reconnaître à Antoine un guide intellectuel capital. C'est le cas de ce Le Dantec à qui, pour sa part, l'auteur des *Thibault* fait volontiers allégeance et sur lequel compte de même le docteur Thibault pour échapper au « *traquenard métaphysique* » à l'heure de l'insidieuse tentation : « *" Toujours cet insondable "* au nom de quoi [...]. Au nom de rien, voilà tout. Poser la question, c'est postuler qu'il y a " quelque chose ", c'est tomber dans le traquenard métaphysique... Non! Il faut accepter les limites du connaissable (Le Dantec, etc.). La sagesse : renoncer aux " pourquoi ", se contenter des " comment "...* » (*Épil.*, XVI). Ici, la profession de rationalisme d'Antoine et celle de son créateur coïncident parfaitement : ce dernier, précise Jean Delay (*Corr. Gide-R.M.G.*, I, 17-18) se nourrit « de la lecture de Félix Le Dantec, dont le livre *L'athéisme*, paru en 1906, fut son bréviaire de philosophie [2] ». S'il reste résolument fidèle à ce scientisme et à ce

---

1. Il figure dans une liste de « grands penseurs » entre... Goethe et Jésus-Christ (*Maumort*, p. 912) et on le trouve mentionné parmi les esprits essentiels à la formation du fameux oncle Éric : « À quarante ans, Nietzsche : *Au-delà du bien et du mal* » (*ibid.*, p. 1026 et 1273). Voir aussi p. 29 et 871.
2. Le professeur nous apprend encore : « La première lettre de félicitations que reçut l'auteur de *Jean Barois* fut de Le Dantec [...]. Quarante ans plus tard, me rappelant son admiration sans défaillance pour l'œuvre de Le Dantec, il la comparait avec celle qu'il éprouvait, de nos jours, pour Jean Rostand. » Voir aussi : *Corr. Gide-R.M.G.*, I, 28; et *Maumort*, p. 1048.

strict déterminisme matérialiste, Antoine avoue s'être aban-
donné à une sollicitation plus radicale et s'être ressaisi, pour
s'arracher à l'inhumanité. Il livre à l'intention de Jean-Paul
adolescent ces lignes qui sont une mise en garde (*Épil.*, XVI) :
il a, dans le désarroi désespéré de ses premières années de
guerre, « *cédé à la tentation de penser les problèmes moraux et
sociaux à la seule lumière simpliste de la biologie* ». À l'origine
de cette rude épreuve, « *un volume du père Fabre, déniché à
Compiègne et traîné dans* [sa] *cantine* ». Mais enfin vint la
réaction contre cette funeste griserie de « *ne considérer les
hommes, et moi-même, que comme de grands insectes armés
pour* [...] *l'entremangement* ». – Dépourvu de la coquetterie
de faire étalage de sa culture, dont il connaît d'ailleurs les
étroites limites, Antoine ne se préoccupe pas de savoir à quel
grand esprit il emprunte une règle de pensée qui l'a conquis.
Lui qui s'est sans cesse défié « *des entraînements illusoires* »
a toujours « *retenu cette maxime de je ne sais qui que le pire
dérèglement de l'esprit, c'est de croire les choses parce qu'on
veut qu'elles soient* » (*ibid.*, même section). Une connivence
ironique s'établit à l'instant entre R.M.G. et le lecteur qui
reconnaît tout simplement en ce « *je ne sais qui* » le Bossuet
du *Traité de la connaissance de Dieu et de soi-même*, chapitre I.
Tant il est vrai que chacun ne tire pas d'un livre « édifiant »
des enseignements « édifiants »! On le constate encore avec
amusement dans la scène savoureusement sensuelle où l'amant
de Rachel lui cite et traduit, vaille que vaille, en guise de
compliments amoureux, un passage du *Cantique des cantiques*
« *qui l'avait si fort troublé vers sa seizième année* [...] : Quam
pulchrae sunt mammae tuae, soror mea [...] sicut duo (*je ne
sais plus quoi*) gemelli qui pascuntur in liliis!* » (*B.S.*, IX).
Lorsque Antoine moribond reçoit, d'assez mauvaise grâce, la
visite de l'aumônier, celui-ci propose de lui apporter de « *bons
livres* », qu'il refuse : de l'adolescence où l'orientation de ses
lectures alarmait son père à cette heure où va s'achever son
aventure, la boucle est bouclée; et la déclaration qui clôt cet
itinéraire l'éclaire en effet tout entier : « *Pas ma faute si je*

suis né avec le besoin de comprendre et l'incapacité de croire »
(*Épil.*, XVI). – L'approche de la mort apporte une terrible
lucidité sur soi-même, dans le reflux de l'amour-propre et
de ses illusions. Malgré sa sévérité, nous pouvons accepter
dans ses grandes lignes ce bilan établi par le docteur Thibault
le 12 septembre 1918 : « *N'ai été qu'un homme moyen. Sans
vraie culture. Ma culture était professionnelle, limitée à mon
métier* » (*ibid.*, même section), ce qui le distingue des « vrais
grands » qui savent aller au-delà de leur spécialisation. Soucieux de cerner plus précisément encore ses lacunes, il avait
confié à Jean-Paul, le 15 août de la même année : « *L'oncle
Antoine s'est toujours senti très mal à l'aise dans les labyrinthes
de l'idéologie : il s'y égare dès les premiers pas.* » Le rappel de
son mortifiant échec « *au bac de philo* » en est l'illustration.
Et de se comparer, dans cet exercice intellectuel, à « *un
lourdaud qui veut jongler avec des bulles de savon* ». Quant à
la littérature gratuite, celle qui vise à la seule beauté formelle,
au lieu de se vouer à communiquer des faits et à se charger
de substance, elle ne suscite en lui que dédain ou irritation.
Si l'originalité de l'écriture dans la nouvelle de Jacques, *La
Sorellina*, l'exaspère, c'est à coup sûr parce qu'elle le contraint
à en décrypter les pénibles aveux autobiographiques, mais
aussi par dépit pour un jeu esthétique qui lui reste étranger :
« *Littérature! Littérature!* », commente-t-il souvent alors qu'il
tourne nerveusement les feuillets (*La Sorellina*, V). Sans
doute possède-t-il le modeste fonds culturel moyen dont un
garçon de sa formation et de sa classe sociale ne saurait être
dépourvu, mais ce n'est guère qu'un facile et sommaire
système de références, qui permet de recourir avec à-propos
à quelque grand nom. Le pittoresque M. Chasle et son associé
« *font une paire qui aurait enchanté Dickens* » (*L'été*, XVI),
tout comme le ton de la presse alliée pour parler de « *nos
victoires* » lui évoque « *Hugo devant l'épopée napoléonienne* »,
imposture qu'il dénonce (*Épil.*, XVI). Les célébrités contemporaines telles que Jalicourt ne lui sont pas toutes inconnues,
mais le hasard semble présider au choix, et s'il lui arrive

d'ouvrir ses rayons à leurs écrits, on s'aventurerait beaucoup en assurant qu'il les a lus : « *" Ah! Jalicourt! Valdieu de Jalicourt. Le professeur, l'académicien... " Antoine le connaissait bien, de réputation; il avait même deux ou trois œuvres de Jalicourt dans sa bibliothèque.* » Et le docteur est capable de citer opportunément à l'auteur un de ses titres : *À l'aube d'un siècle* (*Sorellina*, XV). C'est par une citation de l'ami Studler que le nom de Péguy parvient jusqu'à lui, dans *L'été 1914* (XXV) : la formule « *d'un jeune écrivain de sa connaissance* (à Studler), *un nommé Péguy* : " aimer, c'est donner raison à l'être aimé qui a tort " » avait « *violemment choqué* » Antoine [1]. Lorsque la ruine de ses poumons donnera enfin au major Thibault des loisirs illimités pour se cultiver, il n'y portera aucune passion, et du reste la capacité de se concentrer lui fera défaut : « *J'ai de plus en plus de mal à lire avec suite, à fixer mon attention sur la pensée d'autrui...* » (*Épil.*, XVI). Ainsi : « *Ce* Journal *de Vigny ne m'ennuie pas, mais, à chaque instant, mon attention m'échappe, le livre me tombe des mains. Énervement d'insomnie* » (*ibid.*, même section [2]). Parfois même, les pages qu'il parcourt semblent plutôt un prétexte à remuer ses souvenirs : « *Dans ce Kipling que j'essaie de lire, je trouve ce mot* : juvénile. *Je pense à Jacques...* Juvénile : *épithète qui lui convient si bien!* » (*ibid.*, même section). Et il faut un secours extérieur pour que des lignes de Hugo, d'une actualité brûlante, parviennent jusqu'à lui et le secouent : « *Le commandant m'a fait apporter par Joseph une revue marquée d'un*

---

1. On sait que R.M.G. était attentif à Péguy, notamment au dreyfusard qui du moins se trouvait par là proche de l'auteur de *Jean Barois* (*Dossiers de la boîte noire*, p. 899). Il signale avec chaleur à Gide le livre des Tharaud *Notre cher Péguy*, le 16 juin 1927. Surtout, il place Péguy auprès de Gide, Claudel et Proust parmi les « ouvreurs de voie », opposés aux « metteurs en œuvre, qui n'apportent rien » (*Dossiers...*, p. 1050).

2. Au contraire, la « formation philosophique de Maumort » doit beaucoup à Vigny dont la découverte lui donna l'impression d'une sorte de délivrance » (*Dossiers...*, p. 906). Une fois de plus on constate combien R.M.G. s'est gardé de prêter abusivement à Antoine, ou à d'autres personnages souvent autorisés à le représenter, des attraits, même vraisemblables, qui sont les siens. Cf. encore : *ibid.*, p. 1030.

signet. J'ouvre et je lis : Les guerres ont toutes sortes de prétextes, mais n'ont jamais qu'une cause : l'armée. Ôtez l'armée, vous ôtez la guerre. Mais comment supprimer l'armée ? Par la suppression des despotismes. *C'est une citation d'un discours de Victor Hugo. Et Raymond a mis en marge, avec un point d'exclamation* : Congrès de la Paix, *1869* » (*ibid.*, même section). Une triste et juste idée de ce qu'il demande surtout aux livres pendant son séjour à la clinique du Mousquier nous est donnée par ces lignes d'*Épilogue* (I) : depuis cinq mois, il y avait « *compté les minutes, mangé, bu, toussé, commencé des lectures qu'il n'avait jamais finies* »; et, plus pauvrement encore : quand son état lui permettait de descendre, « *il se réfugiait alors, avec un livre qu'il ne lisait pas, mais qui protégeait sa solitude, dans l'allée des cyprès...* » – Mais, nous le devinons, aux temps heureux où ses malades l'accaparaient, l'imprimé n'avait pour lui guère de sens que professionnel, et il y cherchait avidement, au jour le jour, le document utilisable pour le traitement de tel ou tel cas préoccupant; sans hésiter, il y engloutissait ses moindres loisirs. Fort caractéristique, ce souci de ne pas perdre son temps même à table : « *Il rentra dans son cabinet* [...] *et s'approcha d'une table basse où s'empilaient des livres; il y cherchait une lecture à faire pendant son repas.* " *Au fait* ", *songea-t-il,* " *je voulais vérifier quelque chose pour le cas du petit Ernst.* " *Il feuilleta rapidement d'anciennes années de la* Revue de Neurologie, *pour retrouver la fameuse discussion de 1908 sur l'aphasie.* " *Un cas vraiment typique, ce petit* " » (*Consult.*, X). Jacques a dû, plus d'une fois, regretter cette pratique abusive : « *Autrefois, dans les bouillons du quartier Latin où les deux frères avaient l'occasion de déjeuner ensemble, Antoine n'observait rien, et son premier geste était d'installer devant lui quelque revue médicale, dressée contre la carafe* » (*Sorellina*, VIII). Il est vrai que la redoutable exigence de son beau métier n'admet aucune ignorance : « " *Tiens* ", *songea-t-il tout à coup en se levant,* " *je voulais regarder dans* Hémon *ce qu'il dit du diabète infantile...* " *Il prit un gros volume broché et le feuilleta sur ses genoux. " Oui... j'aurais dû savoir ça [...]. Sans Philip, ce pauvre gosse était perdu – par ma faute... " »* Sa conception de sa bibliothèque répond à la même obsédante volonté pragmatique, même si l'on ne doit pas méconnaître ce que nous en apprend Jacques : son extrême richesse en œuvres romanesques. Mais quand et pourquoi se l'est-il constituée, puisqu'il semble n'y prêter aucun intérêt et que jamais nous ne le surprenons en train d'y recourir, ou seulement d'y penser ? Le soupçon nous vient, pour une fois, d'un artifice du romancier, qui aurait inventé les trop fameux livres d'Antoine surtout pour les futurs besoins de son cadet, auquel les emprunts à Daniel ne suffisent pas. Quoi qu'il en soit, regardons-le s'installer dans « *son nouveau chez lui* », première conquête d'indépendance : « " *Commençons par les livres* " *se dit-il* [...] *en ouvrant avec entrain les deux battants de la bibliothèque vide. " Voyons... Les cahiers de cours en bas... Les dictionnaires à portée de la main... Thérapeutique... Bon... " »* (*Pénit.*, VII). Puis, c'est dans le même esprit qu'il entend mettre à profit l'héritage paternel, et la fonction qu'il assigne alors aux livres répond seulement à ce dessein d'organisation perfectionnée : « *des laboratoires, une bibliothèque, un groupe choisi d'assistants* » (*Été*, XIV). À l'origine, dans sa nouvelle salle de visite, « *les murs étaient cachés à mi-hauteur par des bibliothèques dont on devinait les rayons vides derrière les vitres voilées de soie chinoise* [...]. *Pas d'autre livre qu'un* Annuaire des Téléphones » (*ibid.*, XIII), et lorsque l'activité de l'entreprenant docteur Thibault a donné vie à tout cela, Jacques, de passage, observe : au bureau, « *un amas de paperasses, fiches, carnets, articles découpés, encombrait la table* [...]; *les rayonnages étaient pleins de livres usagés, de revues marquées de signets* »... (*ibid.*, XIV). Mais même de très précieux ouvrages ne sont plus, à l'heure critique de la mobilisation, les instruments de travail que doit préférer le major Thibault. Relevons cette brusque décision significative : il prépare en hâte son bagage, et se ravise soudain : « *Bien des choses allaient lui manquer pour accomplir efficacement sa besogne de médecin militaire. Sans hésitation, il vida rapidement la cantine qu'il avait cependant préparée avec beaucoup d'application et remplaça la majeure partie du linge, des objets personnels, des livres même qu'il avait eu la faiblesse d'emporter, par tout ce qu'il put trouver dans ses placards de bandes, de compresses, de pinces...* » (*ibid.*, LXXIII). Sacrifice assurément pénible, mais qui permet de mesurer la place exacte faite aux livres dans la hiérarchie réaliste qu'établit sa passion de servir. De même, quittant la clinique et retrouvant pour quelques jours son logis parisien, il s'interroge : « *Ai-je vraiment pu attacher tant d'importance à l'ameublement de cet appartement ?* [...] *Sur chacun de ces livres, – auxquels il n'avait certes pas une fois pensé depuis quatre ans, – il mettait le titre exact, comme s'il l'eût manié la veille* » (*Épil.*, III). Que lui a apporté le courrier durant cette longue absence, sinon toujours des documents professionnels : accumulation de prospectus, de journaux, de revues : « *Machinalement, il déchira l'enveloppe de quelques périodiques médicaux pour les feuilleter* » (*ibid.*, même section). Pourtant, la flamme du chercheur d'hier s'était un instant rallumée pour le malheureux qui avait attendu beaucoup de la redécouverte de ses archives : à Paris, avait-il espéré, « *il retrouverait ses dossiers, ses* tests; *il rapporterait une pleine valise de notes, de livres, de quoi travailler, de quoi utiliser enfin cette interminable convalescence* » (*ibid.*, I). Son ultime ambition, c'est de laisser non pas un ouvrage, mais un document étoffé sur son cas, un de ces documents efficaces, comme il les aime. Il a quotidiennement relevé l'évolution de son état dès le début de son affection et a pu suivre le rythme régulier de son aggravation. Il a d'autre part constitué un dossier « *qui contient à peu près toutes les observations cliniques et rapports médicaux, français et anglais, parus dans les revues spéciales depuis l'emploi des gaz* » (*ibid.*, XV). Surtout s'il a la force de le mener « *jusqu'au bout* », ce travail réalisé « *par un gazé qui est en même temps un médecin* », devrait présenter un rare intérêt. Sa foi dans les pouvoirs de l'écrit scientifique étranger à toute ambition personnelle s'exprime avec une sobriété pathétique : « *Bardot m'a promis qu'il le ferait paraître dans le* Bulletin! » (*ibid.*, XVI [1]). Ainsi, jusqu'au terme, l'empreinte de la formation médicale se sera fortement affirmée chez celui qui reste bien, avant tout, le docteur Antoine Thibault. Nous n'avons pas à espérer de cet enthousiaste du culte de l'énergie qu'il se réfère, fût-ce en passant, à Stendhal, ni à attendre de l'amant de Rachel que l'odeur à jamais vivante en lui de son collier d'ambre éveille des échos baudelairiens. R.M.G. en est persuadé : les clivages culturels, même entre frères, atteignent, et souvent divisent les êtres au plus profond.

Cependant le rappel de la relation d'Antoine à l'écrit dans la dernière phase de sa vie serait très incomplet si l'on ne faisait sa part à la presse; part considérable, comme les événements et l'intérêt passionné qu'ils suscitent, même chez le moribond fort assuré qu'il n'en verra pas les conséquences. En effet, lui qui, au temps de sa pleine activité, se montrait si détaché de la lecture des journaux, les interroge désormais sans relâche. On se souvient de la scène où Jacques révélait à son aîné surpris, incrédule, serein, le risque d'une guerre imminente : « *"Toujours ces sacrés Balkans!"* Il parcourait chaque matin un journal d'information et savait, d'une façon vague, qu'il y avait en ce moment une de ces incompréhensibles "tensions diplomatiques" qui occupaient périodiquement les chancelleries d'Europe centrale* » (*Été*, XIV). Quel contraste avec ces lignes du 30 juin 1918 : « *Je viens de passer deux heures avec les journaux. Que se trame-t-il derrière l'immobilité des armées allemandes?* » (*Épil.*, XV). Et c'est maintenant, le

---

1. Cela même qui serait pour bien d'autres pure curiosité fantaisiste est traité par lui avec le sérieux d'une démarche d'homme de science, qui place sa confiance dans le recours aux documents des chercheurs qualifiés : partant de la notation d'un de ses rêves, il tente laborieusement une analyse des mécanismes oniriques généraux, mais, trop conscient de ses limites, prend cette résolution : « Rechercher ce qu'ont dit, à ce sujet, ceux qui se sont occupés du rêve » (*Épil.*, VI).

plus souvent, « des » journaux qu'il s'agit, comme si un seul titre ne pouvait plus répondre à l'avidité d'en apprendre davantage. Le 8 juillet 1918 : « *Wilson* [...] *occupe tous les esprits* [...]. *Les journaux aussi, pleins de commentaires* [...]. *Bon article dans le J. de L.* » (*Journal de Lausanne*) (*ibid.*, XVI). Dans les pires moments, c'est encore une des moins décevantes ressources. 14 septembre : « *N'ai pu me lever. Goiran m'a apporté ses journaux. En Suisse, on parle de propositions de paix austro-hongroises* »; 18 octobre : « *Impossible de lire, si ce n'est les journaux* »; 23 octobre : « *Journaux. Les Belges à Ostende et à Bruges. Les Anglais à Lille, à Douai, à Roubaix, à Tourcoing. Progression irrésistible* »; et encore, le 25 octobre : « *Essayé de reposer mon esprit en feuilletant les journaux. En Allemagne aussi, la caste militaire essaie de torpiller la paix. Ludendorff* [...] » (*ibid.*, même section). Tant l'espoir anxieux sur le sort de l'Europe se fait obsédant et se nourrit, jour après jour, des nouvelles arrachées à la presse, surtout la presse suisse, évidemment plus libre que la nôtre et combien plus vivifiante. Le 6 juillet : « *Goiran nous a apporté un journal suisse qui donne en entier le nouveau discours de Wilson, large bouffée d'air respirable qui passe sur l'Europe* »; et le lendemain : « *Relu le message de Wilson. Beaucoup plus précis que les précédents* [...]. *Projet d'une ampleur exaltante.* » C'est en effet vers Wilson, dont le nom revient sans cesse, que se tournent les regards fervents et les aspirations à la paix dans une solide réorganisation du continent. Le 3 septembre : « *Matinée au lit. Journaux. Lu et relu le nouveau message du Labour Day. Accent simple et noble.* » Et le 13 octobre, cette notation vibrante dans sa sécheresse même : « *Journaux suisses donnent des détails plausibles sur les démarches indirectes tentées auprès de Wilson par le nouveau cabinet allemand, pour entamer des négociations.* » Auprès de cette large perspective d'outre-Atlantique, aucune vue de nos compatriotes qui ne semble étriquée : « *Voisenet m'avait laissé quelques numéros de L'Humanité. Frappé de voir comme nos socialistes font piètre figure, quand on a goûté des messages américains.* »

(15 octobre ; *ibid.,* même section.) Il est simplement beau de trouver cet homme de bonne volonté dont la vie s'éteint, bouleversé d'espoir au seuil du monde à naître dont le bonheur escompté ne sera pas pour lui. Les dernières lignes qui auront eu le pouvoir de remuer sa pensée et son cœur, ce n'est pas à un livre qu'il les aura demandées, mais aux humbles journaux chargés de messages lointains, lourds d'humanité.

*

Si les deux frères Thibault eux-mêmes et le grand ami Daniel, soumis à une pressante interrogation, n'ont que très partiellement répondu à notre attente, il serait surprenant que nous trouvions ailleurs de substantielles compensations. Et, en effet, ni Thérèse de Fontanin, ni Oscar Thibault, ni a fortiori aucun des autres personnages ne nous réservent de bien fructueuses confidences. Fine, distinguée de cœur et d'esprit, vraisemblablement cultivée comme il sied à une femme de son milieu et de sa génération, Thérèse, sans consacrer à la lecture une part importante de ses journées, semble bien en avoir le goût. Cependant R.M.G. n'a pas jugé nécessaire de nous livrer des titres, mais seulement de suggérer une orientation générale en accord avec sa personnalité et son rôle : « *Le plus souvent* [...], *elle lisait, au coin du feu, quelque ouvrage de morale, quelque roman anglais* » (*Été,* XLII). Elle aime aussi que cette intimité avec un livre préféré s'étende à Jenny et Daniel, mais elle n'impose pas, elle propose : « *Madame de Fontanin se tenait dans sa chambre, et ses deux enfants auprès d'elle. Assise devant la cheminée, le buste droit, sous la lampe, elle lisait un livre à haute voix* », écoutée par sa fille, et peut-être par son aîné, qui achevait un croquis au fusain (*Pénit.,* I). « Un livre »... : plus que lui peut-être, c'est cette douce minute de partage familial qu'elle savoure. Saine et généreuse, cette mère éclairée pratique une pédagogie de la confiance, qui s'applique aux lectures de

Daniel, dont la totale liberté contraste avec l'impitoyable
censure pesant sur son ami Jacques; et on éprouve presque
la tristesse d'une déception lorsqu'on découvre ces lignes
d'*Épilogue* qui présentent Madame de Fontanin, directrice
très responsable de l'infirmerie militaire à laquelle elle se
dévoue, surveillant sans gêne, comme on accomplit un devoir,
les lectures de ses protégés : « *Elle allait de chambre en
chambre* [...], *inspectant tout d'un œil averti, vérifiant* [...]
*jusqu'aux titres des livres et des revues qui traînaient sur les
tables* » (*Épil.*, X). Geste noté en passant, et pourtant riche
de sens : la Thérèse de naguère s'est métamorphosée et sa
vertu, en se durcissant, a perdu la grâce qui nous charmait.
– Nous aurions cherché en vain un titre d'œuvre qui comptât
pour elle, s'il n'y avait le livre des Livres, la Bible, installée,
solide et rayonnante, au centre même de l'existence de cette
protestante, fille de pasteur, d'une intense vie spirituelle.
C'est aux heures de crise, de trouble et de déchirement
surtout, qu'elle se tourne vers cette haute lumière et en reçoit
réconfort et paix. Voyons-la par exemple peu avant l'enter-
rement de Jérôme, en proie au désarroi et à la solitude :
« *Elle prit sa bible et l'ouvrit au hasard. (Du moins, c'est ce
qu'elle appelait " au hasard "; en réalité, ce vieux livre au dos
cassé lui offrait toujours l'un des passages dont elle s'était le
plus assidûment nourrie.) Elle lut : " ... Qui est-ce qui tirera le
pur de l'impur? Personne. – Les jours de l'homme sont
déterminés, le nombre de ses mois est entre tes mains "* [...]. *Elle
releva les yeux, rêva quelques instants, puis posa le livre au
creux de sa jupe* » (*Été*, XXXIII). Et quel tendre respect elle
voue au texte sacré! « *Sa façon précautionneuse de toucher,
d'ouvrir, de fermer sa bible, était à elle seule un acte de piété,
de gratitude. Elle avait entièrement retrouvé son calme* » (*ibid.*,
même section). Privée de ce secours, elle vacillerait; en
voyage même, elle n'hésite pas à emporter « *sa petite bible* »,
et lorsque la découverte de la conduite de Jenny et Jacques
la bouleverse, elle doit en toute hâte recourir au seul
exemplaire disponible : « *Il fallait à tout prix qu'elle retrouvât*

*la possession d'elle-même. Pour l'y aider, sa petite bible, restée
dans sa valise, lui manquait. Elle alla chercher, sur une étagère,
l'ancienne bible de son père : un gros volume noir, lourd, dont
le pasteur avait empli les marges de signes et de références.
Elle l'ouvrit au hasard et s'efforça de lire* » (*ibid.*, LXXV).
Ainsi « nourrie » et fortifiée, elle trouve aussi dans sa mémoire
les trésors spirituels qu'elle s'est assimilés en une méditation
assidue. Après la scène atroce avec Jenny « *qu'elle avait vue
là, hors d'elle, insolemment dressée,* [...] *" Mon Dieu ", supplia-
t-elle, " aide-moi, donne-moi la force! "* [...] *Lentement, deux fois
de suite, elle se récita la parole sainte : Il ne faut pas regarder
aux choses visibles, mais aux invisibles. Car les visibles ne sont
que pour un temps; mais les invisibles sont éternelles* » (*ibid.*,
LXXVII [1]). Il apparaît bien que R.M.G., voulant caractériser
une protestante sincère, fermement attachée à une foi toujours
présente, animatrice de toute sa vie, a jugé qu'un livre unique
en serait le signe par excellence, et il a éclairé le visage d'une
de ses plus tendres héroïnes de ce rayonnement biblique.

À la Mère, qu'incarne la douce Thérèse de Fontanin,
comment ne pas opposer, une fois de plus, le Père, Oscar
Thibault, rugueux et intraitable, image, pour R.M.G., du
puissant catholique du temps. Fondamentalement religieux,
lui aussi, à sa manière abrupte étrangère à la véritable charité,
il est familier de la Bible, mais ne s'arrête pas aux mêmes
textes. À Jéhovah chargé de foudres et de malédictions, il
vient demander d'autoriser ses propres anathèmes familiaux.
À sa mort, Antoine découvre dans ses papiers des transcrip-
tions qui font frémir. Un feuillet intitulé *Jacques* porte cette

1. Bien entendu, cette familiarité avec l'Écriture se manifeste aussi dans
les circonstances les plus banales. C'est avec naturel qu'elle se réfère aux
épîtres de Paul dans une conversation avec le jeune et fort peu religieux
docteur Thibault : « L'apôtre Paul était déjà d'avis que ce ne sont pas ceux
qui écoutent la foi qui sont justes devant Dieu, mais ceux qui la mettent
en pratique » (*Pénit.*, XI). Et à l'infirmerie où la visite pour la dernière fois
Antoine, elle se prépare à bavarder un peu, sans sacrifier ses tâches : « Elle
repoussa la bible noire qui était sur la table pour installer à la place sa
corbeille à ouvrage » (*Épil.*, X).

mention : *Pervers et rebelle,* suivie d'une impitoyable citation
biblique, avec sa référence : *Deutéronome* XXI, 18-21 : « Quand
un homme aura un enfant pervers et rebelle qui n'obéira
point à la voix de son père et de sa mère... » dont la conclusion
est : « Alors tous les gens de la ville le lapideront. Et ainsi tu
ôteras de toi le méchant pour que tout Israël soit saisi de
crainte » (*Mort,* X). Quelques extraits fort variés complètent
ces involontaires confidences posthumes : reflets de ses lectures et de ses préoccupations, certains ne surprennent pas.
Le conservateur endurci se plaît à s'appuyer sur Platon : « Il
y a peu de chose qu'il faille craindre davantage que d'apporter
la moindre innovation à l'ordre établi. » Et des lignes de
Buffon sur « le sage » fermé à tout renouvellement, qui « ne
veut être que ce qu'il a toujours été, ne vivre que ce qu'il a
vécu » ne sont pas moins conformes à son personnage. Mais
d'autres citations sont à juste titre jugées par Antoine « assez
inattendues ». Que penser de cette observation de François
de Sales, sinon qu'elle pourrait bien témoigner de brusques
et redoutables accès de clairvoyance sur son propre cas : « Il
y a des cœurs aigres, amers et âpres de leur nature, qui
rendent pareillement aigre et amer tout ce qu'ils reçoivent ? »
Un secret de sa vie sentimentale insoupçonnée de tous les
siens expliquerait peut-être le choix de ce vers pudiquement
emprunté au poète latin : « *Saepe venit magno foenore tardus
amor* », surtout si on le rapproche de cette pensée de La
Bruyère, suggestive dans sa discrétion : « Il y a en elle de
quoi faire une parfaite amie ; il y a aussi de quoi vous mener
plus loin que l'amitié », et de la fleur jointe au papier ! R.M.G.
s'est interdit de trop demander à cet artifice efficace, mais
exagérément conventionnel, des papiers posthumes. Par eux,
cependant, il a enrichi quelque peu notre connaissance du
vieil homme qui, sans s'écarter de la ligne austère qui le fait
respirer dans la familiarité des écrivains graves, laisse parfois
entrevoir un cœur sans doute vulnérable et, mieux encore
peut-être, une très intermittente aptitude à se juger sans
complaisance. Bien loin de céder aux séductions d'écrits

frivolement profanes, Oscar Thibault s'attache donc surtout, et ce n'est pas une surprise, aux moralistes, aux philosophes et aux saints. Pourtant, il lui arrive une fois au moins de nous surprendre en se préoccupant de littérature populaire, non certes pour son usage, mais pour l'édification d'un large public. C'est Antoine encore qui découvre cette singulière disposition dans son testament : « *La plus naïve* [...] *de ces fondations était l'attribution d'une somme assez importante à Monseigneur l'évêque de Beauvais, pour la publication annuelle d'un* Almanach Oscar Thibault [...] *qui devait être " vendu à bas prix dans toutes les papeteries et les bazars du diocèse "*, *en vue de faire pénétrer dans chaque foyer catholique " un amusant recueil d'anectodes édifiantes "* » (*ibid.*, même section). Qui eût prévu qu'entre le sombre patriarche et une forme divertissante de très humble littérature un rapport pourrait s'établir, outre-tombe!

Dans la perspective propre à R.M.G., romancier et non critique littéraire, il devient naturel de prendre en considé-ration le cas des lecteurs occasionnels aux curiosités souvent dépourvues de toute valeur intrinsèque : leur signification réside dans cette pauvreté, et c'est par là qu'elles peignent ces éternels indigents de la culture. Chacun d'eux est évoqué par quelque trait hâtif, mais qui porte, tandis que cette rareté même dit assez la place infime que tient dans leur vie le phénomène. Lorsque Antoine va retrouver chez elle, avenue de Wagram, sa capiteuse maîtresse Anne de Battaincourt, cet indice de sa frivolité le retient d'abord : « *Des journaux de mode jonchaient le tapis* » (*Été*, XXIII). Et que penser de ce sommaire souvenir mélodramatique de sa moisson roma-nesque, sinon que sa remarque interdit la moindre illusion sur son univers intellectuel : « *Un matin, on me trouvera, en travers de ma chambre, poignardée* [...]. *D'ailleurs, j'ai remarqué : dans les livres, celles qui s'appellent Anne, elles finissent toujours poignardées* » (*ibid.*, XXV).

Si cette sotte légèreté n'est pas trop cruelle pour Antoine, combien Jacques en souffrirait, s'il avait l'inconcevable malheur de s'éprendre de la belle Anne! Car toute dissonance culturelle lui est déception, ou souffrance. Une petite scène délicieuse, en mineur, nous le fait entrevoir, sur le mode humoristique. Nous sommes chez Packmell; Jacques y remarquant une mélancolique jeune fille à l'émouvante pâleur éprouve une certaine douceur à bavarder avec elle et même à s'imaginer un instant qu'il pourrait se dévouer à son bonheur. Il lui cite, avec une naïve imprudence, Pascal : « *Le cœur a ses raisons que la raison ne connaît pas.* » Or « *elle resta une seconde pensive. – " Que la raison n'a pas ", rectifiat-elle, en pianotant sur la table, " sans cela, le vers serait faux. "* » La discrète ironie de R.M.G. note ainsi la réaction du jeune normalien : « *Il la désirait malgré tout. Pourtant il avait déjà moins envie de lui consacrer sa vie* » (*B.S.*, II). – Sur un tout autre registre, un aveu tremblant du lamentable « Monsieur Chasle » à son patron Oscar Thibault, à l'heure où il arrête des dispositions testamentaires, nous introduit dans son monde étriqué dans lequel les journaux du moins devraient lui rester accessibles. Cependant, son humiliante détresse le fait tomber plus bas : « *On regarde même au journal : on relit des vieux, qu'on avait mis de côté...* » (*Sorellina*, I). Par ailleurs, dans son intérieur minable, « *le long des murs, des images de piété étaient collées sur des cartons de couleur. Des livres – de piété, eux aussi – garnissaient une étagère* » (*B.S.*, III).

À ces mentions qui sont autant de constats de carence on peut joindre le cas de lecteurs effectifs, mais diversement maladroits ou superficiels. Tel l'honnête Simon de Battaincourt, dont la naïve interprétation de *L'Idole* d'Auguste Barbier réjouissait les réunions amicales : « *On s'amusait à* [le] *prier de réciter quelque chose et il s'avançait devant la cheminée, et commençait : " Ô Corse! Ô cheveux plats/ Que ta France était belle/ Sous le soleil de Messidor ", sans jamais avoir trouvé suspecte l'hilarité qu'il déchaînait dès le troisième mot* » (*ibid.*, I). Faute de véritable curiosité et d'initiative, il occupe ainsi « *les longues soirées* » qu'il passe à Berck auprès de sa belle-fille Huguette, immobilisée : « *Se souvenant de ses études théologiques, il lisait des livres sur le protestantisme* » (*Été*, XIII) : nous ne saurons pas lesquels, R.M.G. ne marquant pas plus d'intérêt que lui pour ce passe-temps tout passif. De même, dévoué à Huguette, il cherche à la distraire : « *Le soir, il lui faisait la lecture* » (*ibid.*, LVII), mais apparemment sans que ses choix fussent assez originaux pour mériter d'être précisés.

Une jeune fille romanesque à l'imagination enflammée, la blonde Alsacienne Lisbeth, nièce de la concierge d'Oscar Thibault, « Maman Friehling », présente une déviation inverse; l'ardeur ne lui fait pas défaut, mais le critère exclusif de la sensibilité débridée rend suspectes ses préférences les plus estimables : « *La poésie allemande avait le don de lui tourner la tête* [...] *Ce qu'elle trouvait de plus beau était toujours puéril et triste.* » Jacques cependant est délicieusement remué par la découverte de cette féminité simplette et par cette ouverture sur le génie germanique : tantôt « *elle s'attendrit devant un lied de Goethe, qu'elle savait par cœur et même qu'elle chantait* », tantôt elle fredonne « *plusieurs romances dont elle expliquait les premiers vers* ». Mais sa prédilection va à Schiller, dont le pathétique la bouleverse : « *Elle se recueillit et récita d'un trait un fragment qu'elle chérissait entre tous, ce passage de Marie Stuart où la jeune reine prisonnière obtient de faire quelques pas dans les jardins de sa prison, et s'élance sur les pelouses, éblouie de soleil, ivre de jeunesse* » (*Pénit.*, IX [1]).

La fraîche petite Gise ignore, elle, la poésie et les émois délicieux qu'y cherche Lisbeth. Aussi bien, fillette soumise à la stricte surveillance de sa tante, Mademoiselle de Waise,

---

1. Maumort rappelle avec gratitude l'action pédagogique de son professeur – de mathématiques! – M. Nacquot dont des choix semblables s'étaient avérés très heureux : « En quelques semaines, il m'initia si intelligemment à la langue allemande, choisissant des textes de Goethe, de Schiller, de Lessing et même de Heine, bien faits pour me plaire et m'intéresser, que je fis des progrès très rapides » (*Maumort*, p. 235).

ne lui permet-on que des ouvrages inoffensifs jusqu'à la
fadeur. Elle ne peut s'y attacher mais, simple et joyeuse, se
résigne gaiement à son sort, même si, un peu honteuse
d'abord, elle s'efforce d'empêcher Jacques de découvrir le
titre qu'il méprisera : – « Le Petit Savoyard, *tome I. Bigre! et
il y en a plusieurs, de ces tomes? – Trois. – Félicitations. C'est
passionnant?* » Elle rit. « *Je n'arrive même pas à finir le
premier* », avoue-t-elle. Ici une parenthèse de l'auteur-péda-
gogue suggère discrètement, mais fermement, les conséquences de cette censure bornée : (« *Gise n'aime pas la
lecture* », affirmait Mademoiselle après plusieurs essais de ce
genre...). Jacques, tôt émancipé par Daniel et impatient de
libérer à son tour les esprits brimés, a beau promettre : « *Je
te prêterai des livres, moi* », sa presque petite sœur, peu
encline à la révolte, feint de ne pas entendre (*B.S.*, V). Mais
parfois un compromis ingénieux et prudent est enfin trouvé,
à la satisfaction de l'intéressée : nous voyons Gise « *plongée
dans les* Great Expectations *de Dickens dont Mademoiselle,
sur les instances de Jacques, avait autorisé la lecture comme
une occasion de faire des progrès en anglais; elle pleurait avec
délices, parce qu'elle avait, dès le début, deviné que Pip
délaisserait la pauvre Biddy pour la cruelle et fantasque Miss
Estelle* » (*ibid.*, VI [1]). – Cependant Jacques, bientôt devenu
exigeant en raison de sa nature même et de ses solides études,
n'avait pas dédaigné, naguère, les exaltations puériles des
aventures un peu grosses, passion fort peu intellectuelle qu'il
partageait alors sans complexe avec la petite Gise. Connivence
heureuse, frais et attachants souvenirs retrouvés dans l'atten-

---

1. Il est plaisant de se référer à ce propos à une note de Jacques Copeau,
dans son journal, le 8 mai 1915 : « Roger m'a dit qu'il n'avait pas pu lire
Les Grandes Espérances au-delà des trente premières pages, et qu'il avait jeté
le livre dans un fossé » (*Corr. Copeau-R.M.G.*, I, 176). Mais le futur auteur
des *Thibault* n'abordait pas, à cette date, le grand romancier dans les mêmes
conditions que Gise! Et c'est sans surprise que l'on remarque par ailleurs
le nom de Dickens parmi les plus fortes influences formatrices de R.M.G. :
« À l'époque de mon apprentissage, mes lectures étaient avant tout *Tolstoï*
(et aussi Eliot, Hardy, Dickens, Ibsen, Annunzio...). » (*Dossiers de la boîte
noire*, p. 1056).

drissement amusé : voilà certes un autre bienfait de la lecture que le romancier n'a pas voulu méconnaître : « " *Comme tu es devenu fort* ", *dit Gise à mi-voix* [...]. *Et tout à coup, sans réfléchir* [...], *il s'écria, surpris lui-même de cette réminiscence :* – " *Le major Van de Cuyp était d'une force peu commune.* " *Un joyeux élan anima le visage de Gise. C'était la légende qu'ils avaient vingt fois relue ensemble au bas d'une gravure de leur livre préféré : l'aventure se déroulait dans les forêts de Sumatra, et l'on voyait un major hollandais terrasser en se jouant un redoutable gorille* [...]. *Ils riaient et se regardaient rire, oubliant le reste, puisant avec délices dans ce trésor facétieux de leur enfance, qui n'appartenait qu'à eux seuls* » (*Mort*, II).

Pour clore cette souriante revue de lectures, et de lecteurs, élémentaires, il est plaisant de faire place au plus jeune de tous, un futur lecteur à vrai dire : Jean-Paul, le fils de Jacques et de Jenny, précoce et porteur de bien lourdes espérances, dans ce domaine aussi. Sa mère, attentive, écrit fièrement à Antoine, après quelques jours de grosse fièvre de l'enfant : « *J'ai l'impression que son intelligence s'est développée pendant cette petite maladie. Il invente un tas d'histoires pour expliquer à sa façon les images de ses livres et les dessins que Daniel lui fait* » (*Épil.*, XV). Puissance de l'hérédité! Jean-Paul annonce déjà, émouvante promesse, une imagination avide, une intelligence insatiable de création et de lecture.

Au terme de cet essai analytique regroupant bon nombre de faits, quelles constatations fondamentales restent en mémoire? Riche bouillonnement intellectuel de Jacques, d'abord impatient de connaître tous les livres, mais prompt à les renier; très décevante culture d'Antoine le scientifique, aux œillères tôt acceptées; révélation à lui-même de Daniel par une œuvre merveilleusement émancipatrice, mais dont il reçoit surtout, en somme, une leçon d'hédonisme trop facile pour être féconde; et des autres, nous savons peu de chose, souvent parce que l'histoire de la nourriture de leur esprit est bien courte. Le phénomène de la lecture n'occupe donc pas dans les *Thibault* cette place centrale, ni même dominante que la manifeste compétence et le goût personnel de leur créateur, plus tard affirmés avec éclat dans *Maumort*, pouvaient faire attendre. Sa réserve, voire son effacement propre, s'expliquent par un sacrifice généreux de l'artiste à son œuvre, sa seule règle étant la soumission à ses exigences de vérité et d'équilibre. Pas question pour lui de s'imposer à aucun de ses personnages, fût-ce aux plus fraternels, d'empiéter sur leur autonomie pour le plaisir de leur souffler le développement de son choix, pour abonder en sens sur ses maîtres familiers. Ni Jacques, ni Antoine, ni les comparses ne diront autre chose, ou plus, que ce qu'ils ont à dire, dans leur situation et selon leur caractère : pas un supplément gratuit de confidence sur ses engouements pour l'un, pas un surcroît flatteur de curiosité culturelle pour l'autre. Rigueur, vaillante honnêteté du créateur R.M.G., voilà ce que dans ce domaine particulier comme dans tant d'autres un questionnement impartial des textes permet d'établir.

Mais, s'il nous était loisible de risquer une conclusion complémentaire, plus ambitieuse et plus contestable, nous suggérerions cette réflexion : pourquoi R.M.G. n'aurait-il pas ici été simplement fidèle au principe bien arrêté de son néo-réalisme, qui l'inclinait à respecter la hiérarchie des valeurs et des intérêts observée dans la vie quotidienne de ses héros, leurs pensées, leurs paroles, l'emploi de leurs loisirs aussi ? Et si le phénomène de la lecture n'est finalement, pour la plupart d'entre eux, qu'un phénomène non essentiel, il devient naturel et même nécessaire de ne pas en offrir une peinture qui, trop docile à la convention, en exagérerait l'importance. Ce constat affligeant conduirait peut-être à s'interroger sans tricherie ni préjugé sur ce que représente dans l'humble réalité des vies individuelles, hier et aujourd'hui plus encore, cette lecture tant vantée, mais avec beaucoup de légèreté.

Jean Malavié

LA NOUVELLE ET LE ROMAN-FLEUVE :
À PROPOS DE
ROGER MARTIN DU GARD

On peut diviser en deux grandes tendances les études concernant la nouvelle. Pour les uns, poéticiens ou narratologues, seules comptent les exigences internes du genre : c'est l'attitude du formaliste russe V. Chklovski ou d'Antonia Fonyi dans un article paru dans la *Revue de littérature comparée* [1]. Les autres procèdent par rapprochements ou comparaisons intergénériques; ils analysent alors la nouvelle dans son rapport à deux genres voisins, le conte et le roman. L'historien de la littérature R. Godenne a choisi cette deuxième formule pour composer son petit ouvrage *La Nouvelle française* [2]. Il remarque, par exemple, que, au XIXᵉ siècle, véritable âge d'or du genre, les appellations de conte et de nouvelle sont en concurrence. On ne peut même pas, dit-il, assigner sans restriction l'un des termes à une formule particulière. Il montre par ailleurs que le XXᵉ siècle voit une certaine décadence du genre : face à la crise et aux mutations du roman, la nouvelle apparaît comme une forme trop limitée et figée dans la formule de quelques chefs-d'œuvre du siècle précédent. Certes, des écrivains comme M. Arland, Camus, Sartre ou Robbe-Grillet proposent un renouvellement par le

1. Antonia Fonyi, « Nouvelle, subjectivité, structure », in *Revue de littérature comparée* (oct.-déc. 1976).
2. René Godenne, *La Nouvelle française,* Paris, P.U.F., 1974.

recours à la formule de *la nouvelle-instant* : dans ce cas, l'anecdote tend à disparaître au profit de la description d'un moment privilégié où se dessine le destin d'un individu. Cependant, de manière générale, la nouvelle lui paraît entièrement confinée « à l'ombre du roman ».

« À l'ombre du roman », telle est donc la formule que je m'attacherai ici à commenter. Et l'étiquette qui m'a servi de titre doit se lire ainsi : « Qu'en est-il de la nouvelle à l'époque du roman-fleuve? Qu'en est-il du récit le plus court au moment où les romanciers s'essaient à l'une des plus ambitieuses formules du genre? » Si mon propos est initialement fondé sur une remarque fournie par l'historien de la littérature, je ne négligerai pas pour autant les apports souvent pertinents de la narratologie. Pour limiter mon sujet, je prendrai mes exemples dans l'œuvre de R.M.G. Le prix Nobel de littérature 1937 est surtout connu par son roman-fleuve des *Thibault* mais il est aussi l'auteur de quelques nouvelles.

Les quelques remarques qui suivent porteront principalement sur deux textes : *La Sorellina* est le cinquième volume du roman-fleuve publié en 1928[1]. *Confidence africaine*[2] constitue la seule nouvelle que R.M.G. ait consenti à faire figurer dans ses *O.C.* de la Pléiade; elle a été écrite en 1931 au moment où le romancier s'est décidé à abandonner le plan primitif de son roman pour greffer sur les six premiers tomes ce couronnement que sont *L'été 1914* et *Épilogue*. Du reste, une particularité annexe me paraît justifier le rapprochement de cette nouvelle et de ce roman : tous deux développent un thème fantasmatique fondamental chez R.M.G., celui de l'inceste avec la sœur.

Je voudrais souligner d'emblée que ce rapprochement de la nouvelle et du roman-fleuve n'est pas fortuit. C'est véri-

1. R.M.G., *La Sorellina,* in *Œuvres complètes,* Paris, Gallimard, 1955, p. 1134 à 1250.
2. R.M.G., *Confidence africaine,* in *O.C.,* t. 2, p. 1107 à 1127.

tablement une problématique qui parcourt toute l'œuvre de R.M.G. Pour cela, je mentionnerai d'abord quelques cas de figure aisément repérables à la lecture des *O.C.* et de la *Correspondance générale* [1].

Avant tout, ce lecteur insatiablement curieux de la production littéraire contemporaine qu'était R.M.G. est aussi un lecteur de nouvelles. L'auteur des *Thibault* a lu avec beaucoup d'attention les nouvelles de ses amis et correspondants J.-R. Bloch, F. Verdier, M. Jouhandeau et quelques autres. Selon ses habitudes, il a très précisément critiqué les textes qu'on avait soumis à son jugement.

Pour ce qui est de son œuvre personnelle, les *Souvenirs autobiographiques et littéraires* [2], écrits pour la parution des *O.C.*, présentent deux cas de figure. On sait ainsi que les premiers textes narratifs écrits par R.M.G. étaient des nouvelles. De bien mauvaises nouvelles naturalistes si l'on en croit l'auteur!

Je composais aussi de brèves nouvelles, d'inspiration exclusivement réaliste, – et d'un mauvais goût inimaginable... Qu'on en juge : je me souviens de l'une d'elles, que j'avais intitulée « Chair fraîche ». Par une nuit glacée, un clochard, hirsute, en haillons, erre dans la ville déserte. Soudain, au premier étage d'un hôtel particulier, une fenêtre s'éclaire : une gracieuse silhouette féminine paraît puis disparaît derrière la vitre embuée. L'homme s'est arrêté net. « Chair fraîche »... Il guette, haletant, le retour de l'apparition. En vain. [...] Enfin, il n'y tient plus : il se hisse sur le mur, grimpe le long d'une gouttière, parvient jusqu'au balcon. Derrière la croisée, à deux mètres de lui, en pleine lumière, une femme est là : debout devant sa

---

1. R.M.G., *Correspondance générale*, édition établie par M. Rieuneau, Paris, Gallimard, 1980.
2. R.M.G., *Souvenirs autobiographiques et littéraires*, in *O.C.*, t. 1, p. xli à cxliii.

glace, elle brosse paisiblement sa chevelure dénouée... « *Chair
fraîche* »... *Elle est nue...*
La nouvelle se terminait là, sur trois points de suspension.
L'auteur de cette sensationnelle « *tranche de vie* » *devait
avoir treize ou quatorze ans* [1].

Au commencement, donc, existait la nouvelle, réaliste et
même naturaliste, écrite parallèlement à des poèmes d'adolescent. La forme brève est conçue comme satisfaction
fantasmatique très immédiate : elle précède l'idée même du
roman-fleuve qui va venir à R.M.G. de la découverte de
Tolstoï quand, quelques années plus tard, l'abbé Hébert lui
donne à lire *Guerre et Paix.*

Le deuxième cas de figure est rapporté dans les mêmes
Souvenirs, à propos d'un essai romanesque que R.M.G. laissera
inachevé. L'auteur préfère brûler toutes les notes préparatoires
et les ébauches du texte qu'il prévoyait d'intituler *Marise.*
Mais il conserve un passage, un morceau de ce roman qu'il
ne se décide pas à faire disparaître. Il le publie à compte
d'auteur, chez Grasset, sous la forme d'une nouvelle avec
pour titre *Une de nous.* Cette première nouvelle momentanément assumée jusqu'à la publication ne sera pas jugée
digne d'être reprise dans les *O.C.* Sans doute très proche de
ce que Godenne nomme la nouvelle-instant, ce récit conte
quelques moments de la vie très ordinaire d'une femme;
c'est un fragment où se révèle un destin. Cette fois, la
nouvelle naît du roman inachevé.

Ce deuxième cas de figure va se retrouver à la fin de la
carrière littéraire de R.M.G. À partir de 1941, en effet, et
jusqu'à ses derniers jours de 1958, l'auteur des *Thibault* a
travaillé à un dernier grand roman, une ultime somme
romanesque dont il avait le goût. Inachevée, cette œuvre a

---

1. *Ibid.,* p. XLII.

paru en Pléiade il y a cinq ans dans une édition de A. Daspre [1].
Selon la constante habitude de R.M.G., cette œuvre fut
longuement mûrie ; la matière romanesque donna beaucoup
de mal à R.M.G. Pour lui trouver une forme, plusieurs
dispositifs narratifs l'ont tenté : celle d'un journal intime du
personnage principal, d'un roman par lettres, de souvenirs...
Une quatrième formule un moment envisagée était celle d'un
recueil de nouvelles. À ce propos, R.M.G. a noté dans son
Journal, encore inédit, quelques réflexions sur un genre
auquel il songe souvent :

> *J'ai toujours été sensible à la perfection de la* nouvelle.
> *Mais les plus réussies me laissent souvent sur ma soif : je
> ne peux me retenir de regretter les sacrifices que le genre
> même exige : tout ce qui aurait pu être développé, et qu'il
> a fallu laisser en jachères. J'aime qu'un auteur épuise son
> sujet tout à la façon des grands romanciers russes ou
> anglais. Un livre de nouvelles, dont chacune serait en
> même temps un vaste roman par morceaux juxtaposés, ne
> me paraît pas irréalisable.*
>
> *Je me représente fort bien ce qui se passerait dans notre
> esprit si, par exemple, toutes les nouvelles contenues dans
> un des volumes de Tchékov mettaient en scène les mêmes
> individus. Un tel livre perdrait son aspect fragmentaire.
> De nouvelle en nouvelle, nous approfondirions notre
> connaissance d'un monde précis, et nous suivrions le
> développement des caractères à travers des épisodes succes-
> sifs, qui présenteraient chacun un intérêt particulier* [2]...

La nouvelle est donc parfaite mais elle est desservie par
son aspect fragmentaire. Pour *Maumort,* cette utopie d'un
vaste recueil de nouvelles compensant la juxtaposition des

---

1. R.M.G., *Le lieutenant-colonel de Maumort,* Paris, Gallimard, 1983.
2. R.M.G., *Journal,* 8 avril 1943, cité par A. Daspre, in *Le lieutenant-
colonel de Maumort, op. cit.,* p. XLIII.

fragments par le retour des personnages – le procédé fait songer à la manière dont Balzac a composé peu à peu sa *Comédie humaine* – a été ensuite sciemment écarté. Et, pour ce dernier roman, aucune solution ne fut trouvée par l'auteur.

Avec *La Sorellina* et *Confidence africaine*, deux textes de la pleine maturité créatrice, deux autres cas de figure seront pris en compte. Cette fois, en effet, on abordera de front les problèmes de l'esthétique narrative de R.M.G.

Le roman-fleuve valorise et déprécie la nouvelle

Le titre *La Sorellina* vaut pour deux textes : le cinquième volume des *Thibault,* son cinquième chapitre ainsi que le disait parfois l'auteur dans sa *Correspondance,* et une nouvelle entièrement écrite par R.M.G. et attribuée par lui à Jacques Thibault. Autrement dit, un volume du roman-fleuve porte le nom d'une nouvelle mais le texte que le roman cite est fragmenté, éclaté. À propos de ce texte, l'éditeur de la *Correspondance Gide-R.M.G.* [1], le professeur J. Delay, tout comme la critique C.E. Magny, ont parlé d'influence de Gide, son ami, sur l'auteur des *Thibault.* Comme dans *Paludes* ou *Les Faux-Monnayeurs,* le roman a pour titre celui d'un texte dont il est question dans la diégèse. Par ce procédé, estime J. Delay, R.M.G. tente de tenir compte des reproches que lui faisait régulièrement Gide : son mode de composition linéaire le prive des zones d'ombre et de mystère que permettent des narrations organisées selon différents points de vue. Entre les textes de Gide que j'ai cités et celui de R.M.G., on notera cependant deux importantes différences. D'abord, dans *Paludes* ou *Les Faux-Monnayeurs* les textes qui donnent leur titre au récit qui les contient sont des textes en gestation; dans *La Sorellina,* la nouvelle est terminée, publiée

---

1. *Correspondance A. Gide-R.M.G.,* Paris, Gallimard, 1968.

en revue et lue par le frère de Jacques dans une scène qui
permet aussi au lecteur d'en prendre connaissance. Au thème
de la genèse d'un texte littéraire, R.M.G. préfère celui de sa
lecture. Il y a surtout, me semble-t-il, chez R.M.G., une hétéro-
généité générique qui n'existe pas chez Gide. Le texte que
le narrateur appelle *Paludes* ne paraît guère différent de celui
que nous lisons signé de Gide. Le roman d'Édouard ressemble
très fortement à ces *Faux-Monnayeurs* que nous connaissons.
La mise en abyme dont Gide a esquissé la formule et qu'il
se plaît à mettre en œuvre semble fonctionner chez lui par
un rapport générique du même au même. Chez R.M.G., le
roman contient une nouvelle; c'est du récit bref au récit long
que la mise en abyme fonctionne. Dans le miroir du roman,
se trouve la nouvelle.

Donc, la nouvelle fait partie du roman-fleuve. De quelle
manière? Quels effets de sens produit le dispositif ainsi mis
en place? On notera d'abord que le roman fait la promotion
de la nouvelle : celle-ci lui donne son titre. En même temps,
la nouvelle joue un rôle de premier plan dans la conduite
du récit. Son frère Jacques ayant disparu depuis trois ans,
c'est grâce à la nouvelle qu'il publie sous le pseudonyme
transparent de Jack Baulthy qu'Antoine va pouvoir le retrouver et l'amener au chevet de leur père mourant. Un jeu de
mots rend ainsi compte de la première fonction de la nouvelle
dans le roman : mentionnée dans une lettre, parcourue ensuite
par un lecteur pressé, la nouvelle de Jacques donne des
nouvelles de son auteur. Sur la couverture, le lieu d'édition
va permettre une petite enquête qui dévoilera le lieu de
résidence actuel du disparu; le récit proprement dit permettra
d'expliquer toute une série de questions sur les causes de la
fuite de Jacques et sur ses rapports de conflit avec son père.
La lecture de la nouvelle par Antoine va dans le sens de la
mise en abyme : elle dessine un exact rapport d'adéquation
entre le héros de la nouvelle et son auteur : de même que

Giuseppe est partagé entre son amour malheureux pour la jeune Sybil Powell et son inclination sensuelle pour sa sœur Annetta, de même Jacques fut déchiré entre Jenny de Fontanin et la petite Gise qui a toujours vécu dans la plus fraternelle intimité avec Jacques et Antoine Thibault.

Ainsi, la nouvelle prend une place de choix au cœur même du roman-fleuve. Il faut pourtant aussitôt noter qu'elle subit en même temps tout un processus de dépréciation. En premier lieu, la nouvelle n'est pas citée *in extenso* mais par fragments toujours cernés par le déroulement du récit romanesque. Le roman fait éclater la nouvelle selon ses besoins. D'autre part, les deux lecteurs du texte attribué à Jacques critiquent l'un et l'autre son style. Dans la lettre qui révèle l'existence de la nouvelle, le professeur Valdieu de Jalicourt inscrit ses réserves :

> *Vous devinez, de reste, les réserves que peut inspirer au vieil universitaire que je suis, une formule romanesque qui heurte, et ma culture classique, et la plupart de mes goûts personnels. Je ne puis véritablement souscrire ni au fond ni à la forme* [1].

Les agacements d'Antoine sont formulés de manière moins rhétorique mais ils sont répétés plusieurs fois dans la scène qui rapporte sa lecture du texte. On relève : « *Ces descriptions agacent Antoine qui passe deux pages* [2] ». « *Littérature... Antoine tourne le feuillet* [3]. » « *Littérature! Littérature! Le parti pris de touches brèves et brutales est exaspérant* [4]. »

Cette critique du style lyrique et artiste de la nouvelle doit d'ailleurs être portée au compte de l'auteur : pour écrire la nouvelle de Jacques, il a volontairement choisi un style très

1. *Op. cit.*, p. 1162.
2. *Ibid.*, p. 1147.
3. *Ibid.*, p. 1175.
4. *Ibid.*, p. 1180.

différent de celui qui est le sien dans les huit volumes du roman-fleuve.

Le deuxième élément de dépréciation de la nouvelle par le roman vient de l'attitude de son lecteur. Dans la *Correspondance générale*, R.M.G. marque très fréquemment son irritation contre l'habitude des lecteurs français qui recherchent toujours un vécu biographique de l'auteur à travers les histoires qu'ils lisent, même si elles sont expressément marquées du sceau de la fiction. À la recherche des clefs concernant le passé de son frère, Antoine Thibault est semblable à ces lecteurs indiscrets. Ou plutôt, si certaines de ses déductions sont justes, d'autres le conduisent à des conclusions erronées. Les retrouvailles avec Jacques et les conversations dont elles seront l'occasion l'amèneront à rectifier ce qu'il a mal lu et compris dans la nouvelle de son frère. Ainsi la scène fictive où le vieux conseiller Sereno maudit son fils Giuseppe est bien la transposition de la scène au cours de laquelle Oscar et Jacques Thibault se sont affrontés. Mais Antoine sera par contre soulagé d'apprendre de son frère que l'union incestueuse de celui-ci avec Gise n'est que le fruit de son imagination interprétative. La version des faits que transcrit la nouvelle et qu'un lecteur pressé et intéressé a cru décrypter n'est pas exactement conforme à la réalité qui l'a inspirée. De même que son style si particulier est jugé trop « littéraire », de même la nouvelle de Jacques constitue une transposition retouchée des faits réels.

Dans le roman la nouvelle subit un traitement ambigu : elle est à la fois valorisée et dépréciée.

La deuxième attitude se comprend aisément. Le partisan inconditionnel du « roman de longue haleine » ne peut célébrer sans restriction un genre qu'il ne fait pas sien. D'ailleurs, par certaines de ses caractéristiques généralement admises (brièveté, concision, concentration, fragmentation), la nouvelle s'oppose à la forme que R.M.G. a choisi d'illustrer. *La Sorellina* montre parfaitement que le roman de R.M.G.

se construit en partie contre la nouvelle, contre les limitations du récit bref. Étant donné la valorisation partielle du genre dans le cinquième volume des *Thibault,* n'y a-t-il pas influence du récit bref sur la conception du roman-fleuve ?

On pourrait, à ce propos, rappeler une formule de A. Fonyi dans l'article sur la nouvelle déjà citée : « Le conteur [...] dans l'intérêt de l'unité de son récit, a tendance à privilégier un seul moment de son histoire. » La remarque pourrait s'appliquer aux six premiers tomes des *Thibault.* Les commentateurs de l'œuvre ont, en effet, immédiatement mis en évidence la technique propre à R.M.G. Celui-ci découpe la durée de l'histoire considérée en « noyaux d'événements » : il ne relie pas par des sommaires les moments forts de son récit à la manière de Flaubert et ne donne pas à ressentir l'impression de durée par une accumulation de commentaires, observations et découvertes comme Proust. Parce qu'il s'ennuie habituellement aux explications, commentaires et descriptions qu'il trouve dans les romans qu'il lit, R.M.G. privilégie les scènes. Son plan est donc toujours organisé pour permettre une série de scènes, technique qui préfigure la formule du roman américain et de ses émules européens. Les six premiers volumes du roman-fleuve sont donc bâtis sur des moments exceptionnels où s'accumulent des événements. Les blancs de la narration produits par les ellipses qui séparent les différents tomes sont comblés par des rappels et de courtes explications données « dans le feu de l'action ». Dans cette suite de moments forts, *La Sorellina* jouit d'une place à part : la longueur des explications nécessaires a produit ce dispositif particulier de la citation d'une nouvelle et de la mise à l'épreuve des informations qu'elle donne.

Énigmes

L'unité par concentration semble donc rapprocher l'esthétique des volumes du roman-fleuve de l'esthétique de la nouvelle. Les considérations de R.M.G. au moment où il cherchera une formule pour son *Maumort* vont dans le même sens. Un autre élément vient encore renforcer cette impression : il s'agit de l'utilisation de l'énigme dans la construction du récit.

À partir des descriptions de R. Barthes dans *S/Z,* grâce aux travaux de C. Grive [1], on a pu remarquer chez Balzac, mais aussi chez Poe et H. James, l'utilisation très fréquente de la structure en énigme dans la construction de la nouvelle. Et cette structure se retrouve dans *Confidence africaine,* seule nouvelle que R.M.G. ait assumée pour telle au moment où il édifie ses *O.C.* Ce récit d'une vingtaine de pages est, en effet, construit en deux parties chacune pourvue d'un narrateur propre. M. du Gard raconte d'abord : Il a rencontré dans une clinique de Font-Romeu l'éditeur Leandro Barbazano, de nationalité italienne mais installé dans une grande ville du Nord de l'Afrique. Cet homme tient compagnie à son neveu, un adolescent profondément atteint par la tuberculose et qui ne tarde pas à mourir. C'est l'occasion pour M. du Gard de s'étonner de l'attachement très grand de l'oncle pour le neveu alors même que les parents de celui-ci semblent faire très peu de cas de leur aîné. Ce rapport énigmatique de l'oncle au neveu trouvera une explication dans la deuxième partie de la nouvelle. Au cours d'une traversée entre l'Afrique du Nord et Marseille, Leandro Barbazano, devenu narrateur à son tour, confessera son passé à M. du Gard : il fut le vrai père de Michele ; celui-ci devait

1. Roland Barthes, *S/Z,* Paris, Le Seuil, 1970. Charles Grivel, *Production de l'intérêt romanesque,* Mouton, The Hague, Paris, 1973.

le jour à la relation incestueuse qui lia pendant quatre ans Leandro Barbazano à sa sœur, l'autrefois belle et désormais horriblement grasse Amalia. Dans *Confidence africaine* comme dans certaines nouvelles de Balzac, le récit n'est pas « conforme à l'ordre naturel des faits », l'énigme est posée et l'on avance vers son éducation de manière rétrospective, en remontant dans le passé aux origines du secret.

Cette construction par rétrospection n'est pas celle de la nouvelle attribuée à Jacques dans le volume qui porte son titre. L'ordre chronologique est respecté par le récit pour la bonne raison que cette nouvelle dépréciée ne reprend pas la construction en énigme. Mais le roman qui la contient et la cite utilise abondamment, par contre, cette structuration du récit; ainsi, dans les premiers chapitres du roman, Antoine est amené à observer une phase du délire de son père. Au cours de celle-ci, le vieil Oscar Thibault revit la scène du départ de Jacques et prononce à son encontre quelques formules de malédiction. Antoine s'interroge à propos de cette scène; incapable de comprendre le sens de ce souvenir de son père, il lui donne momentanément une explication de son cru qui fonctionne comme leurre. Une énigme est ainsi thématisée, formulée, posée mais aussitôt une fausse réponse vient retarder le dévoilement de la vérité. La réponse ne viendra que plus tard, pendant la lecture que fera Antoine de la nouvelle de Jacques. Refusant la construction en énigme, la nouvelle joue ainsi un rôle dans le dispositif en énigme du roman.

Par ailleurs, la nouvelle et la scène où Antoine en prend connaissance fonctionnent aussi comme leurre puisque l'inceste de Jacques avec Gise est momentanément supposé avant que Jacques ne le démente expressément. L'énigme qu'aurait pu contenir la nouvelle semble être passée dans la construction du roman. Cela ne va pas sans produire des modifications dans le fonctionnement et le rôle même de l'énigme.

Dans une nouvelle, en effet, l'énigme sert à renforcer

l'unité du récit, exigence principale du genre. Elle est ce dispositif de la narration qui permet de faire sentir la clôture du récit court, tout entier tendu entre une question et sa réponse. La construction en énigme utilisée par le roman *La Sorellina* possède bien cette fonction unifiante. Mais le roman contient d'autres énigmes; or ces énigmes ne sont pas hiérarchisées entre elles comme dans la nouvelle de Balzac, *Sarrasine*. Ici, des énigmes secondaires sont thématisées et formulées, qui resteront momentanément en attente. La réponse aux questions posées ne viendra que dans les volumes suivants. À Lausanne, par exemple, alors qu'Antoine suit son frère et observe ses occupations quotidiennes d'écrivain et militant pacifiste, il assiste à des scènes incompréhensibles. L'étonnant ascendant de Jacques sur « le petit Vanheede », les occupations de Quilleuf, Paterson, Saffrio ne recevront une explication que dans *L'été 1914*. Comme Antoine, le lecteur de *La Sorellina* (roman) reste momentanément sur sa faim devant des personnages un instant évoqués pour lui.

Quelques énigmes enfin ne seront jamais élucidées par le roman : elles donnent au personnage de Jacques une réelle part de mystère. C'est seulement par quelques allusions que le lecteur pourra se faire une idée des trois années au cours desquelles Jacques a erré à travers l'Europe et jusqu'en Tunisie. Antoine lui-même n'en saura rien, un tout petit peu moins que le lecteur :

> – « *Antoine, écoute, il faut que tu saches... Au début, j'ai mené... j'ai mené...* »
> *Il voulait crier : « J'ai mené une vie inavouable... Je me suis avili... Interprète... Guide... J'ai vécu d'expédients... Achmet... Pire encore, les bas-fonds, la Rue-aux-Juifs... Pour amis, des misérables, le père Krüger, Celadonio... Carolina... Une nuit, sur le port, ils m'ont assommé d'un coup de matraque... [...]* » *Mais plus les aveux se pressaient à ses lèvres, et se levaient, nombreux et troubles, les*

> *souvenirs, plus cet inavouable passé lui apparaissait effec-*
> *tivement* inavouable – *impossible à faire tenir en des*
> *phrases.*
> *Alors, découragé, il se contenta de balbutier :*
> – « *J'ai mené une existence inavouable, Antoine... Ina-*
> *vouable...* In-a-vouable [1]*!* »

Souvent structurée à la manière des nouvelles et des romans policiers, grands utilisateurs d'énigmes, les cinq premiers tomes du roman-fleuve *Les Thibault* se rapprochent ainsi de la nouvelle. Mais les dispositifs en énigme mis en œuvre n'ont plus pour seule fonction d'assurer l'unité du récit : ils servent aussi à relier entre eux les différents tomes, à laisser également autour de quelques personnages une zone de mystère propice à certain effet sur le lecteur.

Structure thétique

Quelques théoriciens du genre ont lié cette construction en énigme de la nouvelle à ce qu'ils appellent sa structure thétique. A. Fonyi fait, par exemple remarquer que la nouvelle est issue de l'*exemplum,* du conte moral et du fabliau; à ce titre, « elle gardera pendant longtemps une fonction d'argu-ment [2] ». L'anecdote que développe le récit doit confirmer ou réfuter une thèse générale. Le récit illustre donc un discours général qui fonctionne comme son commentaire. Cela paraît le cas de *Confidence africaine* et de deux manières. Au fil du texte d'abord, le deuxième narrateur tire au passage une leçon de son récit dans le style oral et très simple que la nouvelle lui attribue :

1. R.M.G., *O.C.,* t. 1, *op. cit.,* p. 1248.
2. A. Fonyi, *op. cit.,* p. 21.

Et voilà.
Ces choses-là, vous voyez comme ça peut arriver tout
naturellement. C'est même tout simple, n'est-ce pas, quand
on y pense, quand on retrouve à peu près l'enchaînement
des détails [1].

R.M.G. déteste le récit à thèse. Il le répète continûment
dans sa *Correspondance*. Cependant, la nouvelle qu'il a composée et assumée pour telle semble fonctionner de cette manière.
On peut en tirer la preuve d'une discussion instaurée par
Gide et son amie Mme Dorothy Bussy et poursuivie au fil
de quelques belles lettres que réunit la *Correspondance A. Gide-
R.M.G.* [2].

La réussite esthétique de *Confidence africaine* n'est pas
l'objet du débat. Gide reconnaît immédiatement les grandes
qualités du récit de son ami. C'est un événement initial du
récit, la mort du jeune Michele, qui constitue le point de
départ de cet échange passionné de lettres. Pour des raisons
sensiblement différentes, Gide et Mme Bussy trouvent que,
par là, R.M.G. a donné des gages à la morale conventionnelle
que la suite de sa nouvelle vient pourtant heurter. La mort
initiale du « fruit du péché » leur paraît relever d'une sorte
de châtiment divin; c'est une sanction de l'inceste complai-
samment décrit ensuite. Et, par ce biais, R.M.G. réduit la
portée de sa prise de position en confortant la morale
catholique d'un F. Mauriac. C'est au nom de la vraisemblance
que R.M.G. se défend d'abord : le petit Michele ne pouvait
être un beau garçon en pleine santé comme le désirent ses
amis; en général, les mariages consanguins produisent des
enfants de constitution débile. Après quelques arguments
contraires apportés par Gide et Mme Bussy, le débat s'élève
à des questions d'esthétique générale et R.M.G. reprend l'un
des leitmotivs de sa *Correspondance* : il ne veut jamais rien

1. R.M.G., *O.C.*, t. 2, *op. cit.*, p. 1121.
2. A. Gide-R.M.G., *op. cit.*, p. 452 à 470.

prouver, seulement donner à réfléchir. Il attaque alors Gide, le Gide de 1931, le Gide engagé par son *Voyage au Congo,* son *École des femmes...* :

> À de tels aveux involontaires, on voit bien, Gide, qu'en écrivant, vous n'êtes pas un artiste désintéressé, mais un avocat que camouflent un grand art et une suprême habileté, l'avocat d'une cause et d'une cause autant que possible scandaleuse [1].

Cette discussion m'intéresse ici parce qu'elle fait suite à la publication d'une nouvelle. Alors, en effet, qu'il développait le même thème scandaleux de l'inceste avec la sœur, le roman *La Sorellina* n'avait suscité aucun débat du même genre. En mai 1928, les réactions des lecteurs de l'entourage de R.M.G. sont de deux ordres : d'abord, le volume n'est pas lu pour lui-même mais en même temps que le volume précédent *La consultation* paru un mois auparavant. Et les deux volumes sont rapportés à l'ensemble déjà publié. La fragmentation du roman-fleuve en volumes séparés, progressivement publiés, fait laisser de côté la question du sens de l'œuvre. L'autre réaction est d'ordre purement esthétique au sens restreint de ce terme. Elle concerne la particularité de construction du volume, organisé autour de la nouvelle attribuée à Jacques.

Dans le roman, le thème de l'inceste avec la sœur n'amène pas de débat parce qu'il n'apparaît pas comme cas particulier et argument d'une thèse générale. Dans le roman, ce thème existe parmi d'autres. Rien ne vient prédisposer le lecteur à envisager la naturalité de l'inceste, ni la multiplication des énigmes, ni le rapport obligé à d'autres volumes de la même série, ni la véritable atténuation du scandale en fin de récit.

C'est, par contre, à l'effet contraire qu'ont conduit la forme fragmentaire et la concentration de la nouvelle. Avec *Confi-*

1. *Ibid.,* p. 452-453.

dence africaine, R.M.G. semble donc s'être fait piéger par les implications d'un genre qu'il appréciait mais n'a jamais consenti à faire sien pleinement. Cependant, la nouvelle connaît un succès important et, à ce moment, le romancier se trouve devant une réelle alternative : il peut alors ou bien terminer son roman-fleuve, ou bien se lancer dans la carrière de nouvelliste en rédigeant quelques textes dont il a déjà l'idée. Quand l'offre de G. Gallimard eut supprimé les contraintes financières qui pesaient sur sa décision, le choix fut fait de terminer le roman. La discussion qui a suivi la publication de *Confidence africaine* est peut-être un élément de la décision de R.M.G. Il a pu alors pressentir en effet que la nouvelle incline le plus souvent vers le récit à thèse. Le magistral *Été 1914* qui couronne *Les Thibault* de sa masse imposante est un récit d'une bien plus grande complexité et d'une hauteur de vision bien plus absolue que les six premiers volumes de la même série. Cette fois, le roman-fleuve n'a plus aucun rapport avec la nouvelle.

Subjectivité de la nouvelle, objectivité du roman

Je reviendrai une dernière fois sur le thème commun à la nouvelle pleinement réussie et au roman bâti sur et contre la nouvelle : le fantasme de l'inceste avec la sœur ne reçoit pas le même traitement dans l'un et l'autre texte. Pourtant, dans l'un et l'autre cas, l'inceste est l'affaire d'une nouvelle. Mais, avec *La Sorellina,* le roman aboutit à une dénégation de cet inceste. D'abord, dans la nouvelle inscrite au cœur du roman, l'inceste n'est pas réellement accompli : après l'échange de leur premier baiser, Giuseppe et Annetta regagnent la villa familiale où se profile pour eux un avenir d'incertitude et de passion. Le surgissement du Père les arrête sur le seuil et, comme le fils clame péremptoirement qu'il épousera Sybil, anglaise et protestante, il est aussitôt maudit et s'enfuit : l'apparition du Père a suspendu à jamais la satisfaction du désir incestueux.

Cette vérité littérale de la nouvelle ne s'impose pas à la lecture parce que le lecteur premier de la nouvelle est directement intéressé par les événements qu'il lit. Comme son frère, Antoine Thibault a lui aussi été attiré par Gise. Il se laisse donc piéger par la scène du baiser entre le frère et la sœur. Seules les retrouvailles avec Jacques le détromperont : pas plus que dans la nouvelle de Jacques, l'inceste n'a pas été consommé dans la réalité. Une autre raison de la fuite de Jacques se fera jour dans les dernières pages : l'irrésistible vocation d'écrivain affirmée contre la carrière toute tracée du professorat. Par la nouvelle qu'il cite, le roman agite le thème scandaleux de l'inceste pour le refuser ensuite et le mettre à distance. L'évocation du fantasme et sa négation servent à bâtir l'image d'une destinée tragique.

De ce même inceste avec la sœur, la nouvelle réussie évoque, par contre, un accomplissement joyeux, plein d'une sensualité déculpabilisée. Certes, initialement, la mort du jeune Michele apporte une note triste et dramatique mais le déplorable destin du fils est vite oublié pour l'histoire passionnée de son père incestueux. Cette remontée vers les origines est un grand mouvement de libération et de déculpabilisation.

Or, ce changement de ton du récit correspond à un changement de narrateur. À M. du Gard, l'histoire douloureuse de la mort du jeune adolescent, à Leandro Barbazano la glorification de l'acte incestueux. Ce partage des récits entre les narrateurs ne doit pourtant pas nous leurrer. Quand le héros de l'histoire prend la parole pour rapporter l'inceste qui fut le cœur même de sa vie, le premier narrateur devient le destinataire de l'histoire. Et M. du Gard écoute ce récit avec beaucoup d'intérêt, voire de complaisance. D'un point de vue fonctionnel, d'autre part, les deux personnages sont équivalents, tous deux conteurs. Il y a mieux : le récit écrit du premier enregistre et mime le récit oral du second. Le deuxième narrateur apparaît alors comme une simple commodité, un intermédiaire motivé par la fiction pour exprimer publiquement ce qu'il ne convient pas d'avouer. Mais la surenchère de subjectivité de la nouvelle est là pour nous mettre sur la voie. Cette exigence du genre ainsi que le rappelle A. Fonyi permet ainsi de rapprocher le fantasme de la personne de l'auteur, de l'inscrire comme condition même de l'écriture. En somme, avec *Confidence africaine*, R.M.G. en reste à sa conception initiale de la nouvelle; il ne s'agit par là que de satisfaire un désir. Formule figée, la nouvelle semble attester le lien premier de l'écriture et du désir. Elle fonctionne à la subjectivité.

À cette position générique, le roman-fleuve s'oppose diamétralement : son système d'énonciation par narrateur absent en fait un récit de l'objectivité. Sa formule est issue des modèles flaubertien et tolstoïen; elle s'apparente à la ligne du roman naturaliste même si elle dépasse ce modèle et s'en différencie. Au cœur de l'œuvre, pourtant, la nouvelle vient inscrire la hantise de la subjectivité comme source d'énergie, manifestation du désir qu'il convient de satisfaire très indirectement, par un habile jeu de dénégation.

En marge du roman

Chaque écrivain organise pour son propre compte une hiérarchie des genres. Il ne fait que reprendre celles qu'il trouve établies dans l'institution scolaire ou littéraire ou bien bâtit à partir des matériaux déjà là ses propres stratégies d'auteur. Balzac avait conquis la formule réaliste de sa maturité à travers une série de nouvelles qu'il intégrera à *La comédie humaine*. Flaubert attend la fin de sa vie pour poser *Trois contes* à côté de ses grands romans. Zola s'attaque au récit avec les *Contes à Ninon*, antérieurs à tout roman. Maupassant fait de même mais poursuit parallèlement la carrière du nouvelliste et celle du romancier. Dans le cas de

R.M.G., la nouvelle paraît une source vive de l'œuvre mais son existence est toujours déterminée par la question centrale du roman. La stratégie générique de l'auteur des *Thibault* dessine pour le récit court un véritable statut selon que le roman prend ou ne prend pas son essor. Si le roman échoue, la nouvelle réussit, au début comme à la fin de la carrière de l'écrivain. Quand l'empire du roman est enfin solidement établi, la nouvelle s'y intègre momentanément pour le seul bénéfice du genre dominant. Mais, comme pour les pièces de théâtre écrites par l'auteur, la nouvelle ne peut atteindre au rang de création autonome et ne peut trouver sa place dans l'œuvre qu'*en marge* du seul texte que le romancier reconnaisse pleinement. C'est que la nouvelle est un genre que le romancier identifie comme figé. Elle est toujours et seulement perçue comme moyen de l'expression immédiate des fantasmes. Or le roman-fleuve est lui aussi en rapport avec le grand jeu des passions obscures mais contre leur domination par trop exclusive. Quand, en 1930, le roman-fleuve est en panne, quand l'âge ou les menaces de l'histoire font apparaître dérisoires les satisfactions intimes du romancier, la nouvelle leur donne une fois encore le jour et à visage presque découvert. Juste avant que le roman ne revienne imposer la loi vivante et difficile du Devoir.

Jean-François Massol
(Bourges)

Varia

GRANT E. KAISER

Nous avons appris avec une grande tristesse, au mois de mars 1990, la mort de notre ami Grant Kaiser, membre du C.I.R.M.G. depuis sa création. Fixé depuis longtemps à Atlanta (États-Unis) où il enseignait à Emory University (il avait été chairman du Département de Français), il avait conservé sa nationalité canadienne d'origine et avait tissé avec la France, son pays d'élection culturelle, des liens affectifs nombreux. L'œuvre de R.M.G. l'avait attiré dès sa jeunesse et il lui avait consacré sa thèse : *The World of R.M.G.* (Brown University, 1958). Par la suite, il devait publier sur elle plusieurs articles importants, participer au colloque de Paris en 1981 et s'associer aux travaux de notre Centre. Rappelons simplement quelques titres : « *Jean Barois*, an experiment in novelistic form » (*Symposium*, 1960), « *Les Thibault* et l'acte de lire » (*R.H.L.F.*, sept.-déc. 1982), « Écrire, c'est citer l'histoire » (*Cahiers R.M.G. 1*). Vivement intéressé par la création du Centre de recherche de Nice et de nos *Cahiers*, il avait tenu à publier, en le commentant, le texte inédit de la conférence de Stockholm sur *Jean Barois*.

Ceux qui ont eu le privilège de bien connaître Grant Kaiser savent quel ami délicat et fidèle il était, quelle richesse avait sa personnalité, alliant le sens de l'humour à l'intelligence aiguë et au dévouement le plus cordial. Nos études ont perdu un de leurs meilleurs chercheurs. Plusieurs d'entre nous ont perdu un ami véritable.

M.R.

Nous regrettons de n'avoir pas pu présenter dans ce numéro les comptes rendus du cinquième volume de la Correspondance générale *et de la thèse de B. Alluin,* R.M.G. romancier, *comme nous avions pensé le faire. Mais ce n'est que partie remise; il sera rendu compte de ces deux ouvrages, et d'autres qui paraîtront d'ici là, dans le* Cahier n° 3 *qui publiera les Actes du colloque d'octobre 1990.*

Pour ce numéro, M. D. Degraeve a bien voulu nous donner un résumé de la thèse qu'il a soutenue en janvier 1990, à l'Université de Lille III.

Dirck Degraeve, *La Fraternité dans l'œuvre de Roger Martin du Gard*, thèse de l'Université de Lille III, 1989, 781 pages.

Cette thèse, rédigée sous la direction de Bernard Alluin, a pour projet de lire l'œuvre de Martin du Gard sous l'angle du fraternel. Elle se fonde sur une constatation qui a valeur d'évidence car, si l'on considère que *Les Thibault* sont l'œuvre maîtresse de Martin du Gard, il est indéniable que ce roman est, avant tout, l'histoire – au sens le plus traditionnel du terme – de deux frères, et qu'il pose, à sa manière, tous les problèmes inhérents à cette thématique : rôle du père de famille, opposition des tempéraments, rivalité idéologique,

jalousie, amours croisées, complicités, secrets fraternels...
L'importance de ce thème s'impose également dans *Le lieutenant-colonel de Maumort,* où Henriette, la sœur du mémorialiste, joue un rôle non négligeable dans l'éducation de son frère, dans *Confidence africaine,* qui relate un inceste entre frère et sœur, et dans *Un taciturne,* où le couple Thierry-Isabelle occupe le devant de la scène.

Après un premier chapitre qui situe la fraternité par rapport à l'ensemble du contexte familial, celle-ci est d'abord envisagée dans ses réussites, ses bonheurs, sa plénitude. Les chapitres deux et trois s'inscrivent dans cette perspective et démontrent que l'éducation fraternelle (du cadet par le frère ou la sœur aînée), la formation de cellules fraternelles reposant sur des rapports horizontaux d'identité, constituent des moyens privilégiés de tenir à distance une figure omniprésente autant qu'inquiétante, celle du père, et d'en faire par conséquent l'économie.

Néanmoins, la fraternité nous propose le plus souvent des couples antithétiques dont l'exemple le plus frappant est, sans conteste, celui d'Antoine et de Jacques Thibault. À partir des catégories proposées par la morphopsychologie, il est possible de définir Antoine comme un Dilaté, acceptant le monde tel qu'il est, et Jacques comme un Rétracté, qui considère le réel comme insupportable. Le chapitre v approfondit l'étude de cette opposition des tempéraments en l'appliquant à un domaine précis, celui de l'amour, et montre que pour Antoine, la relation amoureuse est de nature exogamique, s'inscrit au plus loin du contexte familial, tandis que pour Jacques elle est de nature endogamique, visant à intégrer au sein de la famille une sœur d'élection (Jenny de Fontanin) ou sombrant dans la fascination de l'inceste (avec Gise). L'œuvre de Martin du Gard explore ainsi les deux attitudes possibles face à une figure paternelle que le couple fraternel s'avère finalement impuissant à éviter. Antoine adopte une attitude marquée par la duplicité en cherchant à conquérir une certaine autonomie vis-à-vis du père par le biais de ses amours, alors qu'en réalité il reste pétri d'admiration devant lui et cherche à l'imiter servilement, en transférant l'activité parasitaire d'Oscar des domaines de l'économie et de la politique à celui de la médecine. Jacques, lui, est l'homme du non, du refus, de la régression. Les conflits avec M. Thibault, qui culminent dans la tentation incestueuse qu'il éprouve envers Gise (chapitres VI et VII), le condamnent à une inévitable défaite face au « Titan nimbé de lune », ainsi qu'il le qualifie dans sa nouvelle retranscrite dans *La Sorellina*. La figure du père représente pour lui un obstacle insurmontable qui le renvoie constamment à ses manques, à ses frustrations. Notons que dans la perspective d'une fraternité qui se heurte à la figure du père, *Le lieutenant-colonel de Maumort* constitue une rupture : cet ultime roman affiche une volonté certaine de pacifier le thème, de gérer le problème des rapports entre la cellule fraternelle et le père de manière non conflictuelle.

Les chapitres VIII et IX examinent les prolongements et la transposition de cette problématique familiale au niveau de l'histoire et de l'idéologie, notamment dans *L'été 1914* : les révoltés du *Local,* par exemple, envisagent constamment la révolution à venir comme une forme de revanche sur un passé marqué par le père, tandis que la résignation et le conformisme d'Antoine devant le glissement de tout un monde vers le cataclysme de la guerre ne sont que la conséquence de sa propre aliénation aux valeurs bourgeoises défendues par M. Thibault. Après avoir étudié les formes non biologiques de la fraternité, et tout particulièrement l'espèce de fraternité idéale qu'est l'amitié, un dernier chapitre s'attache à recenser les techniques narratives par lesquelles l'auteur introduit dans son œuvre le thème de la fraternité, et s'interroge sur l'unité profonde des *Thibault,* texte qui comporte finalement deux romans en un : celui de Jacques et celui d'Antoine. La fraternité se veut ainsi, non seulement dans *Les Thibault* mais dans l'ensemble de

l'œuvre, un positionnement psychologique et idéologique
privilégié vis-à-vis de la figure du père.

Dirck Degraeve

« LA GONFLE » À MALAKOFF

Cette pièce – dont, curieusement, R.M.G. lui-même ne dit rien dans ses *Souvenirs littéraires* – n'a jamais été jouée. Il faut donc féliciter le Théâtre 71 de Malakoff qui, avec la collaboration du Théâtre sans domicile, a présenté *La gonfle,* du 4 novembre au 4 décembre 1988, en ouverture de sa saison. La pièce, mise en scène par Pierre Ascaride, directeur du Théâtre 71, était jouée par quatre acteurs, comme le souhaitait R.M.G. : Brice Beaugier dans le rôle de la Nioule, Christian Drillaud pour Andoche, Jacques Pieiller pour la Bique et Éric Prat pour le Vétérinaire.

J'ai personnellement beaucoup apprécié l'interprétation de la farce proposée par cette équipe qui a fait, de toute évidence, un gros travail préparatoire sur le texte et qui a voulu respecter le plus possible les intentions de l'auteur. La mise en scène, le jeu des acteurs mériteraient une étude plus précise; je dirai seulement que la troupe, avec beaucoup d'intelligence, a su donner à la pièce toute sa force dramatique et satirique.

Le public et la critique, presque unanime, ont d'ailleurs très favorablement accueilli la pièce. Évidemment *La gonfle* révèle un R.M.G. assez surprenant pour celui qui n'a lu que *Les Thibault.* Un critique a cru que la mise en scène était « scandaleusement outrée »! C'est tout à fait faux : les acteurs, je le répète, ont bien joué dans l'esprit de la pièce où se manifeste brutalement l'hostilité de R.M.G. à l'égard des paysans. Il faut souhaiter que le Théâtre 71 reprenne cette farce, à Malakoff ou ailleurs.

A. Daspre

LES JOURNÉES
ROGER MARTIN DU GARD
À BELLÊME

Trois ans de suite, de 1987 à 1989, ont été organisées à Bellême des « Journées culturelles R.M.G. ». L'initiative a été prise par M. Francis Geng, député-maire de Bellême, en accord avec Madame A.-V. de Coppet et M. D. de Coppet, d'abord pour commémorer le cinquantième anniversaire de l'attribution du prix Nobel à R.M.G. Elle a été soutenue par le Ministère de la Culture, le Conseil régional, le Conseil général et par des associations culturelles locales très actives : l'Orne en français (G. Bertin, secrétaire), Orne animation (M.-C. Gourdon), l'Académie du Perche (M. Rotrou, président). Les deux premières « journées » ont eu lieu les samedi 7 et dimanche 8 novembre 1987 ; à l'inauguration étaient présents, outre les personnalités déjà citées, Madame le Préfet de l'Orne, M. le président du Conseil général, MM. Claude et Robert Gallimard.

Le samedi, en fin de matinée, ouverture d'une exposition de textes, de photos, de manuscrits de R.M.G. très intelligemment présentés par Mmes Gauthier-Desvaux et Struber, avec l'aide des héritiers de l'écrivain et des Archives départementales. L'après-midi, sous la présidence de Mme A.-V. de Coppet et de M. F. Geng, trois conférenciers ont pris la parole : M. P. Siguret, Inspecteur général des monuments historiques, pour situer R.M.G. dans notre époque, A. Daspre pour donner une idée de la méthode de création du romancier, enfin M. B. Poirot-Delpech a présenté un point de vue très personnel sur l'œuvre de R.M.G. MM. M.-P. Bachelet et G. Minard ont assuré l'illustration littéraire de cet après-midi en lisant des extraits de l'œuvre du romancier.

À la fin de l'après-midi, l'Académie du Perche décernait ses prix littéraires. En soirée, deux jeunes amateurs ont joué, avec beaucoup d'humour et de vivacité, *Le testament du père Leleu,* mis en scène par M.-P. Bachelet; puis l'orchestre de Basse-Normandie donnait un concert de musique moderne. Le lendemain, dimanche, Mme A.-V. de Coppet a fait visiter le Tertre qui – pour être exact – ne se trouve pas à Bellême mais sur la commune de Sérigny dont le maire apporte, lui aussi, son soutien à ces journées.

Il faut ajouter que ces journées ont connu un très réel succès : la salle des fêtes de Bellême était pleine, l'après-midi et le soir; on a compté environ 250 entrées. Ces premières journées ont si bien réussi qu'il a été décidé de recommencer une manifestation du même genre l'année suivante.

Les secondes journées, organisées de la même façon que les premières, ont eu lieu les 29 et 30 octobre 1988. Sur le sujet choisi cette année-là, « L'éducation dans l'œuvre et au temps de R.M.G. », Mme Mamou-Guillaut a préparé avec beaucoup de soin une exposition qu'elle a présentée au public dans une intervention fort bien documentée. Dans l'après-midi, trois conférenciers ont pris la parole : J. Vial sur « L'institution scolaire au temps de R.M.G. », J.-C. Airal sur « R.M.G. et la formation intellectuelle des adolescents », C. Digeon sur « Problèmes de l'éducation dans *Les Thibault* [1] ». Il revenait à M. R. Polin, membre de l'Institut, qui présidait la réunion, de conclure.

Comme l'année précédente, eut lieu la remise de différents prix littéraires puis, en soirée, après un récital de piano, les comédiens de l'Estrade, dirigés par M.-P. Bachelet, jouaient un *Apollon de Bellac* d'une grande fraîcheur.

---

1. Ces deux dernières conférences sont publiées ici même.

En 1989, le thème choisi pour ces journées, fixées aux 11 et 12 novembre, a été « Guerre et paix dans l'œuvre de R.M.G. ». Il n'y eut pas d'exposition mais seulement trois conférences : J. Schlobach sur « La Première Guerre mondiale dans la vie et l'œuvre de R.M.G. », R. Polin sur « R.M.G. face aux guerres de son temps » et M. Rieuneau sur « R.M.G. devant la montée de la Deuxième Guerre mondiale d'après sa correspondance ». M. J.-P. Angrémy (l'écrivain P.-J. Rémy), directeur des relations culturelles au Quai d'Orsay, présidait cette séance.

Dans la soirée, le quatuor de Basse-Normandie interprétait une œuvre de Messiaen, puis Florence Limon, petite-fille de R.M.G., donnait son premier récital, avec beaucoup d'aisance et un sens de la mise en scène tout à fait remarquable.

Incontestablement ces trois « journées » ont été une réussite ; leur retentissement a dépassé le cadre local. On a pù voir aussi, en particulier dans les échanges entre le public et les conférenciers, que l'œuvre de R.M.G. exerçait toujours une forte influence sur des lecteurs très divers. Quant au C.I.R.M.G. qui fut invité dès le début à s'associer à la préparation de ces « journées », il a apporté une aide que les organisateurs ont su apprécier.

A. D.

Bibliographie

Comme la précédente, cette bibliographie a été établie à partir des notes communiquées par Mme Klapp-Lehrmann que nous remercions très sincèrement pour l'aide si précieuse qu'elle nous apporte.

1. Éditions de textes inédits de R.M.G.

Correspondance générale, t. V (1930-1932), éd. établie et annotée par J.-C. Airal et M. Rieuneau, Gallimard, 1988, 570 p.

Correspondance R.M.G.-Georges Duhamel (1919-1958), éd. établie et annotée par A. Lafay, Minard, coll. Lettres Modernes, 1987, LX – 482 p.

2. Comptes rendus

Correspondance générale, t. III par P.-L. Rey dans *N.R.F.*, 1-02-1987, p. 89-91; F. Schulmann dans *Esprit*, 2-1987, p. 121; P.-R. Leclercq, dans *Études*, janv.-juin 1987, p. 557; P. Fawcett dans the *Times Literary Supplement*, 2-10-1987, p. 1071-1072; B. Duchatelet dans *Cahiers R.M.G.*, 1989, p. 180-182; A. Dulière, dans *Études classiques*, n° 56, 1988, p. 189-190.

Correspondance générale, t. IV par D. Fernandez dans *Le Nouvel Observateur*, 4-12-1987, p. 133-134; F. Schulmann dans *Esprit*, 2-1988, p. 142-143.

Correspondance générale, t. V par A. Brincourt dans *Le Figaro*, 27-2-1989.

Correspondance E. Dabit-R.M.G., par J.-C. Airal dans *Cahiers R.M.G.*, 1981, p. 177-179; C. Sicard dans *Littératures*, automne 1986, p. 195-196.

Correspondance G. Duhamel-R.M.G. dans *R.H.L.F.*, sept.-oct. 1989, p. 940-941.

Le lieutenant-colonel de Maumort par A. Brincourt dans *Spectacle du monde*, 2-1984, p. 82-85; P. Fawcett dans *Times Literary Supplement*, 25-5-1984; R. Gibson dans *French Studies*, 10-1987, p. 470-471; M. Jarrety dans *N.R.F.*, 1-1984.

Deux jours de vacances (éd. B. Hagenau) par C. Digeon, *Cahiers R.M.G.*, 1989, p. 190-192.

L'art de R.M.G. dans « Les Thibault » (R. Fainas-Wehrmann) par M. Rieuneau, *Cahiers R.M.G.*, p. 187-189; R. Gibson dans *French Studies*, 11-1988, p. 364.

R.M.G. ou De l'intégrité de l'être... (P.M. Cryle) par A. de Lattre, *Cahiers R.M.G.* 1989, p. 183-186; C. Sicard, *Littératures*, automne 1986, p. 194.

The theatrical temptation... (D.P. Wainwright) par A. Daspre, *Cahiers R.M.G.*, 1989, p. 193-195.

3. *Études*

Airal, Jean-Claude, *R.M.G. et Maurice Martin du Gard*, dans *Cahiers R.M.G.*, 1989, p. 97-112.

Alessandri, André, *Actualité de Maumort, ibid.*, p. 113-123.

Alluin, Bernard, *R.M.G. romancier*, *Aux amateurs de livres*, 1989, 608 p. (thèse d'État, Paris IV, 1985).

Alluin, Bernard, *La structure du journal d'Antoine*, *Cahiers R.M.G.*, 1989, p. 124-135.

Beregi, Theodore, *R.M.G., un grand romancier du XXe siècle* (dans *Sur le chemin de l'immortalité*, t. I, Art et poésie, Cosne-sur-Loire, 1986, p. 203-207.

Boak, Denis, *R.M.G.'s « Colonel Maumort ». A voice from the grave*, dans *Essays in French Literature*, 11-1986, p. 38-59.

Bonnaud-Lamotte, Danielle, *R.M.G. au T.L.F.*, dans *Cahiers R.M.G.*, 1989, p. 136-140.

Chevrel, Yves, *R.M.G. et le piège de l'histoire. Le cas « Jean Barois »*, dans *Cent ans de littérature française (1850-1950). Mélanges J. Robichez*, S.E.D.E.S., 1987, p. 225-233.

Daspre, André, *R.M.G. et la création littéraire*, dans *L'Orne littéraire*, n° spécial (Actes de la Table ronde du 8-11-1987 à Bellême) 1988, p. 17-31.

Daspre, André, *Paysage romanesque avec un arbre*, dans *Les Cahiers de Varsovie*, n° 15, 1989, p. 127-132.

Dubois, Isabelle, *« Le lieutenant-colonel de Maumort », roman inachevé ou roman de l'inachèvement ?* D.E.A., Paris IV, 1988.

Duchatelet, Bernard et Alluin, Bernard, *Réflexions sur la pratique de R.M.G. Du titre-symbole au titre-étiquette*, dans *Cahiers du CERF*, Université de Bretagne occidentale, Brest, 1987, p. 25-44.

Emeis, Harald, *Le prix Nobel à R.M.G.*, dans *Le Cerf-volant*, 10 à 12-1987, p. 15-17.

Emeis, Harald, *R.M.G. et le pacifisme*, dans *Esprit*, 12-1987, p. 82-85.

Emeis, Harald, *L'agonie de M. Thibault,* dans *R.L.F.,* 1988, p. 748-757.

Emeis, Harald, *R.M.G. et la poésie,* dans *Froissart,* 12-1987/2-1988, p. 66-68.

Emeis, Harald, *Présence d'André Gide dans « Les Thibault »,* dans *Studia Romanica Posnaniensia,* n° 13, 1988, p. 225-238.

Emeis, Harald, *Présence d'André Gide dans « Les Thibault », Jousselin,* dans *Le Cerf-volant,* 1ᵉʳ trim. 1988, p. 52-55.

Emeis, Harald, *Présence d'André Gide dans « Les Thibault », Cadieux et Marc Levoir, ibid.,* 2ᵉ trim. 1988, p. 18-20.

Emeis, Harald, *Présence d'André Gide dans « Les Thibault », Stefany, ibid.,* 3ᵉ et 4ᵉ trim. 1988, p. 40-43.

Emeis, Harald, *R.M.G. et Buffon, ibid.,* 1ᵉʳ trim. 1989, p. 30-33.

Emeis, Harald, *Présence d'André Gide dans « Les Thibault », Darros, ibid.,* 2ᵉ trim. 1989, p. 34-37.

Fainas-Wehrmann, Renée, *La mort de Tchen dans « La condition humaine » et la mort de Jacques dans « Les Thibault », Cahiers R.M.G.,* 1989, p. 141-146.

Garguilo, René, *La méthode de R.M.G. vue à travers le journal de sa première œuvre achevée, « Devenir! »,* dans *Studia Posnaniensia,* n° 13, 1988, p. 239-248.

Halasz, Ann Mary, *The emergence of the discursive novel in the twentieth century – R.M.G.'s « Jean Barois »,* dans *Actes du Xᵉ congrès de l'Association internationale de Littérature comparée à New York,* 1982, Garland publ., London et New York, 1985, t. 2, p. 113-118.

Mamou-Guillaut, *L'éducation dans l'œuvre et au temps de R.M.G.,* dans *L'Orne littéraire,* n° spécial sur le colloque du 29-10-1988, à Bellême, p. 9-40.

Mrozowicki, Michal, *Trois approches de l'Affaire Dreyfus (M. Proust: « Jean Santeuil », « À la recherche du temps perdu »; R.M.G. « Jean Barois »)* dans *Irruption de l'histoire dans la littérature française,* Univ. de Silésie, Katowice et Univ. Paris III, 1986, p. 65-83.

Pandelescu, Silvia, *Une modalité de dislocation spatiale et temporelle: la parenthèse,* dans *Cahiers R.M.G.,* 1989, p. 147-160.

Paneburana, Poinkramme, *Les techniques du récit dans « Les Thibault »,* Thèse de 3ᵉ cycle, Univ. de Tours, 1983.

Parra i Alba, Montserrat, *Jacques, un regard fraternel, Cahiers R.M.G.,* 1989, p. 161-169.

Poirot-Delpech, Bertrand, *L'œuvre de R.M.G.,* dans *L'Orne littéraire,* n° spécial (Actes de la Table ronde du 8-11-1987 à Bellême) 1988, p. 35-41.

Rosso, Corrado, *R.M.G., Basilea e la Svizzera,* dans *Novecento francese ed europeo. Saggi e ritratti,* edizioni scientifiche italiane, Napoli et Roma, 1988, p. 69-85.

Sicard, Claude, *État présent des études sur R.M.G.,* dans *Information littéraire,* 10 et 11-1988, p. 35-51.

Siguret, Philippe, *Présentation de R.M.G.,* dans *L'Orne littéraire,* n° spécial (Actes de la Table ronde du 8-11-1987 à Bellême) 1988, p. 3-9.

Taylor, Michael J., *R.M.G.'s « Jean Barois ». A study in irony,* dans *Nottingham French Studies,* 1-1988, p. 24-34.
Zhou, Kexi, *R.M.G. en Chine,* dans *Cahiers R.M.G.,* 1989, p. 170-174.

4. Traduction

Nous avons le plaisir d'apprendre que vient de paraître la dernière partie de *L'été 1914,* traduite en coréen par le professeur Chung Ji-Yong, de l'Université nationale de Séoul (édition Chong-ké, Séoul, 1990). M. Chung Ji-Yong, qui travaille depuis plus de trois ans à la traduction des *Thibault,* a été l'hôte de l'Université de Grenoble il y a quelques années.

Avant-propos   7
Remerciements   11
Centre international de recherches sur Roger Martin du Gard   13

LETTRES INÉDITES

Cinquante et une lettres inédites de Roger Martin du Gard   17
   Huit lettres à Bernard Grasset et Louis Brun (1910-1913)   19
   Dix-sept lettres à Henri Ghéon (1914-1926)   28
   Une lettre à Édouard Champion (1921)   44
   Deux lettres à Jean Vanden Eeckhoudt (1927-1928)   46
   Une lettre à Emmanuel Buenzod (1928)   49
   Quatre lettres à Jean Prévost (1927-1928)   51
   Huit lettres à Albert-Marie Schmidt (1925-1932)   56
   Une lettre à André Rolland de Renéville (1931)   72
   Sept lettres à Stefan Zweig (1931-1932)   75
   Deux lettres à André Malraux (1932)   83

ÉTUDES

J.C. AIRAL : Roger Martin du Gard et la formation intellectuelle
   des adolescents d'après la « Correspondance générale »   89
A. ALESSANDRI : L'humour dans la correspondance et l'œuvre
   de Roger Martin du Gard   104
H. CHAPERON : Roger Martin du Gard tel que je l'ai connu   120
C. DIGEON : Problèmes de l'éducation dans « Les Thibault » 142

280   *Cahiers Roger Martin du Gard*

H. Emeis : « Les Thibault », quelques parallèles   158
G. Filatova : Roger Martin du Gard, François Mauriac :
    « Nous appartenions à la même famille »   168
M.-L. Leroy-Bédier : Roger Martin du Gard et Georges
    Duhamel   181
✝ J. Malavié : Le phénomène de la lecture dans « Les Thibault »   199
J.-F. Massol : La Nouvelle et le roman-fleuve : à propos de
    Roger Martin du Gard   241

VARIA

M.R. : In memoriam. Grant E. Kaiser   263
D. Degraeve : La Fraternité dans l'œuvre de Roger Martin
    du Gard   264
A. Daspre : « La gonfle » à Malakoff   268
A.D. : Les Journées Roger Martin du Gard à Bellême   270

Bibliographie, par Mme Klapp-Lehrmann   273

ŒUVRES DE ROGER MARTIN DU GARD

Aux Éditions Gallimard

DEVENIR!, *roman.*

JEAN BAROIS, *roman.*

LE TESTAMENT DU PÈRE LELEU, *farce paysanne.*

LES THIBAULT, *roman.*
    I. LE CAHIER GRIS – LE PÉNITENCIER
    II. LA BELLE SAISON – LA CONSULTATION
    III. LA SORELLINA – LA MORT DU PÈRE
    IV. L'ÉTÉ 1914 (début)
    V. L'ÉTÉ 1914 (suite)
    VI. L'ÉTÉ 1914 (fin)
    VII. ÉPILOGUE

LA GONFLE, *farce paysanne.*

CONFIDENCE AFRICAINE, *récit.*

UN TACITURNE, *drame.*

VIEILLE FRANCE, *roman.*

NOTES SUR ANDRÉ GIDE (1913-1951)

ŒUVRES COMPLÈTES

CORRESPONDANCE AVEC ANDRÉ GIDE
    I. (1913-1934) Introduction par Jean Delay
    II. (1935-1951)

CORRESPONDANCE AVEC JACQUES COPEAU

CORRESPONDANCE GÉNÉRALE
    I. (1896-1913)
    II. (1914-1918)
    III. (1919-1925)
    IV. (1926-1929)

LE LIEUTENANT-COLONEL DE MAUMORT

Composé et achevé d'imprimer
par l'Imprimerie Floch
à Mayenne, le 22 octobre 1991.
Dépôt légal : octobre 1991.
Numéro d'imprimeur : 31166.

ISBN 2-07-072423-9 / Imprimé en France.